미디어와 여성신학

2012년 5월 23일 초판 1쇄 인쇄
2012년 5월 25일 초판 1쇄 발행

엮은이 | 한국여성신학회
지은이 | 김수연 김진호 백소영 이숙진 이영미 이인경 이주아 전철 최우혁
펴낸이 | 김영호
펴낸곳 | 도서출판 동연
등 록 | 제1-1383호(1992. 6. 12)
주 소 | 서울시 마포구 망원2동 472-11 2층
전 화 | (02)335-2630
전 송 | (02)335-2640
이메일 ymedia@paran.com
홈페이지 www.y-media.co.kr

ISBN 978-89-6447-181-4 93200

여성신학사상 제9집

미디어와 여성신학

한국여성신학회 엮음

동연

차례

책을 펴내며

다시 2년 만에 여성신학사상 제9집 『미디어와 여성신학』을 출간하게 된 것을 기쁘게 생각합니다. 여성신학회는 1994년부터 학술연구지 《여성신학사상》을 출간해왔습니다. 총회에서 2년 주기로 새 임원진이 바뀔 때마다 그 회기의 주요 사업 중 하나로 그때그때 역사적 · 사회적 의미를 지니면서도 여성신학적 성찰의 대상이 될 수 있는 주제를 택하여 해당 연구자들에게 학술적인 연구논문의 집필을 의뢰하고, 그 결과물을 출간해왔습니다. 매번 편집위원회가 구성되어 그동안 다루어온 주제는 "한국여성의 경험", "성서", "교회", "영성", "성", "민족", "다문화", "선교" 등이었고, 이번 9집에서는 "미디어"를 주제로 택했습니다.

여성신학은 언어와 상징 문제에 태생적으로 민감할 수밖에 없습니다. 교회와 신학에서 여성 억압의 중요한 경로가 실은 신앙과 신학을 표현하고 전달하는 언어와 상징들이기 때문입니다. 그리고 이러한 언어와 상징의 문제는 넓은 의미에서 '미디어'의 문제라고 할 수 있을 것입니다. 그러나 이 책에서 다루고 있는 '미디어'는 과거 여성신학에서 다루어온 신학의 언어와 상징의 문제를 넘어서, 대중매체와 소셜 네트워크 서비스 SNS 등 오늘날 다양한 소통의 도구로서 미디어 일반입니다.

오늘날 현대인은 미디어를 단순히 소통의 도구로 사용할 뿐만 아니라 그야말로 '미디어 생태계' 안에서 살아가고 있다고 말할 수 있습니다. 그만큼 미디어는 현대인의 삶을 결정적으로 규정하고 있고, 그 점에서는 기독교인들도 예외가 아닙니다. 그러므로 '미디어'에 대한 본격적인 여성신학적 성찰은 사회적으로나 신학적으로나 절실히 요청된다고 할 수 있을 것입니다. 이 책에 실린 논문들은 오늘날 현대인의 일상적 삶 깊숙이 들어와서 우리의 내면까지 형성하기에 이른 '미디어'에 대한 본격적인 여성신학적 성찰의 결과물입니다. 바쁘신 가운데서도 귀한 연구논문을 집필해주신 필자 선생님들께 깊은 감사를 드립니다.

이제 책이 나오게 된 기쁨을 많은 분들과 함께 나누고 싶습니다. 이 책의 잉태 과정에서부터 탄생에 이르기까지 아이디어를 내고 구체적인 결과물이 나올 수 있도록 필자와 세부 주제를 선정해주신 편집위원님들, 특히 교정까지 맡아주신 이영미 편집위원장님과 편집위원회 서기 박인희 선생님께 감사드리며, 학회를 위해 수고해준 임원진들, 백소영 총무, 김성희 회계, 이인경 서기, 최우혁 학술부장님께 박수를 보내드리고 싶습니다. 그리고 살림이 여의치 않은 저희 여성신학회를 위해 아주 너그러운 조건으로 출판을 맡아주신 동연출판사의 김영호 사장님, 이 책의 출판을 위해 선뜻 후원금을 내주신 유미특허법인의 김원호 선생님께도 이 자리를 빌려 깊은 감사의 말씀을 드립니다. 끝으로 이 책이 '미디어'

에 대한 한국 기독교의 구체적인 신학적 성찰로서 큰 기여를 하고 널리 읽히게 되기를 바랍니다.

2012년 5월

한국여성신학회 회장 박경미

프롤로그

한국여성신학회 편집위원회가 《여성신학사상》 9집 주제를 『미디어와 여성신학』으로 결정하고 이 책이 나오기까지 1년 반이란 세월이 훌쩍 흘러버렸습니다. 출판을 준비하는 동안 미디어의 기술적인 진보는 빠르게 진행되었고 '성질 급한 한국 사람들' 시리즈 광고에 걸맞은 속도의 LTE 보급이 보편화되었습니다. 바라기는 이 책의 논의들이 독자들로 하여금 변화무쌍한 미디어의 발전과 그에 따른 변화에 대처하는 데 이론적인 토대를 제공할 수 있기를 바랍니다.

총 9명의 저자가 미디어와 기독교, 교회 그리고 여성신학과의 관계에 관한 성찰의 글들을 써주었습니다. 이 논문들을 크게 두 개의 주제로 나누어 제1부에는 소셜미디어의 등장과 이에 따른 한국 기독교와 여성신학 논의의 담론 변화와 방향에 관한 다섯 편의 글을 실었고, 제2부에는 드라마, 애니메이션, 오락 프로, 신화 등의 다양한 미디어 매체를 여성신학적 시각에서 논평한 네 편의 글을 담았습니다. 책의 전체적인 내용을 소개하면 다음과 같습니다.

이영미는 "웹 2.0시대 협업과 공감의 여성주의 담론 모색"에서 1인 미디어 시대가 가능해지고 소통의 민주화를 이룬 웹 2.0시대 여성주의 담론이 거대 담론을 중심으로 이루어졌던 선동 중심의 의식 공유에서 블로그나 SNS 등을 활용한 개방된 공간에서 일상 문화와 접목된 주제들에 대한 소통과 공감을 바탕으로 한 담론으로 전환해야 할 필요성을 제시하고 있습니다. 저자는 현재 진행되는 사례들로 여성주의 인터넷 사이트 '언니네' 와 여성신학 담론 사이트의 예로 'FSR' 과 'WATER' , 그리고 여성주의 목회를 지향하는 여성 목사들이 함께 블로그와 SNS를 통해 협업과 공감을 이뤄내고 있는 'RevGalBlogPals' 를 소개합니다. 여성뿐 아니라 남성, 그리고 반여성주의적 청중에게까지 노출된 개방된 공간에서 여성신학 담론은 전문성과 함께 개방성, 그리고 특히 공감과 설득의 담론을 펼쳐야 할 것을 주장합니다.

김수연은 "사이보그 시대에서 여성신학-하기: 여성의 '주체' 문제와 '연대' 를 중심으로"에서 SNS의 등장으로 열린 1인 미디어 시대 사이버 공간에서의 여성 주체성 문제를 최근의 여성철학, 여성신학 분야의 논의들을 바탕으로 다루고 있습니다. 여성은 전자적 정보에 의해 통제되는 수동적 주체인가, 아니면 열린 정보 속에서 자유로운 주체인가를 고민하며, 여성 주체는 거대 자본 중심의 남성 중심적 세계화 속에서 더 이상 고전적인 주체 이해를 통해 확인될 수 없는 존재임을 주장합니다. 여성 주체는 오히려 사이보그적 정체성을 지닌 주체로 전통적인 동일성의 논리로는 파악될 수 없는 존재이며, 타자-배제적인 동일성의 개념으로 이해되는 소위 '여성'은 없다는 견해를 피력합니다. 오히려 타자-포괄적인 여성 주체는 그래서 보편적 여성 본질이 아닌, 차이, 다르다는 것에 토대를 두고 연대하고 기독교 공동체를 이루게 되기 때문에, 역설적이지만 사이보그 시대에서, 차이와 다름을 드러내는 여성신학의 담론은 타자를 인정하게 하고 그래서 더욱 연대하게 한다고 주장합니다.

이주아는 "전자미디어를 통한 여성신학의 유통과 여성 주체의 생성 가능성"에서 한국 여성신학이 교회 여성들의 해방과 주체성 형성에 큰 역할을 담당해왔음을 높게 평가하면서, 지금까지 쌓아올려 온 여성신학자들의 노력과 공헌을 좀 더 다양한 경로를 통해 한국 교회와 사회에 알리고, 여성신학적 성서 해석을 확산시켜 한국 사회와 교회를 생명으로, 공존으로 이끌기 위한 다양한 방안이 모색이 필요하다고 주장합니다. 이를 위한 대표적이고 유용한 방안이 전자미디어이며, 전자미디어 공간에서의 여성신학 자료의 개방과 공유는 여성신학을 통한 여성 주체 생성에 긴요하고 시급한 일이며, 여성신학이 해방의 통로라면, 그 해방의 통로는 보다 확산되고, 보다 개방되어야 할 것이라 역설합니다.

김진호는 "'뉴-뉴미디어'적 전환기의 개신교, 위기와 기회"에서 개신교 교회의 초석적 제도는 구텐베르크 은하계와의 연계 속에서 형성되었음을 밝힙니다. 개신교가 한국 사회에 이식되는 과정도 마찬가지인데, 식민주의적 요소가 제도 속에 추가로 함입되어 있다는 차이가 있다고 하며, 이런 맥락에서 한국의 개신교 교회 제도 속에는 서구 중심적인 권위주의와 식민주의적인 체계가 깊게 배어 있다고 비판합니다. 그런데 최근 한국 사회는 구텐베르크 은하계를 대체하는 새로운 미디어 상황으로의 빠른 변화를 겪고 있으며 과거의 미디어 요소를 급박하게 해체하는 경향이 있는 뉴-뉴미디어적 공론장으로의 변화가 폭발적으로 한국 사회의 담론 지형을 뒤흔들어 놓고 있다고 평가합니다. 그러한 공론장의 변화는 탈권위주의적이고 탈식민주의 기조로의 제도적 성찰을 향해 열려 있음에도 한국 교회는 이러한 제도적 성찰의 가능성에 열려 있지 못하는 위기에 처해 있음을 지적합니다.

전철은 "소셜 네트워크 서비스 진화의 신학적 함의"에서 21세기가 빚어낸 중요한 성과는 소셜 네트워크Social Network라는 새로운 시대정신의 구현이라고 말합니다. 오늘날의 기술 문명과 문화가 구체화한 중요한 특징인 이 독특한 시대정신을 창발성의 존재론의 관점에서 분석하며, 특히 소셜 네트워크의 신학적 의미를 다층적으로 검토합니다. 이를 통하여 소셜 미디어 환경을 대면하는 신학과 교회의 현실적 과제를 제시합니다.

이인경은 "대중매체에 대한 기독교 윤리적 성찰"에서 '대중매체 사회'인 한국 사회에서 광풍을 일으키고 있는 서바이벌 방식의 TV 공개오디션 프로그램들에 대해 윤리적 성찰을 하면서 두 가지 특징을 꼽습니다. 첫째, 이 프로그램들은 '공정성으로서의 정의'를 주된 가치로 표방했으나, 신자유주의의 무한경쟁 논리를 가감 없이 재현하여 불평등한 분배 결과를 초래하는 서바이벌 방식의 원천적인 한계 내에서의 공정성만을 강조하는 정의는 반쪽짜리 정의일 뿐이라는 것입니다. 둘째, 이 프로그램들의 시청자 참여 과정과 결과에 대한 윤리적 분석을 통해 필자는 시청자들이 무한경쟁으로 인한 양극화의 현실을 넘어서는 새로운 세상을 꿈꾸고 있음을 읽어냅니다.

이숙진은 "대중적 신앙서적과 성별화된 자기계발 담론"에서 '복음'과 신자유주의 사회가 조장하는 '자기계발에의 욕망'이 어떻게 공명하고 있으며 어떠한 방식으로 조응하는지를 추적합니다. 교인들에게 폭발적인 인기를 얻고 있는 여신도 대상의 대중적 신앙서적에 자기계발의 메시지가 신앙적 언어로 번안되는 과정과 그것이 유통되는 장치, 그리고 그 속에 성별화된 특성을 분석합니다.

백소영은 "여성신학적 시각에서 본 한국 드라마"에서 여성 억압과 해방의 욕구가 혼종적으로 공존하는 공간으로서 '한국 드라마'를 분석하면서 드라마에 나오는 낭만적 사랑의 전형적 모델(전문가로서 능력 있는 남주인공과 여성성 · 모성을 가진 여주인공)은 현대 자본주의적 교환 양식인 감정노동과 금전적 보상이 짝을 이루는 현대 자본주의적 가부장제의 전형적인 증거라고 지적합니다. 그러나 최근 수년간 집중적으로 관찰되는바, '집 나간 전업주부 출신 여주인공'이 공적 영역에서 직업적 성공과 낭만적 사랑의 성취 둘 다를 이루는 주제가 반복되는 드라마 콘텐츠는 '반半의 봉건성에 의존한' 현 제도의 사회구조적 모순을 일상에서 겪는 여성들의 분노를 판타지 형식으로 대변하고 있다고 봅니다. 여성신학적 시각에서 필자는 이러한 구조적 모순을 보지 못하는 주류 한국 교회의 신학과 실천에 문제를 제기하며 무한경쟁의 전문가 개인을 양산하는 21세기 신자유주의 사회의 대안으로서 '여성되기'에 대한 인식론적 재성찰과 '공적 모성' 담론을 제안합니다.

최우혁은 "매체로서의 신화와 신학, 그 기억에 관한 여성신학적 반성 – 창세기의 창조신화를 중심으로"에서 창세기 1장과 2장의 신화는 유다교의 창조관과 인간 이해를 보여주고 있으며, 그 창조질서에 근거해서 사회질서에 관한 성서적 잣대를 형성했다고 주장합니다. 나아가 기독교는 예수 그리스도에게서 드러난 인간 신비의 시원을 창세기의 창조신화에 근거하여 유다교 경전인 구약성서를 인용해서 가부장적 위계질서의 사회를 만드는 신학을 형성했다는 것입니다. 성서를 미디어의 관점에서 재해석하면서 역사시대 이전의 지평을 드러내는 창세기 신화가 역사로 편입되는 신학화 과정에서 겪는 갈등을 여성신학적 관점에서 재해석하고 있습니다.

바쁜 일정 속에서도 글을 통해 미디어와 여성신학, 그리고 한국 교회의 현실과 과제를 함께 고민해볼 수 있도록 투고해주신 저자 선생님들께 다시 한 번 감사드립니다.

2012년 5월

한국여성신학회 편집위원장 이영미

제1부

웹 2.0시대 한국 기독교와 여성신학

웹 2.0시대 협업과 공감을 통한 여성주의 담론 모색

이영미(한신대학교, 신학과 교수)

1. 들어가는 말

인터넷의 등장은 현대인의 삶을 변화시켰고, 최근 웹 2.0시대를 맞아 그 변화의 속도는 가속화되고 있다. 웹 2.0이라는 키워드는 오라일리미디어의 창립자인 팀 오라일리Tim O' Reilly가 2003년경부터 주장하기 시작하였다. 그는 "정보를 보내는 사람과 받는 사람이 고정되어 보내는 쪽이 받는 쪽으로 일방적으로 흘려보내던 상태였으나, 보내는 쪽과 받는 쪽이 유동화되어 누구나가 웹을 통해 정보를 발신할 수 있게 변화한 웹을 Web2.0이라고 한다"고 정의했다.[01] 돈 탭스코트Don Tapscott는 인터

01 하야시 노부유키, 『iPhone과 트위터는 왜 성공했을까?』, 신호철 · 배성준 옮김 (서울: 학고재, 2010), 63에서 재인용.

넷이 가져온 변화는 중세시대의 인쇄술의 발명이 가져온 변화보다 더 혁신적이라고 설명하면서 그 차이점을 다음과 같이 설명한다.

> 인쇄술은 인류에게 글을 선사했다. 오늘날의 웹은 모든 사람을 출판사로 만들어준다. 인쇄술로 인해 지식을 확산시킬 수 있었다. 웹은 사람들의 생각을 서로 이어주는 플랫폼을 제공한다. 웹은 협업과 집단적인 학습을 가능케 한다. 인쇄술은 산업혁명의 등장과 자본주의 생성에 중대한 역할을 했다. 웹은 전 세계에서 부와 번성을 일구어내기 위한 새로운 모델을 제시하고 있다. 하지만 인쇄술과 인터넷 간의 가장 커다란 차이점은 과거 400년 동안 벌어진 일들이 이제 40년 만에 진행되고 있다는 것이다.[02]

웹 2.0시대의 도래가 온라인 광장을 만들어 집단 지성을 생산하고, 이를 확산시켜 삶 속에 적용하고 실천하는 데 중요한 매체로서의 역할을 담당하면서 새로운 형태의 지식 네트워크를 구축하고 있다. 지금까지의 집단 지성이 대중 의식화와 선동에 방점을 둔 거대 담론 형태였다면 이제 누구나 자신의 견해를 게시하고 비평하는 1인 스피치 시대로 변하였다. 또한 더 이상 전통적 식자나 지성이 담론 생산의 유일한 주역이 아니라 비전문가들도 정보에 유희를 더한 인포테이너infotainer의 시대가 열렸다.[03] 2011년 한국의 지성의 풍경 중 하나가 가수가 노래만 하던 시대는

02 돈 탭스코트, 앤서니 윌리엄스, 『매크로 위키노믹스: 더 강력해진 집단지성, 비즈니스를 넘어 일상까지 바꾸다』, 김현정 옮김 (서울: 21세기북스, 2011), 57-58.

03 인포테이너란 정보(information)와 엔터테이너(entertainer)의 합성어로 정보에 유희를 더함을 뜻한다.

지났고, 대중이 지식과 정보, 통찰을 얻는 곳은 강의실이나 연설이 아니라 지식 콘서트 형식의 대중 강연과 소셜 미디어,[04] 소셜 네트워크 서비스(이하 SNS)[05] 등의 통찰들을 통해서였다.[06] 21세기 한국의 지식사회를 이끌었던 것이 언론과 교육이었고 그 핵심에 지식인이 있었다면, 현 한국 사회 대중의 사고의 흐름을 이끄는 것은 배우, 개그맨, 의사, 스님, 판사 등 주요 현안에 대해 멘토 역할을 떠맡은 인포테이너들이다. 지각 변동의 진앙은 SNS였고, SNS는 대중을 담론의 장으로 끌어들였다.

이 글은 소셜 미디어의 발전과 그에 따른 지식 네트워크의 형성으로 변화된 담론 구조 속에서 여성주의 담론의 효율적인 방안을 살펴보고자 한다. 이를 위해 먼저 소셜 미디어의 등장과 확산이 가져온 담론 형태의 변화와 이러한 변화가 여성주의 담론에 끼친 영향을 점검해볼 것이다. 나아가 실제 온라인에서의 여성주의 담론의 몇 가지 사례를 소개하면서 여성주의 담론이 온라인과 오프라인을 넘나들며 협업과 공감을 기초로 일상을 파고드는 개방적이고 상호적인 논의와 실천 구조를 형성해나갈 것을 제안하고자 한다.

04 위키피디아는 소셜 미디어를 "접근이 매우 용이하고 확장 가능한 출판 기법을 사용하여, 사회의 상호작용을 통하여 배포될 수 있도록 설계된 미디어"로 정의한다. 위키 백과, "소셜 미디어" http://ko.wikipedia.org/wiki에서 2011년 12월 28일 인용.

05 소셜 네트워크 서비스(SNS)란 온라인 인맥 구축 서비스라 정의할 수 있다. 이는 1인 미디어, 1인 커뮤니티, 정보 공유 등을 모두 포괄하는 개념이다. 그러나 좀 더 포괄적인 의미로 이는 사회적 관계 서비스, 즉 사회구조(관계)에서 시작되는 모든 서비스, 사람이 만나는 미팅에서 사회제도까지 폭넓은 의미라고 보는 것이 옳을 것이다. 최재웅, 이강석, 박사영, 오홍균, 『SNS 100배 즐기기』(서울: 매일경제신문사, 2010), 219.

06 대표적인 사례로 2011년 전국에서 돌풍을 일으킨 안철수 서울대 융합과학기술대학원장과 '시골의사' 박경철의 청춘콘서트가 있다.

2. SNS의 등장과 온라인 담론의 형태 변화

1) 1인 스피치 시대의 삼방향의 소통을 가져온 SNS

웹 2.0시대의 소셜 미디어는 인간관계와 소통의 양태를 많이 변화시켰다. 소셜 미디어는 최근 유행하는 페이스북,[07] 싸이월드,[08] 트위터,[09] 미투데이,[10] 마이스페이스를 비롯한 SNS 사이트를 비롯하여 북미지역의 LinkedIn, 일본의 Mixi, 아시아태평양 지역의 Friendster, 영국의 Bebo, 중국의 QQ 등이 있다.[11] 인크루트(www.incruit.com)가 직장인 440명을 대상으로 'SNS 사용 형태' 에 대한 설문조사에 따르면, 한국인이 주로 사

07 세계 최대 소셜 미디어인 페이스북은 2010년 초 전 세계 사용자 수 6억 명을 돌파했고, 페이스북 통계 사이트(www.socialbakers.com)에 따르면 한국 페이스북 사용자는 2010년 11월 말 200만 명을 넘어섰다. 김은미 외, 『SNS 혁명의 신화와 실제: '토크, 플레이, 러브' 의 진화』(파주: 나남, 2011), 15에서 재인용.

08 싸이월드는 2001년 서비스를 시작하였고 '미니홈피' 라는 킬러콘텐츠와 '일촌' 이라는 온라인 인맥 서비스로 주목받았다. 2010년 기준 이용자 수가 2,200만 명에 달하지만 최근 이용자의 증가는 정체 상태다. 김은미 외, 『SNS 혁명의 신화와 실제』, 45-46.

09 Pew Research Center의 조사 결과에 따르면, 2011년 5월 조사 자료에 의하면 미국에 트위터 등록계정 수는 미국 성인의 13%에 해당하는 숫자인 약 20억 명에 이른다. 이는 2010년 11월 미국 성인 인구 8%에 비해 증가한 수치다. Kevin Casey, "10 Smart Enterprise Uses For Twiter", The Brain Yard: the Community for Social business (2011년 10월 13일) 온라인 기사에서 재인용.
http://www.informationweek.com/thebrainyard/slideshows/view/231900631/10-smart-enterprise-uses-for-twitter 2011년 12월 28일 인용; 한편 트위터에 계정을 둔 한국인은 430만 명으로 추정된다(오이코랩 자료 근거). 〈조선일보〉 제28257호 (2011년 11월 5일 토요일 51판) 칼럼, 이철민, "트위터 혁명? 문제는 콘텐츠야!"에서 재인용.

10 미투데이는 2007년 2월 서비스를 시작한 이래 우리나라 대표적인 마이크로블로그 서비스로 자리 잡고 있다. 2009년 NHN에 인수될 당시 회원 수가 28,000명에 불과했지만 2010년 3월에 100만 명을 넘어섰다. 김은미 외, 『SNS 혁명의 신화와 실제』, 52.

11 김은미 외, 『SNS 혁명의 신화와 실제』, 19.

용하는 SNS는 '페이스북'(64.2%)이었고 이어서 '트위터'(14.6%), '싸이월드 미니홈피'(9.6%), '미투데이'(8.3%), 기타(3.3%) 순이었다.[12]

서비스를 사용하는 이유는 개인적인 친목이나 소통 등의 목적이라는 대답이 가장 많았지만 SNS는 개인적인 소통을 넘어 사회 · 정치적인 이슈들을 공론화하는 데 공헌하기도 하였다. 세계적으로 아이티의 재난, 중동에서의 민주화 운동, 선거에서의 반전 등 예전에는 묻혀버렸을 목소리들이 소셜 미디어를 통해 널리 퍼지고 막강한 영향력을 행사한다. 한국에서도 트위터가 급속히 성장하였고, 2011년 10월 26일 서울 시장 보궐선거를 치르면서도 트위터의 위력을 다시 얘기하였다. 또한 지금까지 소외되었던 공동체들이 사회 여러 분야에서 영향력을 발휘하는 사례도 등장했다. 지역적으로 농촌에서 소셜 미디어를 활용하여 온라인 직매, 홍보를 통해 농가 경쟁력을 확보해가고 있다.

웹 2.0시대가 열리면서 이제까지 단순 관찰자 혹은 수동적 청중이었던 많은 사람들이 적극적으로 묻고, 탐색하고, 토론하고, 비판하고, 정보를 교환하며 자신의 주장을 내놓기 시작하면서 예전에 문화 콘텐츠의 소비자들이 이제 소비자이면서 동시에 콘텐츠를 창조해내는 생산자가 되었다.[13] SNS의 발전과 확산은 더 이상 정보 제공과 비평이 일부 전통적 식자나 전문 비평가의 전유물이 아니라 누구나 정보를 제공할 수 있고 자신의 비평적 견해를 게시하고 홍보할 수 있게 만들었다.

12 손봉석, "직장인들 SNS 서비스 사용하는 이유는?" 〈경향신문〉 2011년 12월 9일 인터넷판 http://news.khan.co.kr/kh_news/khan_art_view.html?artid=201112091217071&code=940100 2011년 12월 9일 인용

13 최현민, 『TGIF 최강 인맥술』(서울: 한스미디어, 2011), 5.

소셜 미디어를 통한 1인 스피치는 소통의 패러다임을 바꾸었다. 전통적인 미디어가 정보를 일방적으로 제공하는 일방향의 소통 방식을 취했다면, 싸이월드나 미투데이, 블로그[14] 등의 개인 홈피는 소비자가 정보를 생산하기도하는 쌍방향 소통으로 변화시켰고, 이제는 소셜 미디어를 통해 리트윗 혹은 공유하기를 함으로써 삼방향 소통으로 발전하였다. 이로써 "미디어가 보도하면, 소셜 미디어는 행동한다"는 말까지 나왔다. 2009년 SBS 주최 '서울 디지털 포럼'의 주제 발표를 한 클레이 셔키는 이러한 미디어의 변화 단계를 함축적인 세 마디로 다음과 같이 정리했다.[15]

> "미디어가 독자에게 뉴스를 제공한다."
>
> "개개인이 거꾸로 미디어에 말을 한다."
>
> "청중들이 서로 직접 말을 주고받는다."

이러한 삼방향의 소통에 대해 고재열은 소셜 미디어가 세 가지의 민주화, 즉 생산의 민주화, 뉴스 유통의 민주화, 소비의 민주화를 가져왔다고 평가한다.[16] 결국 1인 스피치와 삼방향의 소통은 정보 공유와 확산을 위해서는 정보 제공자의 권위보다는 콘텐츠의 진실성과 창의력을 더 중요한 요소로 부각시켰다. 이제 누가 말하는가보다 무엇을 말하는가가 더

14 블로그는 Web과 Log의 합성어로 네티즌이 웹에 기록하는 일기나 일지를 의미한다. 일종의 온라인 저널이라고도 할 수 있다.

15 송인혁, 이유진 외, 『모두가 광장에 모이다』(서울: iNU, 2010), 159-60에서 재인용.

중요하게 된 것이다.

2) SNS 정보 공유와 확산의 편향과 한계

SNS의 삼방향 소통이 사건, 사실에 대한 다양한 견해를 볼 수 있게 해주고 정보 공유를 급속도로 확산시키는 효과를 지니면서도 그 이면에는 정보 공유의 편향성과 한계도 함께 지닌다. 먼저 소셜 미디어의 특징 중 하나는 게시된 정보의 지속 시간이 매우 짧다는 점이다. 몇 초 간격으로 새로운 트윗이나 정보가 게시되면서 타임라인이 형성되어 정보의 게시 지속 시간이 짧다. 이러한 특징은 하나의 정보를 빠른 속도로 확산하는 선동적 효과를 발휘할 수 있는 반면 시사성이 뒤떨어지지만 지속적인 공유를 목적으로 하는 정보나 지식을 게시하려는 경우에는 효과적이지 못하다.

또한 팔로워의 숫자와 리트윗의 숫자는 온라인상에서의 또 다른 형태의 권력구조를 형성하는데, 사회에서 소수자의 위치에 있거나 소수의견의 경우 소셜 미디어에서 쏟아지는 정보의 홍수와 빠른 트윗의 게시에 밀려 그 효과를 내지 못하는 경우가 많다. 더욱 심각한 것은 사회의 다수자에 의해 배제되는 소수자들의 목소리가 배척되고 공격받아 사장되는 경우이다. 사회의 중심 이데올로기에서 벗어나거나 혹은 반대되는 입장의 게시글일지라도 그 의견을 지지하는 '넷net 세력'이 있으면 그 게시글은 힘을 지니고 지속하게 된다. 팔로워의 수 자체가 하나의 저항 세력을

16 고재열: 독설닷컴, 시사 IN 문화팀장/ 세상을 바꾸는 시간 15분 "소셜 미디어의 독한 힘!"/ 2011년 7월 18일 방송분. Youtub.com.

형성해주기 때문이다. 그러나 여러 가지 이유로 그 의견이 지지자를 얻지 못하는 경우, 그 목소리는 묻히거나 공격받는다. 설진아는 소셜 미디어의 역기능을 지적하면서 "웹은 강력한 인맥을 확보하고 있는 사람들과 그렇지 못한 사람들 사이에 불평등을 심화시킬 위험성이 크다"고 말하면서 웹이 대개 불평등한 사회를 있는 그대로 반영하거나 최악의 경우 불평등을 강화할 수 있음을 경고한다.[17] 아울러 그는 "기술 발전 속도에 적응하지 못하는 고령층, 저소득층 등의 정보 빈곤층들이 사회적으로 소외될 가능성도 증대할 수 있다"는 점도 우려한다.

지배 권력의 반격과 정치적 통제에 대한 우려도 크다. *The Net Delusion*의 저자 예브게니 모로조프Evgeny Morozov는 억압적 사회에서 인터넷이 정치적 변화를 추동하는 힘이 될 거라는 순진한 생각을 '디지털 오리엔탈리즘'이라고 명명한다.[18] 그는 권위주의 정권은 인터넷뿐 아니라 TV 등 모든 종류의 미디어를 통제하며 자기 입맛에 맞게 이용할 수 있다는 점을 지적하면서, 권위주의 정부는 과거의 어떤 사찰 수단보다 더 효과적으로 반체제 인사들을 감사할 수 있게 되었고 자신들의 이데올로기를 주입하는 데 SNS를 적극 활용할 수 있다고 지적한다. 공영매체가 신뢰를 잃은 체제하에 사는 사람들은 SNS를 통해 확산되는 친정부 프로파간다를 상대적으로 더 신뢰하므로 통제가 용이할 수 있다는 점도 지적한다.

17 설진아, 『소셜미디어와 사회변동』(서울: 커뮤니케이션북스, 2011), 237.
18 Evgeny Morozov, *The Net Delusion: The Dark Side of Internet Freedom* (New York: PublicAffairs, 2011), 241–44.

끝으로 SNS의 기능이 언론 자유에 역행하여 언론 감시나 통제, 그리고 독재를 위해 이용되는 사례도 많다. 올 들어 잇달아 발생한 아랍권 민주화 시위 때 일부 독재 정권은 팔로 알토, 넷앱, 지멘스 AG 등이 개발한 기술(인터넷 감시 장비들)을 인터넷 검열과 반체제인사 체포에 사용한 것으로 알려진 바 있다. 한국에서도 온라인 언론의 자유가 통제된 사례가 많은데, 2009년 1월에는 인터넷 경제 논객 미네르바가 허위 사실을 유포해 경제 위기를 부추겼다는 혐의로 체포되었다. 같은 해 10월, 경찰은 "신종플루 백신은 위험하니 접종을 거부하자"라는 이야기를 퍼뜨린 고등학생 2명도 검거했다. 2010년에는 3월 발생한 천안함 사건 이후에는 좌초설을 주장한 신상철 민군합조단 민간위원 등을 검찰이 기소했다. 올해 3월에는 일본에서 방사능 물질이 건너온다는 메시지를 유포했다는 혐의로 20대 광고 디자이너가 검거됐다. 2011년에 들어서는 검찰이 한·미 FTA의 부작용에 대한 유언비어를 퍼뜨리는 사람을 형사처벌하겠다고 밝히기도 했다. 지난 10월 26일 열린 서울 시장 보궐선거 때 투표 인증샷을 올린 김제동, 조국이 선거법 위반 혐의로 고소되어 검찰의 조사를 받은 것도 한 예이다.

3. 온라인 매체와 여성주의 담론의 주체와 대상

1) 온라인에서의 가려진 정체성에 대한 허상

인터넷 채팅사이트나 카페를 처음 접하면서 놀라웠던 점 중 하나가 나를 숨기고 또 다른 나로 사람들과 대화를 하고 토론을 할 수 있다는 새로운 경험이었다. 나의 사회적 여건과 배경을 숨긴 채 온라인에서 새로운 정체성을 창조하여 제3의 인격으로 행세하는 게 가능하다. 오프라인에서 육체적으로 가지는 차이점, 가령 성별, 지체장애 여부, 인종, 직업, 나이 등을 온라인에서 직접 공개하지 않고서는 실체를 모르기 때문이다. 심지어 자신의 성별도 바꾸어 여성이 남성인 체하며 토론에 참여할 수도 있다.[19] 그러나 온라인에서의 가려진 정체성에 관한 연구는 그 허상을 잘 지적해주고 있다.

컴퓨터 중재 소통(Computer Mediated Communication; 이하 CMC)에서의 여성과 남성의 언어 선택과 대화의 유형에 대한 연구는 1980년대 말부터 이루어졌는데 초기 연구들은 새로운 기술이 양성평등의 기회를 제공해주고 있다는 결론이 우세했지만, 1992년 이후의 연구는 성별 차이에 더 많은 강조점을 두고 있다. 대표적으로 영어로 이루어진 익명의 채팅방 대화에 참여한 대화자들을 분석해본 수잔 해링Susan C. Herring은 인터넷이 양성 중립적이라는 주장에 반대하면서 온라인의 동시적, 비동시적 대화에서 성에 따라 보이는 CMC 언어 사용의 차이를 다음처럼 제시한다.[20]

19 온라인상에서의 익명성 폐해에 대한 우려와 통제로 실명제를 도입하는 사이트가 많아지고 있기는 하지만 여전히 온라인에서 가려진 혹은 조작된 정체성으로 활동할 수 있는 여지가 많다.

20 영어권 컴퓨터 중재 언어 사용의 패턴을 분석한 결과를 Susan C. Herring, "Gender and Democracy in Computer-Mediated Communication," *Electronic Journal of Communication* 3(2), 1993. http://ella.slis.indiana.edu/~herring/ejc.txt에서 인용. 동일한 결과표가 "Gender and Power in Online Communication," in J. Holmes & M. Meyerhoff eds. *The Handbook of Language and Gender* (Oxford: Blackwell, 2003)과 Siriporn Panyametheekul and Susan C. Herring, "Gender and Turn Allocation in a

표1 | 비동시적 CMC에서의 성별 언어 사용의 차이

	남성	여성
참여도	• 대체로 메시지 문장이 길다. • 메시지를 많이 게시한다. • 더 많은 반응을 얻는다.	• 메시지 문장이 짧다. • 메시지를 더 적게 게시한다. • 적은 반응을 얻는다.
서술방식	강한 주장 • 절대적이고 예외 없음을 표현하는 부사를 자주 사용한다. 가령 분명히, 절대로, 결코 등. • 비인칭 주어나 전제된 진실을 나타내는 표현들을 자주 사용한다. 가령 분명한 것은… 사실은… • 배타적 1인칭 복수 대명사를 사용한다. • 수사적 표현을 자주 쓴다. • 자기 자랑의 글을 많이 쓴다. • 반대 의견이 많다. • 반대 경향이 높다. • 덜 겸손하다.	약화된 주장 • 보류, 한정적인 부사를 자주 사용한다. 가령 아마도, 약간, 듯한 등. • 화자의 감정이나 경험과 관련된 표현을 자주 사용한다. 가령 내가 느끼기에… 흥미로운 것은… • 내포적인 1인칭 복수 대명사를 사용한다. • 유도적인 질문 사용한다. • 사과적 표현이 많다. • 동의나 지지 의견이 많다. • 동조 성향이 높다. • 더 겸손하다.

표2 | 동시적 CMC에서의 성별 언어 사용의 차이

	남성	여성
참여도	댓글자가 적다.	댓글자가 많다.
서술방식	폭력적인 언어 불경스럽고 상스러운 표현 성적 표현이 더 많다. 판단, 조롱, 비꼬는 표현	중립적이고 다정한 언어 이모티콘과 웃음을 더 많이 사용한다. 자신과 타인에 대한 감정을 표현 감사와 지지의 표현

Thai Chat Room," in Brenda Danet and Susan C. Herring eds., *The Multilingual Internet: Language, Culture, and Communication Online* (New York: Oxford University Press, 2007), 238-9에 인용됨.

위의 결과에서 남성이 대체로 메시지를 길게 쓰며 용어도 보다 적극적이고 공격적이며 강한 의사 표현을 하고 있음을 볼 수 있다. 메시지의 길이와 주도적이고 활발한 의견 개진, 그리고 빈번하게 비판적이고 결론을 주도하는 표현들을 사용하면서 심사원 같은 역할을 하는 것은 권위와 연관이 있다. 포르투갈 대학의 인터넷상 토론을 분석한 올리베이라Sandi Michele de Oliveira 역시 온라인상에서의 대화나 토론에서 남성이 대화를 이끄는 데 좀 더 주도적이고, 용어 사용에 있어서 비판적이고 공격적인 언어들을 더 많이 사용하고 있다는 유사한 결론을 내린다.[21] 이런 현상은 사회적 권위와 카리스마를 육성이나 외적 조건들로 행사하던 남성이 성정체성이 가시적이지 않은 새로운 미디어상에서 남성들이 사회적 실재social reality를 규정짓고 강화하는 표현이나 용어를 사용함으로써 익명인 자신의 권위를 행사하고 강화하는 한 기제로 분석된다.[22]

온라인에서의 가려진 정체성은 결국은 허상으로 귀결되는 경우가 대부분이다. 온라인에서의 대화 형태나 용어 사용, 그리고 대화의 방향은 그들이 속한 사회의 사상과 규범들에서 자유롭지 못하고 그대로 반영되기 때문이다. 오히려 얼굴을 맞대고 대화하지 않는 상황에서 더 강한 고정관념들에 의존하고 강한 표현들을 사용해서 자신들의 의견을 피력하는 경우가 많다. 온라인상에서도 성이데올로기에 따른 성차와 이를 내면

21 Sani Michele de Oliveira, "Breaking Conversational Norms on a Portuguese Users' Network: Men as Adjudicators of Politeness?" in Brenda Danet and Susan C. Herring eds., *The Multilingual Internet: Language, Culture, and Communication Online* (New York: Oxford University Press, 2007), 256-77.

22 Oliverira, "Breaking Conversational Norms," 275.

화된 성역할의 차이들이 오프라인에서와 마찬가지로 존재한다.

2) 온라인 여성주의 담론의 주체와 대상의 변화

온라인 매체가 가지는 개방성은 여성주의 담론의 주체와 대상에 변화를 가져왔다. 과거 여성주의 담론은 전문가 자신을 여성주의자로 주체화하는 전문여성주의자나 여성주의 운동가들이 여성주의 이론을 확립시키는 방향으로 이루어졌지만, 이제는 생활 속의 일상들에 대한 여성주의적 성찰과 대안들이 일반 여성 대중에 의해 형성되고 있다. 또한 예전에는 여성주의 담론에 청중으로 참여하는 대상은 여성주의 의식을 지닌 일부 여성들이 주를 이루었다. 그러나 온라인에서의 여성주의 담론은 그 특성상 일부 여성만을 대상으로 하지 않고 모두에게 공개되어 있다. 의도되지 않은 독자들이 여성주의 담론을 접할 기회가 용이해진 것이다. 여성주의 담론의 주체와 대상이 여성과 남성, 그리고 여성주의자와 일반 대중 모두를 포함하는 광범위한 범위로 확산되었다.

여성주의 담론의 주체와 대상의 보편화가 가져오는 위험 요소도 있다. 여성주의 담론의 출발은 여성으로서의 차별적 경험이다. 여성주의는 '개인적인 것이 정치적인 것' 임을 인식하고 남성주의 사회 속에서 여성들이 겪는 일상의 작은 차별이 개인적 경험이 아니라 가부장적 구조가 가져오는 폐해임을 지적해왔다. 그런데 온라인의 여성주의 담론에 사회의 지배적 가치를 대변하는 여성과 남성들의 참여는 '여성' 이 당한 성차별의 경험을 사회의 다양한 차별의 하나일 뿐인 현상으로 치부하고 논점을 약화시키면서 이를 개인적인 차별 경험으로 축소시키는 현상이 벌어진다. 이처럼 여성주의 담론의 형성은 토론자의 육체적 성의 개별적 주체의 권위가 아니라 사회적으로 일반화된 '여성'이라는 한 성이 가지는 지위와 그에 대한 다른 성 "남성"들의 이해관계가 대변된 반격을 받음으로써, 논의가 동등하게 이루어지기보다 극단화 · 이분화 현상을 보이는 경우가 많다. 이러한 구도에서 사회의 '이등시민'일 뿐 아니라 수적인 면에서도 비교가 되지 않는 중심 여론의 반격에 여성주의적 논지는 힘을 상실하고 위협받곤 한다. 대중 담론의 시대에 여성주의 논지들이 자신들의 공동체를 중심으로 이루어지고 그 외의 공동체들은 대게 관심이 없는 소외된 형태로 이루어지는 한계를 가졌다면, 1인 스피치 시대 열린 광장에서의 여성주의 논지들은 쉽게 마녀사냥의 타깃이 되어 주저앉아버리고 위협받는 극단의 상황을 겪게 되는 것이다.

그 대표적인 예가 웹진 '이프' 편집인이며『나쁜 여자가 성공한다』의 저자인 김신명숙이 2011년 11월 4일 8명의 네티즌을 명예훼손 혐의로 경찰서에 고소하기까지에 이르게 한 사건이다.[23] 1998년 군가산점제 찬반 논란을 다룬 KBS 1TV '길종섭의 쟁점토론'에 패널로 참여해 적극적인 의견을 개진한 이후 김신명숙는 사이버 테러 수준의 비방을 받아왔다. 그런데 2001년 8월과 11월 사이 네이버 등에서 김신명숙에 대한 비방글이 특별한 계기가 없음에도 불구하고 집중적으로 쏟아져 이를 조직적인 모함으로 여겨 고소하게 된 것이다. 그의 고소 이후 그의 블로그가 2000여 네티즌의 집중 공격을 받고 있으며, 악플은 기본이고 음란 동영상, 군대 동영상, 아프가니스탄 잔혹 영상에 남학생이 여학생을 집단 살

23 이은경, "페미니스트 김신명숙, 사이버 테러 가한 네티즌 고소," 〈여성신문〉 1160호 〔특집/기획〕 (2011-11-16) http://www.womennews.co.kr/news/51416.

해하는 '피 튀기는' 애니메이션까지 올라왔다. 이 기사에 대한 댓글도 여성혐오적 내용으로 이어졌다. 〈여성신문〉이 편향적 입장으로 객관적이지 못하다는 평가도 많았으며 기사의 내용을 지지하는 글은 없었다. 사이버의 여성혐오적 댓글들에 여성주의적 입장의 댓글이 올라오지 않는 것은 열린 광장으로 흔히 묘사되는 사이버 토론장에서 대부분의 여성들이 위축감을 느끼고 동등한 의견 개진의 환경을 보장받지 못한다는 사실을 반증해준다.

글을 쓰는 이의 가려진 정체성이 동등하고 상호적인 대화의 창구를 가능하게 하리라는 환상은 여지없이 깨질 수밖에 없다. 남성이라는 하나의 성을 우위로 둔 채 구성된 한 사회에서 종속적 제2의 성인 여성들의 여성주의적 담론은 중심세력으로부터의 반격에 노출될 수밖에 없으며, 보호되지 못한 열린 공간에서 그 반격의 강도는 오히려 더 강하다. 이에 대해서 여성주의 담론이 안전하고 상식적으로 전개될 수 있는 온라인 광장의 마련이 필요할 것이다. 아울러 온라인 담론에서 정보 게시자의 개인적 권위보다는 내용에 대한 공감이 소통의 중요한 요소라고 한다면, 여성주의 담론이 메시지의 선명성만 강조할 것이 아니라 메시지를 공유하고 확산할 수 있는 소통의 효과적인 방안도 함께 고민해야 할 것이다.

3) 선동에서 설득의 수사학으로

거대 담론과 1인 스피치 시대 모두 여론 형성을 할 때에 중요한 요소는 설득을 위한 요소들을 갖추는 것이다. 설득의 수사학을 처음 체계화한 것은 아리스토텔레스(기원전 384-322)다. 그는 설득을 위한 세 가지 요소를 들고 있다. 설득의 첫 번째 요소는 에토스로 화자의 특성, 인품을 말하는 것이고, 두 번째 요소는 청중의 감정 상태인 파토스며, 세 번째 요소는 메시지의 특성인 로고스다. 온라인을 통한 빠른 소통이 이루어지지 않았던 거대 담론 시대에는 선동자의 권위와 카리스마, 그와 함께하는 권력구조가 세력 형성의 근원이 되기 때문에 거대 담론의 중심에 서 있는 인물이 중요했다.[24]

온라인 소통에서도 화자의 공신력은 정보 수용과 확산에 중요한 요소로 작용한다. 트위터에서 팔로워가 가장 많은 이들 중에 소설가, 연예인 등의 유명인들이 주를 이루는 것은 온라인 소통에서도 유명인 화자의 공신력과 저명도가 중요한 요인이 되고 있음을 보여준다. 그럼에도 설득의 비중에서 대중 담론 시대의 공신력이 에토스의 요소에 의존했다면 온라인 1인 스피치 시대에는 로고스의 요소에 더 의존하는 추세로 변화하였다. 물론 거대 담론에서와 같이 화자의 사회적 배경과 인품이 영향을 미치지 않는 것은 아니지만 특별한 사회적 권력이나 인품을 지닌 화자가 아닌 경우에도 그 내용에 따라 정보의 수용과 확산이 급속도로 이루어지는 경우가 자주 발생한다. 에토스보다 로고스가 설득에 더 영향력이 있다는 반증이다.

4) 협업과 공감을 통한 개방적이고 상호적인 담론 형성

소셜 미디어 1인 스피치 시대의 담론이 여론을 형성하고 확산하기 위해서는 정보를 공유하고 확산시키는 조력자들facilitators의 역할이 중요하

24 화자의 카리스마는 청중이 화자의 정직성, 신뢰성, 전문성, 역동성, 경험, 유머감각 등을 평가한 정도와 같다. 김영석, 『설득 커뮤니케이션』(서울: 나남, 2008 개정판), 224.

다. 여성주의 담론 메시지의 공유와 확산은 온라인에서 저조하게 이루어지거나 비난성 글로 매도되어 사장되는 경우도 발생한다. CMC 언어에 관한 연구 결과가 보여주듯이 남성이 여성에 비해 적극적이고 활발하게 토론을 주도하고 용어도 강하고 공격적이며, 때로 폭력적이고 위협적인 언어들을 사용하면서 자신들의 의견을 강하게 전달하는 특성은 여성주의 담론이 원활하게 제시되고 확산되는 데 장애 요소로 작용한다. 여성들의 소극적이고 온화한 표현이 의견의 선명도나 선정성을 두드러지게 하는 데 미약하고, 자신의 의견에 반대의견이 제시될 경우 쉽게 위축되고 때로 심한 비판과 욕설에 의견을 회수하거나 참여하지 않는 특성은 여성주의 담론의 효과적인 공유와 확산을 더욱 어렵게 한다.

탭스코트와 윌리엄스는 '지식 네트워크 시대의 5대 원칙'을 협업, 개방성, 공유, 진실성, 상호의존성 등으로 제시한다.[25] 이 원칙들은 기업과 조직과 관련하여 제기된 원칙이지만 집단 지성과 실천을 위한 온라인 담론 형성에 유용한 요소들이다.

온라인의 집단 지성 형성을 위해서는 협업이 중요하다. 인간 사회는 계급, 지위, 책임 등에 따라 상하로 나뉘는 권력구조를 바탕으로 운영되어왔지만, 지식 글로벌 시대로 접어들면서 복잡해지고 상호의존성이 심화되고 세상이 네트워크로 밀접하게 연결되어가면서 상명하달 방식의 조직 운영은 물론 의견 전달도 어렵게 되었다. 실제로 기업 부문에서 정보를 기반으로 하는 제품과 서비스를 만들어내는 역량을 발휘한 사례들이 많이 생겨나고, 이 세계가 직면한 중대한 문제를 해결하는 역량 면에

25 돈 탭스코트, 앤서니 윌리엄스, 『매크로 위키노믹스』, 59.

서 상명하달이 아니라 거꾸로 하의상달 방식을 기반으로 하는 새로운 형태의 협업이 위계적인 조직에 필적할 만한 성과를 거두고 있다.[26] 트위터나 페이스북이 최초에 고안될 때는 공동 작업이나 공동 행동에 사용될 목적을 고려하지 않았을지라도, 연구소나 단체가 자신들의 주장을 모으고, 선전하며, 행동 실천을 위한 조직을 하는 데 소셜 미디어를 사용할 수 있는 가능성이 크고 또한 그렇게 사용된 사례들도 많다. 여성주의 담론의 장을 마련하는 데에도 이러한 협업의 원칙은 중요하다.

집단 지성을 위해 중요한 두 번째 요소는 개방성이다.[27] 개방성이란 정보를 기업이나 정부, 기타 조직의 이해관계자들에게 공개하는 것인데 지금까지 조직이 외부 세상과 정보를 공유할 때 대부분 비밀 엄수와 불투명성을 원칙으로 삼아왔다. 조직들이 폐쇄적인 성향을 가질 수 있었던 것은 폐쇄적인 상태를 유지하는 것이 가능했기 때문이다. 그러나 이제 개방성은 새로운 경쟁력의 원천이자 잠재적인 협업 파트너와 생산적인 관계를 구축하기 위한 전제조건이다. 위에서 이미 지적했지만 여성주의 담론도 이제는 여성주의 의식을 가진 여성과 일부 남성뿐 아니라 일반 대중에게 여성주의적 토론을 함께 이끌어가고 공감대를 형성하려는 개방적 노력이 필요하다.

셋째는 공유다. 열린 정보 공유의 목적은 구성원은 물론 외부 일반인들의 지지를 얻어내기 위해 결정과 방향 또는 전략을 제공하고 공감 혹은 동의를 얻어냄으로써 같은 목표를 향해 일하거나 운동에 참여할 수

26 돈 탭스코트, 앤서니 윌리엄스, 『매크로 위키노믹스』, 63.
27 돈 탭스코트, 앤서니 윌리엄스, 『매크로 위키노믹스』, 64-66.

있도록 하기 위함이다. 발전적인 논의 진전을 위해 갱신된 정보를 서로 제공하고 공유하는 것을 포함한다. 공유는 자산을 공공의 영역에서 사람들이 접근할 수 있도록 허용하는 것으로 외부인들의 열린 정보 공유를 가능하게 하는 방식으로 블로그나 트위터 같은 다양한 소셜 미디어를 활용한 대화, 유튜브와 같은 오픈마이크를 통한 정보 제공, 그리고 크라우드 소싱[28]과 플랫폼[29] 등이 있다. 마지막 두 요소인 진실성과 상호의존성은 공유와도 깊은 연관이 있는데 이들 두 요소는 정보를 공유하고 확산하는 데 바탕이 되는 신뢰의 문제이다. 진실성은 반드시 전문성만을 의미하지 않는다. 진실성은 상호간의 공감을 바탕으로 새로운 의미의 진리를 생성해내고 있다. 제레미 리프킨의 말처럼, "진리란 객관적이거나 주관적인 것이 아니라 너와 내가 공통의 경험적 기반을 함께 만들기 위해 모이는 틈새 영역에 존재하는 이해"[30]이므로 온라인 담론을 통해 남성 중심의 편협한 논리가 아니라 양성평등의 가치와 논리가 공감되는 그 틈새의 영역을 넓혀갈 수 있어야 할 것이다.

28 크라우드 소싱(crowd sourcing)은 아이디어를 한곳에 모아 새로운 아이디어의 원천을 개발하고 창의적 제안을 나누며 개선점들을 찾으려는 목적으로 하는 것이다. 위키피디아가 대표적인 예라고 할 수 있다. 오늘날 크라우드 소싱은 로고와 레터 디자인 그리고 사이트 디자인과 같은 디자인 영역에서 활발하게 이용되고 있다. 쉘린 리, 『오픈 리더십: 공유하고 소통하고 개방하라』, 정지훈 옮김 (서울: 한국경제신문사, 2011), 65.

29 플랫폼(platform)은 다양한 활동을 한곳의 광장으로 모아놓고 그곳에서 자신이 원하는 정보를 얻고, 관심 있는 정보에 대해 반응하거나(대화, 열린마이크에 참여) 창조적 아이디어를 제공할 수 있는 열린 장을 일컫는다.

30 제레미 리프킨, 『공감의 시대』(서울: 민음사, 2010), 송인혁, 『화난 원숭이들은 모두 어디로 갔을까?: 숨어버린 내 안의 열정과 창의성을 찾아가는 혁신 이야기』(서울: 아이앤유, 2011), 244에서 재인용.

5. 협업과 공감을 통한 여성주의 담론 형성 사례들

참정권을 중심으로 시작된 사회운동으로서의 서구 여성주의운동은 여성들의 주체성을 새로이 정립하고 여성들을 사회로 이끌어내는 데 많은 공헌을 했다. 이 과정에서 여성주의 의식을 일깨우고 여성주의 담론을 이끌어간 주체는 선구자적 여성지도자들의 힘이 컸다. 거대 담론을 통한 힘의 결집이 운동을 통한 변화를 이끌어내는 중요한 동력이었다.

한국의 경우도 여성주의 운동에서 지식인들의 역할이 컸다. 그러나 1990년대 들어서면서 한국 사회에서 거대 담론을 통한 힘의 결집은 점차 찾아보기 어렵게 되었다. 이러한 변화는 1987년 민주화운동의 성과와 이후 문민정부의 집권으로 '민주' '평화' '통일'이라는 큰 담론보다 일상에서의 민주화 바람이 서서히 불고 그 영향력이 넓혀지고 있는 일반 운동의 흐름과도 맞물려 있다.

여성주의 담론의 일상화가 활발하게 진행되고 있다고 평가하기는 어려운 부분이 있지만 웹 2.0시대의 시대적 조류의 전천후 현상으로 불가피한 흐름으로 보이며 일상 속에서의 여성주의 담론이 이제는 온라인상에서 1인 스피치를 통해 더욱 일상화되고 있다. 그 한 예로 최근 세계적으로 진행된 슬럿워크slutwalk가 한국에서 젊은 여성주의자들에 의해 진행되고 그 홍보가 트위터에서 적극적으로 이루어진 사례가 있다. 슬럿워크 이후에도 이 트위터 계정은 '잡년행동'이란 이름으로 트위터와 홈피를 통해 한국 사회에서의 성차별, 성폭력 근절을 위한 정보와 네트워킹을 계속하고 있다.

소셜 미디어에서 여성주의 담론을 이끌어내고 여성주의 행동을 촉발하는 사례는 다른 정치, 사회 이슈들에 비교해보면 그렇게 많은 편은 아니지만 그 움직임이 없지는 않다.

이번 장에서는 온라인 매체에서 협업을 통해 개방적으로 여성주의 담론을 형성하는 네 개의 사례인 국내 일반 여성주의 사이트 '언니네'와 미국의 여성주의 신학 사이트 FSR(Feminist Studies in Religion)과 워터 WATER, 그리고 여성주의 목회자 사이트인 레브갈블로그팔스 RevGalBlogPals 등을 여성주의 담론을 위한 사례로 소개하고[31] 이를 바탕으로 웹 2.0시대에 보다 효과적인 여성주의 담론을 위한 방안을 모색하고자 한다.

31 소개된 세 개의 사이트의 선별 기준은 지극히 개인적인 선호도에 의해 이루어졌으며 나름의 이유를 설명하자면 '언니네'의 경우 한국에서 여성주의 온라인 공동체를 가장 먼저 체계적으로 시작했다고 판단했기에 신학 분야가 아니라도 선택하여 소개했고, 다른 세 개의 사례는 미국에서 활발히 진행되는 여성주의 온라인 조직으로서, FSR과 WATER는 여성주의 신학자들 중심의 활동이고, RevGalBlogPals는 여성 목회자들을 중심으로 활동하는 사이트라는 점에서 다양한 방면의 사례 소개로 적절하다고 보았기 때문이다. 안타깝게도 국내 여성신학 단체 중에서 삼방향의 소통구조를 가진 온라인 사이트를 운영하는 예가 없어서 사례로 포함하지 못했다. 홈페이지를 운영하는 여성신학 단체는 많지만 글을 게시하고 알리는 일방향의 소통에 머물거나 회원 간의 소통을 제한적이나마 수렴하려는 경우에 그쳤다. 한국여성신학회는 다음카페(http://cafe.daum.net/kafemtheo)의 기존 양식을 빌려 학회의 활동과 함께 회원 간의 대화 소통을 끌어내려고 시도하였으나 적극적으로 운영되지 못하고 회원들의 참여도 저조한 상황이다.

1) 언니네(http://www.unninet.net)

인터넷에서 홈페이지와 카페가 유행하면서 널리 보급되던 그 선두에 여성주의 담론의 틀을 만들어준 '언니네'가 있었다. 언니네는 자매애를 나타내는 '언님'에서 따온 '언니'와 네트워크의 이니셜이기도 하면서 공간의 뉘앙스를 지닌 '네'가 결합되어 붙여진 이름이다. 여성주의 웹진 '언니네'는 2000년 4월에 생성되어 2001년 2월부터 본격적인 여성주의 사이트로 전환, 현재 회원을 5500여 명 정도 확보하고 있다.

언니네는 "여성들이 즐겁고 편안한 곳, 여성이라는 것이 짐이 아니라 기쁨과 흐뭇함이 될 수 있는 곳, 우리의 상상이 정말로 우리의 삶을 즐겁게 바꾸는 여성친화적 사이버 공간을 만들어가기 위한"[32] 곳이 되기를

32 언니네 홈피에서 밝힌 언니네의 설립 목적이다. http://www.unninet.netui_about_info.asp에서 2011년 12월 30일 인용함.

추구한다. 언니네는 여성주의적 언어를 창출하고 서로의 차이를 인정하며, 여성주의적 주장들의 지지와 확산, 그리고 새로운 감성들을 위한 실험적 노력을 통해 '나'를 바꾸는 여성주의와 세상을 바꾸는 온라인 공동체(cyber community)를 만들고 여성주의자들 사이의 네트워크 구축을 지향한다.

언니네 사이트에서 주목할 만한 몇 가지 구성 항목이 눈에 띈다. 먼저 언니네는 여성주의 사이트를 시작하면서 "모든 여성은 자기만의 방이 필요하다"는 버지니아 울프의 말에 착상하여 '자기만의 방'을 만들어 회원들이 자신을 성찰하고 자유로운 글쓰기를 할 수 있도록 도왔다.[33] 또한 여성주의적 관점에서 새로운 개념 정립과 사고를 돕는 '지식놀이터', 그리고 회원들의 토론과 통합을 이끌어낼 '광장', 대중매체 속에서 듣지 못하는 여성의 주체적인 목소리를 통해 세상을 읽는 '채널넷', 다양한 관심을 별도로 묶어 활동할 수 있도록 돕는 '살롱' 등이 있다. 이 밖에 재미를 덧붙이고 동기 부여를 위한 패너지랜드와 이벤트 등도 마련되어 있다.

언니네는 온라인을 통한 정보의 교환과 공감, 열린 토론장의 제공이라는 요소들을 두루 잘 갖추고 있다. 지식 네트워크 시대의 5대 원칙(협업, 개방성, 공유, 진실성, 상호의존성)을 두루 구비한 셈이다. 언니네의 활동은 처음의 설립 목적대로 여성친화적 사이버 공간을 만들어주어 여성들이 사회와 일상에서 겪는 차별과 고충들이 나 혼자만의 고민이 아니라는

33 이김명란(몽), "여성주의 네트워크와 온라인 공동체", 한신대학교 신학대학원 목요강좌 강의 동영상(2011년 4월 4일 게시)에서 발췌. http://dept.hs.ac.kr/gst/

점을 인식하고 안전한 공간에서 자신을 성찰하고 생각의 차이들을 쏟아 놓을 수 있게 해주었다. 나아가 양성평등적 변화를 위한 노력들이 개별적이고 고립된 힘겨운 투쟁이 아니라 다른 여성주의적 사고를 가지고 양성평등 사회를 지향하는 이들과의 공감과 연대를 가능하게 해주어 여성주의 운동가들에게 큰 힘을 실어주는 역할을 해주고 있다.[34] 여성 NGO 활동가를 위한 웹 활용 강좌도 진행하고 있다. 여성들만의 친화적 공간이 마련되어 분출되는 여성들의 목소리가 보여준 공감의 힘은 '자기만의 방'에 실린 글들을 묶어 두 권으로 낸 책과 그 인기도를 통해서도 알 수 있다.[35]

그럼에도 언니네는 개방성의 요소는 다소 미흡한 면을 보인다. 언니네가 "신문과 잡지 등의 인쇄매체가 제1의 미디어, 라디오와 TV 등의 방송매체가 제2의 미디어, 인터넷 매체가 제3의 미디어라고 불린다면 언니네의 채널[넷]은 그 무엇에도 함몰되지 않는 제4(넷)의 미디어가 될 것입니다"고 밝히며 채널[넷]을 운영하고 있지만 실제적인 활동은 이루어지지 않고 있다. 이와 함께 회원들의 의견 공간과 힘을 결집해낼 기초 장場인 '관장' 역시 운영되지 못하는 한계를 보이고 있다. 개별적인 회원의 활동을 넘어서 회원들의 힘을 결집하고 공감대를 바탕으로 이를 홍

34 2004년에는 오프라인 조직으로 언니네트워크가 꾸려졌다. 언니네트워크는 언니네와 별도의 조직이기는 하지만 언니네와 연계하여 활동하기도 한다.

35 언니네가 처음 만들어질 당시는 글쓰기가 힘을 가지고 있던 시기였고 여성친화적 공간에서의 자유로운 여성주의 글쓰기가 진행되었는데 그 중 선별된 글들을 묶어 『언니네 방 1』 『언니네 방 2』 두 권의 책으로 출판되었다. 언니네 사람들, 『언니네 방 1: 내가 혼자가 아닌 곳』(서울: 갤리온, 2006); 언니네 사람들, 『언니네 방 2: 사람들과의 관계가 어려울 때 내게 힘이되어 줄 그 곳』(서울: 갤리온, 2007).

보, 확산하는 SNS의 활용 역시 활발하게 이루어지지 않고 있다. 오히려 언니네 활동을 하던 회원들이 언니네와 별도로 독자적인 활동을 하면서 언니네의 기본적인 취지가 더불어 확대되고 있다고 여겨진다.[36]

2) FSR(http://www.fsrinc.org)

FSR(Feminist Studies in Religion)은 여성주의적 종교연구를 증진시키기 위한 목적으로 1983년에 시작된 비영리 온라인 조직이다. FSR은 여성주의적 종교연구를 수행하는 학자들, 활동가들, 종교단체들의 블로그를 연결하여 다양한 이론적 성과와 활동들을 공유할 수 있는 네트워크를 제공해주는 한편 여성주의적 종교연구 포럼(Feminist in Religion Forum; FiR)을

36 온라인과 SNS를 활용한 여성주의 운동을 펼치는 곳 중 많은 곳이 언니네 회원으로 적극 활동하거나 운영에 참여하고 있었다. 그 대표적인 예가 언니네 네트워크, 슬럿워크, 잡년행동 등이 있다.

운영하면서 대중과의 토론과 소통의 장을 마련하고 있다. FSR 조직의 중심에는 27년간 여성주의 종교학자, 신학자들의 연구를 공론화시키는 데 기여하고 출판을 담당해온 학술지 *Journal of Feminist Studies in Religion*(JFSR)이 있다.[37]

FSR에서 주목할 만한 활동은 FiR을 통한 네트워킹과 열린 토론의 장을 제공하고 있는 점이다. FiR포럼은 2005년 6월에 열린 '변화를 위한 교육' 세미나(Teaching for Change Conference)에서 발전해 형성되었다. 이 포럼은 공동으로 만들어가는 블로그로 이해하면 쉽다. FSR의 공동편집인들이 한 달에 한번 꼴로 포럼 블로그에 글을 게시한다. 블로그는 주제별로 나누어져 있으며 주제들로는 '교회와 국가', '차별', '여성주의', '정의', '목회', '영성활동', '신학' 등이 포함되어 있다. 포럼에 김나미가 1982년 1월 8일 시작된 일본 대사관 앞에서의 정신대 여성에 대한 사과와 보상을 요구하는 수요시위가 1000번째 맞게 된 점을 소개하기도 했다.[38] 이 포럼의 게시글에 대한 댓글을 통해 일반 대중의 참여가 이루어지도록 고안되었다. 그뿐 아니라 포럼을 통해 창의적이고 여성주의적 수업 교과를 공유하고, 현재 진행되고 있는 이벤트나 현장 활동, 구직 등의 정보를 나눈다.

FSR은 여성주의적 종교연구를 담당하는 전문 학자들의 네트워킹과 전문학술지의 글 등을 통한 정보의 공유, 그리고 여성주의적 교과의 공유 등을 통한 실제적인 도움과 연대를 가능하게 해주는 장점이 있다. 이

37 FSR 홈피에서 JFSR의 과월호 논문 목차와 초록을 볼 수 있다.

38 Nami Kim, "Marking the 1,000th Wednesday Demonstration," posted on Jan 13, 2012. http://www.fsrinc.org/category/tags/justice.

론적인 접근에서 그치는 것이 아니라 여성의 삶에 접목되는 주제들에 대한 전문학자들의 성찰적 글들을 통해 대중을 토론의 장으로 끌어내는 광장의 역할도 담당하고자 시도한다. 하지만 이러한 목적들이 최근에는 활발히 이루어지지 못하는 한계를 보이고 있다. 블로그의 주제들을 클릭해서 보면 게시글이 없는 주제 난이 많이 있다. 블로그와 토론이 활발하게 이루어지지 못하는 이유는 대중의 관심을 이끌어낼 만큼 일상에 뿌리박은 실제적인 고민들이 충분히 반영되지 못한 측면 때문이 아닐까 생각된다. 이론과 현실의 벽을 허물기엔 아직 이론 중심의 논의에 갇혀 있고 토론의 활성화를 위해 헌신적인 열정이 부족하다.

3) WATER(http://www.waterwomensalliance.org)

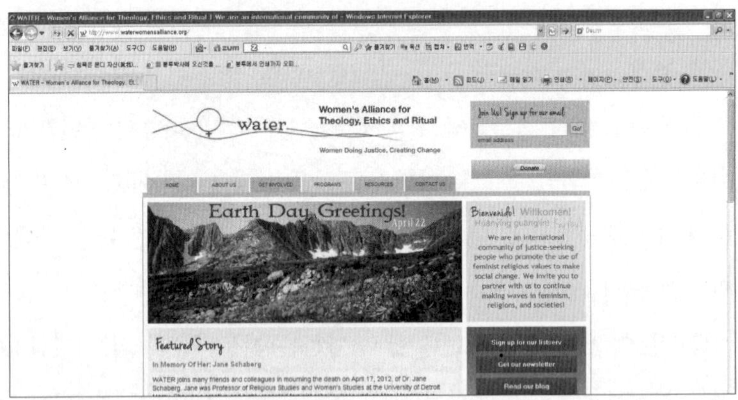

WATER란 "Women's Alliance for Theology, Ethics and Ritual"의 약자로 메리 헌트Mary E. Hunt와 다이엔 뉴Diann L. Neu 두 명의 여성주의

학자가 공동 설립자이며 운영자로 있는 여성주의 활동 단체다.[39] WATER는 'the Faith Trust Institute' 나 'the Resource Center for Women in Ministry in the South' 등의 비영리 단체들과 함께 협업하면서 사이트를 운영하고 개인 학자들과 활동가들의 블로그를 하나의 광장에 모아 주제별로 묶어서 논의들을 볼 수 있도록 해준다.

헌트는 WATER의 설립 목적을 "여성주의 가치를 통해 종교적 · 사회적 변화를 꾀하고, 정의를 추구하는 사람들의 국제적 공동체"로 자신들의 정체성을 밝힌다.[40] 헌트는 벤더빌트 대학에서 행한 그의 연설 "Responsible Academic is a Useful Activist"에서 학자들이 학계뿐 아니라 여성주의나 소수자 인권 해방을 위한 일선의 일에 모두 참여할 것을 역설하였다. WATER는 최근 성적 소수자의 인권 옹호를 위한 활동을 시작했는데, 헌터는 "우리는 종교 분야에 여성주의 학자들과 퀴어 학자들이 필요하고, 현장에서 활동가들이 필요하다. 그러나 이 역할이 반드시 다른 사람에 의해 이루어질 필요는 없다. 창조적 사고와 자발적인 헌신성, 그리고 협업하려는 마음가짐을 통해 '책임 있는 학자가 유용한 활동가' 가 될 수 있다"고 역설한다.[41] WATER는 이처럼 여성 인권과 소수자

39 Hunt와 Neu가 최근에 편집한 책으로는 *New Feminist Christianity: Many Voices, Many Views*가 있다.

40 http://www.waterwomensalliance.org 홈페이지에 WATER is an inter-religious, academic nonprofit which identifies as an "international community of justice-seeking people who promote the use of feminist values to make religious and social change"라고 밝히고 있다.

41 Mary Ann Kaiser, "On Having to Choose: Scholar or Activist," State of Formation, 2011년 11월 7일 게시. 〔http://www.stateofformation.org/2011/11/on-having-to-choose-scholar-or-activist〕 2011년 11월 22일 인용.

인권을 위해 학문적, 실천적 고민을 모두 담아내고자 설립된 독특한 온라인, 오프라인 공간이다.

WATER의 활동을 몇 가지 소개하면 다음과 같다. 워터는 매달 영상토론을 진행한다. 학자들, 활동가들, 목회자들 등을 초청하여 그들의 최근의 활동 상황과 이슈들을 나누고 토론한다. 토론에 대한 초청이 페이스북이나 홈페이지 공지를 통해 이루어져 지역적 한계를 넘어 지구상의 어느 누구도 영상을 통해 토론에 참여하도록 열려 있다. 이론가나 활동가들과 대중들 사이를 이어주면서 이 영상세미나는 여성주의적 종교 활동에 관심 있는 대중들의 역량을 강화해주고 교육시키며, 고립된 활동이나 관심 받지 못하는 주제들을 공유하고 확산시키는 데 공헌하고자 한다. 인턴제를 도입해서 여성신학에 관심 있는 인재들에게 현장 경험을 쌓을 수 있는 기회도 제공하고 있다. 지금까지 42명이 인턴교육을 받았으며 이들은 WATER 사무실에서 일하며 다양한 여성들과 단체들과의 교류를 통해 미래 여성주의 지도자로서의 자질을 키워나간다. 매년 미국의 전국 규모의 학술제인 AAR(미국종교학회)에서 WATER가 주체가 되어 여성해방신학 네트워크를 진행한다. 이 세미나에서 학자들과 활동가들이 함께 모여 각자의 일과 상호간의 네트워킹에 대한 토론과 나눔의 시간을 갖는다.

WATER는 여기서 소개하는 온라인 여성주의 사이트 중에서 가장 최근까지 활발한 온라인 활동을 보이고 있다. WATER의 가장 큰 특징은 실제적인 변혁을 추구하기 위한 뚜렷한 공동의 목표의식을 갖고 있고 SNS를 활용한 정보 공유와 확산에 적극적이라는 것이다. 영상통화와 같은 실제적인 네트워킹은 글을 통한 익명의 연결이 가지는 한계를 극복해

주고 있고, 공동대표 등이 아닌 인턴제의 활용은 다른 사이트와 달리 최근까지 활동이 지속되는 꾸준함을 보일 수 있게 해주는 동력이 되고 있다.

4) RevGalBlogPals(http://revgalblogpals.blogspot.com)

RevGalBlogPals는 많은 여성 목회자나 종교인들이 현장에서 겪는 여성 종교지도자로서의 고충과 지혜들을 엮어내어 그들의 고민이 혼자만의 문제가 아니며, 여성 종교지도자들이 서로의 힘이 되어주고 대안적인 목회를 찾아갈 수 있도록 돕기 위해 2005년 시작되었다.[42]

42 RevGalBlogPals는 본래 스퐁(Martha Spong) 목사가 2004년 친분이 있는 여성 목사들의 블로그를 모아 연결하면서 시작되었고 정식으로 그 이듬해에 모체 블로그를 탄생시켰다. 스퐁은 'Songbird' 라는 닉네임으로 알려져 있으며 미국 North Yamouth Congregational Church(UCC) 담임목사다.

RevGalBlogPals 회원 자격은 여성 목회자, 여성 교회에 종사하는 전문인들, 여성 종교인들과 이들을 위한 온라인 공동체 형성에 동조하는 모든 이들에게 열려 있다. 회원들은 각자 자기의 블로그를 개설하여 그곳에 글을 쓴다. 이를 RevGalBlogPals의 공동 운영자들이 목회와 관련된 주제들로 나뉘어 각 주제별 우수한 글들을 개별 블로그에서 선별하여 일주일에 하나씩 모체 블로그에 게시함으로써 회원들이 목회에 필요한 자료들을 주 단위로 한눈에 볼 수 있게 돕니다. 회원들은 그 자료들을 해당하는 주에 실제로 목회에 활용할 수 있다.[43]

RevGalBlogPals의 7가지 항목은 목회 현장의 다양한 삶의 영역들을 골고루 포함하여 필요를 충족시켜주고 있다. 여성 목회자로서의 개인적인 고충과 목회의 경험을 선배나 동료 목회자들과 나누는 목요일의 'Ask the Matriarch(여자 가장에게 묻다)'는 여성 목회자들에게 연대의식을 높여주기에 적절한 항목으로 마련되어 있다. 그 밖에도 회원들의 출판물을 홍보하고 정보를 나누는 회원들의 책소개 난도 있고 회원들이 자신이 지금 읽고 있는 책의 목록과 서평들을 게시하여 바쁜 일정 속에서도 폭넓은 정보와 소식을 접할 수 있는 기회를 제공받기도 한다. Friday Five항은 하나의 일상을 선택해서 그와 관련된 다섯 가지 질문을 던져보는 곳으로 재미를 더해준다.[44]

43 주제들은 요일별로 제목이 붙여져 있다: Monday Extra, Tuesday Lecitonary Leanings, Wednesday Festival, Ask the Matriarch(Thursday), Friday Five, Saturday Activity, Sunday Prayer.

44 가령 영화에 관하여 다섯 가지 간단한 질문을 게시한다. 영화를 볼 때 어떤 것을 선호하는가? 1) 집에서/영화관에서, 2)누구와? 3)보고 싶은 영화는? 4)다시 보고 싶은 영화는?

RevGalBlogPals는 목회 현장에서 활동하면서 실제적인 목회자료의 요구와 여성으로서의 삶의 경험을 나누고 지지를 얻고자 하는 감성적 욕구와 공동 운영자들의 헌신이 잘 어우러져 활발한 활동을 벌이는 사이트다. 이론적인 정보 제공이 아니라 실천적이고 평이한 내용들도 대중성 확보에 유리한 작용을 한다. 이 사이트는 "경쟁적이고 서로를 비판해서 성공하는 것이 아니라 각자의 삶 속에서 각자의 모습대로 살면서도 서로 지지해주고 함께 도우며 살아갈 수 있음을 보여주고 싶다"는 창립자인 마사 스퐁Martha Spong 목사의 말을 잘 실천하고 있다.[45]

지금까지 살펴본 네 개의 여성주의 담론의 사례들은 여성주의 의식을 가진 이들의 참여를 이끌어내 회원들 사이의 공감대를 형성하여 협업을 통한 연대의식을 높여주고 아울러 열린 광장을 마련해 토론의 장을 마련하는 두 가지의 목적을 나름대로 실현하고 있다. 협업과 공감을 통한 상호적인 담론을 형성하고 있는 셈이다. 그럼에도 공통적으로 부족한 측면을 지적한다면 여성주의 담론 사이트들이 개방적인 성격을 가지고 있지는 못한 점이다. 즉 위에 소개된 여성주의 담론 사이트들은 아직까지 여성주의 의식을 가진 여성들을 중심으로 한 여성주의 네트워킹이 좀 더 대중적으로 확산되고 삼방향의 소통을 이끌어내기에는 충분하지 않음을 보여주었다. 여성주의 담론 사이트가 개방성이 높지 않은 이유는 대

5) 영화 볼 때 좋아하는 음식은? 등과 같이 간단한 질문을 열거하여 회원들이 잠시 쉬어 갈 수 있는 코너다.

45 마사 스퐁 목사와의 개인 대화에서의 인용(2011년 9월 보스톤에서).

체로 아직 여성주의 담론에의 자유로운 참여에 대한 안전성이 보장되지 못하고 저조한 지지율 속에 SNS 등의 정보 공유와 확산을 충분히 활용하지 못한 탓이라고 평가된다. 또한 내용에 있어서도 일상 경험에 대한 여성주의적 성찰을 통해 대중의 공감대를 확보하는 노력이 더 필요하다.

6. 나가는 말

지금까지의 웹 2.0시대 온라인 담론 형태의 변화와 여성주의 담론 사이트의 사례 연구는 온라인 여성주의 담론은 협업과 공감을 바탕으로 설득의 수사학을 펼칠 수 있어야 한다는 결론을 이끌어내었다. 즉 소셜 미디어의 등장으로 온라인 담론의 형태가 거대 담론에서 1인 스피치 시대로 변화되었으며, 담론의 주체가 전통적 식자와 지성인에서 비전문인으로 확대되었고, 소통의 방향이 쌍방향을 넘어 삼방향으로 진행되어 대중의 관심과 참여가 증진됨으로써 여성주의 담론은 여성주의적 의식이 낮은 일반 여성과 남성까지도 담론의 주체 혹은 대상으로 하는 개방성이 요구되었다. 담론의 주체 혹은 대상의 확대는 자연히 담론 주제의 다양화를 불가피하게 한다. 이제는 전문적이고 편협적인 주제에 대한 논의보다 참여 주체들이 모두 공감할 수 있는 일상과 삶에서 도출되는 주제를 담론에 포함시켜야 할 요구가 높아졌다. 그렇지 않고서는 공감과 지속성을 담지하기 어렵게 되었다. 담론의 방식에 있어서도 과거 선동적인 연설이나 글보다 설득이 중요한 수사의 방식으로 떠오른다. 여성주의 글쓰기가 지나친 현학적인 논쟁보다 삶에서의 이야기 들려주기storytelling가

가지는 힘을 이미 여성주의 수사학의 중요한 수단으로 삼고 있으므로 지존의 여성주의 글쓰기는 온라인 여성 담론이 설득력을 높이는 데 유용하다. 온라인 '이프'는 이러한 스토리텔링을 잘 활용하면서 여성주의 의식을 대중화하는 좋은 사례라고 할 수 있다.[46]

또한 기억할 것은 온라인에서 협업과 공감을 통해 여성주의 담론을 확산하고자 하는 주된 목표는 여성주의 가치를 공유하는 데서 그치는 것이 아니라 여성과 남성의 평등 가치를 실천하는 사회를 만들기 위함이다. 즉 여성주의 담론은 개혁 확산을 추구한다. 김영석은 "개혁이란 개인이나 집단이 새로운 것이라고 지각하는 사상이나 물건 등을 의미한다. 확산이란 개혁이 특정한 커뮤니케이션 채널을 통해서 시간을 두고 한 사회체계의 구성원들 사이에 소통되는 과정이라 정의할 수 있다. 새로운 사상 및 제품이 사회체계 속에서 공유되고 확산되는 과정은 모든 사람들의 상호작용을 통해 이루어진다"[47]고 설명한다. 온라인 여성주의 담론은 이러한 개혁 확산을 위한 눈높이 조정과 적극적인 소통의 주체로 설 수 있기를 기대한다.

소셜 미디어 1인 시대의 담론이 형성되고 확산 과정을 거쳐 개혁에까지 이르기 위해서는 개인의 깨어난 의식과 변혁 의지도 중요하지만 이들을 묶어내어 하나의 힘으로 분출시킬 조력자들의 역할이 중요하다. SNS 역시 결국엔 사람이다. 필요한 정보를 얻기도 하지만 수동적으로 지식을 얻기보다는 좀 더 능동적으로 사람들과 소통하기 위한 노력을 통해 집단

46 http://onlineif.com/main/main.php?sp=new&main=main
47 김영석, 『설득 커뮤니케이션』, 506.

지성을 만들고 삶을 변화시키는 힘을 내재하고 있다. 소통을 위해 블로그 포스팅에 답글을 남기거나 관심 있는 트윗을 리트윗하고 이를 다른 매체에 다시 포스팅하면서 자신의 관점에서 정보를 해석하고 정보를 선별해서 알리는 것이 스스로에게도 훈련이 될 뿐 아니라 전문 분야나 주제에서의 사회적 기여도 할 수 있다. 그러나 이러한 조력자의 역할을 개인에게 의존하기에는 지속성이 떨어지고 힘을 결집시키기도 어렵다. 연속성과 영향력을 높이기 위한 협업이 필요한 이유다. 조력자들의 역할이 활발하더라고 그 내용이 공감하기에 설득력이 부족하거나 관심 밖의 주제들을 다루고 있다면 그렇지 않아도 넘쳐나는 정보 홍수 속에서의 소음, 그 이상도 이하도 아니다. 공감을 위해서는 일상과 접목된 경험을 이론과 실천 사이의 접목점을 제시하는 성찰적 글들이 필요하다.

끝으로 여성주의 담론의 활성화를 위해서는 안전한 공간의 확보가 중요하다. 하나의 담론이 조력자의 도움으로 확산되는 긍정적인 효과도 있지만[48] 사회의 남성 가치에 부합하지 못하는 여성주의 담론이 지지보다

48 대표적인 사례가 2011년 한진중공업의 부당한 정리해고에 맞서 고공크레인에서 농성을 벌였던 김진숙 위원장의 투쟁 과정을 가시화시키고 투쟁을 승리로 이끄는 데 일조했던 연예인 김여진의 역할이다. 김진숙의 고공농성은 트위터를 타고 〈르몽드〉 지나 〈알타이〉 지에 실리기도 했으며, '희망버스'라는 새로운 연대 방식을 조직한 것도 특기할 만한 사항이었다. 그러나 무엇보다 김진숙이라는 존재가 소셜 네트워크라는 공론의 장에서 부상할 수 있었던 것은 김여진이라는 트위터러의 공헌이 컸다. 김여진의 여배우란 공인으로서 갖는 인지도에 힘입어 고공투쟁 사실이 확산되었다. 이택광은 김여진의 이러한 역할을 "한국판 에이드 셀러브리티"라고 부르면서 "소셜테이너의 역할을 정치적 대립구도로 인해 교착 상태에 빠진 특정 사안을 중립적인 차원으로 밀어넣는 것"이라고 말한다. 이택광, "김진숙과 김여진," 〈경향신문〉 제20514호 (2011년 7월 2일 토요일) 23면 "이택광의 왜" 사설기사.

는 비판을 넘어 폭력적 언어로 매도당하는 경우가 발생하기도 한다. 앞에서 보았던 김신명숙에 대한 사이버 테러 수준의 언어폭력이 그 한 사례이다. 여성주의적 의견 표명이 사이버라는 개방 공간에서 여성 편견과 혐오로 매도되지 않고 성평등의 논의를 이끌어내는 촉발제가 될 수 있게 할 안전한 마당이 필요하다. 이를 위해 여성주의들이 협업을 통한 연대로 여성주의 담론을 선도적으로 이끌어나가기를 바란다.

사이보그 시대에서 여성신학-하기
-여성의 '주체' 문제와 '연대'를 중심으로

김수연(이화여자대학교 조직신학)

1. 들어가는 말

미디어 환경이 더욱 바뀌었다. 특히 새로운 미디엄 스마트폰의 등장은 수동적이었던 대중을 좀 더 적극적으로 새로운 미디어 환경에 참여하도록 바꾸어놓았다. 참여하는 정도가 아니라 그 뉴미디어 공간에서 사는 이들도 있다. 물론 모두가 그런 것은 아니지만 참으로 많은 시간을 현대인들은 컴퓨터 기기를 통해 사이버스페이스 속에서 보내고 있다. 이제 인간은 크든작든 이러한 사이버컬처의 영향에서 벗어나기 어렵게 되었다. 이러한 시대의 신인류를 일컬어 '호모 모빌리스(모바일 정보를 생활화하는 인간)'라고 부르기도 하고 혹은 좀 정도가 심한 경우에는 '(접속 안하면 멍해지는) 디지털 좀비'라 표현하기도 한다. '나는 링크(접속)한다. 고로 나는 존재한다'는 새로운 명제 역시 이러한 현상을 잘 설명하고 있다. 접속하고 링크하며 사람들은 그 안에서 자아를 구성하고 자신의 존재를 발견한다는 것이다. 이렇듯 뉴미디어 세계는 확실히 달라진 자아 이해, 인간 이해를 보여준다.

20세기와 21세기에 걸쳐, 과학과 기술이 결합하여 이루어놓은 소위 기술과학technoscience 문명은 여성의 주체 역시 달라진 관점에서 바라보게 한다. 사실 여성 주체에 대한 이해는 시대에 따라 변화했다. 여성으로서의 보편적인 주체가 강조되는가 하면 여성의 개별적인 파편화된 주체들이 각각 주장되기도 했다. 이제 더욱 변화된 사이버컬처 환경에서 여성 주체는 또 다르게 이해될 수 있을 것이다. 물론 모든 여성이 사이버 세계를 경험하며 사는 것은 아니다.[01] 그러나 사이버 세계에 접속한 소수에 의해 전 세계가 영향을 받고 있는 것 또한 사실이기에, 사이버 현실은 단지 소수에게만 국한되는 특별한 상황이라 할 수 없다.

여성신학은 '객관적 지식dispassionate knowledge'이기보다 '참여적 앎engaged knowing'이기를 원하며 이러한 사이버 세계의 경험을 진지하게 고려한다. 여성신학은 이제 달라진 새로운 환경에서 '여성'이라는 주체를 어떻게 상정할 수 있을까? 즉 새로운 테크노 시대를 맞아 여성은 어떠한 주체로 설 수 있을까? 여성은 열린 정보 속에서 자유로운 주체인가, 아니면 전자적 정보에 의해 통제되는 구성적 주체일 뿐인가? 테크놀

01 물론 인터넷에 접속할 수 있는 사람은 전 세계적으로 볼 때 전체 인구의 단지 3%에 지나지 않는다고 한다. 또한 유럽 인구의 4분의 1만이 인터넷 경험이 있다고도 한다. 이러한 통계는 사실 매일 지하철로 통근하며 보게 되는 스마트폰들 즉 사람들의 손에 으레 들려 있는 스마트폰을 생각하면 다소 충격적인 수치다. 여전히 대다수의 사람들은 과학기술문명과는 거리가 먼 삶을 살고 있다는 것이다.

로지의 영향력이 점점 커지는 현재 상황에서, 고전적 주체, 즉 나와 남 그리고 자아와 타자를 분명하게 가르며 확인되는 주체는 더 이상 불가능해 보인다. 어떠한 주체의 모습으로 여성은 기독교 공동체를 이루어갈 수 있을지를 생각해보며, 이 글은 여성신학의 입장에서 '주체'의 문제를 검토해보려고 한다. 더 나아가, 좀 더 책임감response-ability 있는 주체로서 어떠한 새로운 연대solidarity를 이루어갈 수 있을지 고민하며, 해방적인 공동체를 이루기 위한 토대로서 여성 주체를 살펴볼 것이다.

여성 주체는, 보다 나은 비전을 위해 즉 억압적 상황에서 좀 더 통전적인 구원을 이루기 위해 어떠한 모습으로 생각될 수 있을까? 상호 연대를 위한 지지대 혹은 든든한 버팀목이 될 수 있는 여성 주체를 모색하며 이 글은 최근의 여성주의 이론을 반영하여 주체 문제를 조명할 것이다. 특히 테크노페미니즘 이론을 적용하여 과학기술의 시대이자 물질적 풍요의 시대인 동시에 또한 심각한 빈곤이 만연한 이 시대를 분석하고, 여성 주체와 연대의 문제를 다룰 것이다. '주체'로서의 여성에 대한 새로운 이해를 통해 여성신학은 이제까지 배제되고 희생되어온 것들에 대해 다시 생명을 부여하는 중대한 역할을 떠맡을 수 있을 것이다.

2. 테크노페미니즘과 여성신학

여성신학은 테크놀로지가 사회적 변화에 미치는 영향이 지대하다는 것에 주목한다. 젠더 역시 사적인 것이 아니라 사회관계의 공적 영역에 속한 것이고 또한 테크놀로지의 영향하에 있다. 사실, 젠더나 성뿐만 아니라 인종과 계급까지도 정태적이고 기능적인 것이라 받아들여질 수 없는 것들이다. 그래서 문화비평가이자 생물학자인 다나 해러웨이Donna J. Haraway는 이러한 범주들이 테크노사이언스와 독립적으로 존재하는 것이 아니라 오히려 테크노사이언스의 실천 속에서 구성되는 것이라고 강조한다. 그에 의하면, '테크노사이언스 생산의 구성적 실천the constitutive practices of technoscience production'을 통해 인종, 계급, 젠더, 그리고 섹슈얼리티가 형성되는 것이다.[02]

테크놀로지의 개발, 기술과학의 발전은 뉴미디어 환경을 만들어내며 무엇보다도 신자유주의 질서와 맞물려서 돌아가고 있다. 이러한 현실에 대항하는 테크노페미니즘 이론은 우선 에코페미니즘이 강조하듯이 과학과 진보를 연결시키는 낡은 근대주의 입장을 비판한다. 또한 더 나아가 테크노페미니즘은 생명공학이 만들어내는 잡종적 개체에 대해 단순히 거부하는 입장에 대해서도 경고한다.[03] 이러한 여성주의 입장을 대표하는 급진적인 이론이 해러웨이의 소위 사이보그페미니즘이라 할 수 있다. 그는 젠더와 테크노사이언스의 상호 밀접한 연관에 주목하며, 사이보그 은유를 통해 젠더와 기술의 실험적 관계에 비판적으로 개입하고, 남성 중심적인 신자유주의 세계 질서에 도전한다.

해러웨이는 현재의 기술과학technoscience이 과학과 기술 간의 구별뿐 아니라, 자연과 사회, 주체와 객체 간의 구별까지도 뛰어넘는 역사적 변

02 Donna J. Haraway, *Modest_Witness@Second_Millenium.FemaleMan© _Meets_ OncoMouse*™ (New York: Routledge, 1997), 35.
03 주디 와이즈먼, 박진희 · 이현숙 공역, 『테크노페미니즘』(서울: 궁리출판, 2009), 127.

이를 낳았다고 지적한다.[04] 그에 따르면 "20세기 말 초국가적 자본과 기술과학은 내파된imploded 시간-공간의 변칙들 속에서 자연적인 것과 인공적인 것뿐 아니라 주체와 객체까지도 마치 과학소설의 웜홀 같은 것을 통과하며 이동하여 아주 다른 어떤 것이 되게 했다."[05] 테크노페미니즘이 설명하듯이, 이러한 과학기술의 진보와 자본주의의 결합은 인간의 사이보그화를 가속화하며, 유기체와 기계, 생명체와 상품의 경계를 모호하게 한다. 제1, 2차 세계대전과 냉전 이후 국가 간의 군사무기 경쟁에서 비롯된 이러한 사이보그화는 이제 더욱 폭넓게 진행되고 있다.[06] 기술과학과 자본주의가 연합하여 만들어놓은 이 거대하고 복잡한 세계 속에서 기계적 장치들 없이는 삶이 불편하거나 불가능하게 된다. 인공 관절, 인공 각막, 심지어 안경 등의 기계적 장치에 의존하며 결합되어 있는 유기체 인간의 모습은 현재의 테크놀로지가 유기체와 긴밀하게 연관되어 있다는 것을 잘 드러낸다.

유기체와 기계의 이러한 관계는 인간의 정체성이라는 것을 모호하게 하며 여성 주체에 대해 다시 생각해보게 한다. 사실 여성을 여성이게 하는 정체성, 즉 여성 주체에 대한 이해는 상황에 따라 다르게 변해왔다.

04 다나 해러웨이, 민경숙 역, 『겸손한_목격자@제2의 천년. 여성인간©_앙코마우스™를_만나다』(서울: 갈무리, 2007), 18.

05 *Ibid.*, 43.

06 두 차례의 세계 대전과 냉전의 시기를 거치며 국가 간의 군사무기 경쟁은 사이보그화를 가속화했다. 그리고 후에는 자본주의로 인해 더욱 인간의 사이보그화가 심화되었다. 사이버 테크놀로지는 서구 자본주의 문화와 군산복합체의 산물로서 새로운 세계 질서를 만들어내고 있다. 해러웨이의 페미니즘은 이러한 인간과 기계의 일탈이자 융합이라 할 수 있는 '사이보그'라는 합성물을 통해서 사회문화적 상황을 비판하며, 타자를 억압하지 않는 새로운 역사를 쓰고자 한다(http://www.ildaro.com).

초기의 페미니즘은 여성도 남성처럼 인간이라는 것을 강조하며 여성의 주체성을 강조한다. 현재의 페미니즘은 여성도 같은 인간임을 주장하는 것이 아니라, 남성과는 다른 주체로서의 여성을 강조하고 더 나아가 여성은 남성과 다를 뿐만 아니라 여성 안에서도 너무도 다양한 차이가 있다고 주장한다. 이러한 맥락에서 여성주의는 '여성' 이라는 보편적 용어의 사용을 검토하며, 하나의 개념으로 '여성' 이라는 것이 범주화될 수 없음을 인식한다. 결과적으로 파편화된 여성운동들이 그리고 다양한 여성신학들이 차이와 다양성을 강조하며 전개되고 있다. 더욱이 사이버 세계의 경험까지 고려하면 여성주의와 여성신학이 지적하는 것처럼 '여성' 이라고 하는 보편적 개념이 존재할 수 없다는 것은 더욱 확실해 보인다.

문화비평가로서 해러웨이는 여성의 정체성에 미치는 기술과학의 영향을 고려하여 '여성인간FemaleMan©' 이라는 말로 여성의 정체성을 표현한다. 그는 여성이라는 것이 하나의 보편화된 범주로 개념화할 수 없기에 오히려 여성을 '사이보그' 라고 비유적으로 서술한다. 해러웨이에게 있어서, 기계와 유기체의 결합인 '사이보그Cyborg'[07]는 인간/기계, 생명체/상품, 주체/객체 등 기본적인 이항 대립의 경계를 허물고 그 대립 관계 속에서 배제되고 생략된 것들을 보게 하는 하나의 비유적인 표현이다. 그는 과학과 진보를 연결시키는 낡은 사고에 비판적이나 그러나 또한 과학과 기술의 긍정적 잠재력을 받아들이는 데 있어서 부정적이지 않

07 사이보그는 말 그대로 사이버네틱스(Cybernetics)와 유기체(Organism)가 합쳐서 만들어진 것으로, 1960년대에 만들어진 표현이다.

다. 그래서 사이버네틱스와 유기체의 결합이라는 사이보그를 오히려 긍정적인 비유적 표현이라고 받아들인다. 이러한 해러웨이의 테크노페미니즘은 이분법적 대립 관계를 해체하고 그 가운데 억압되어왔던 주체를 대변하려는 기획에서 비롯된다.

이러한 입장에서 해러웨이의 페미니즘은 『겸손한_목격자, 여성인간FemaleMan©이 제2의 천년@Second_Millenium 막바지에 암 정복을 위해 제작된 상품생명체 앙코마우스OncoMouse™를 만나다』는 다소 길고 특이한 제목의 저서를[08] 통해 유기체/상품, 여자/인간의 경계선이 교란되는 것을 고발하고 있다. 그의 책은 '여성인간©,' '앙코마우스™' 처럼 저작권이나 상표를 달고 있는 주인공들을 통해 현 세계가 어떻게 과학기술을 이용하고 있는지를 구문론, 의미론, 실용론, 세 장으로 나누어 설명한다. 이렇게 해러웨이로 대표되는 테크노여성주의는 인간과 기계의 잡종적 개체에 대한 인식을 환기시키며 현재의 기술과학이 더 이상 인간 주체라고 할 만한 것을 가능하게 하지 않음을 폭로하고 있다.

여성 주체를 표현하는 말로 '여성인간FemaleMan' 을 제안하며, 해러웨이는 그 비판적 방법으로 비유 작업을 택하고, 거대 자본과 기술과학의 결합, 즉 소위 '신세계질서(주)' 에[09] 도전한다. 우선 그는 다문화적 그리고 다인종적 상황에서 미국의 문화가 기독교라고 불릴 수밖에 없는 비유

08 1997년에 쓰인 이 책은 저작권 표시(©)와 상품등록 표시(TM)를 사용하여, 자연적 · 사회적 · 기술적 관계들이 모두 재산이라는 것으로 융합되는 구문론(syntax)을 표현하고 있다. Haraway, *Modest_Witness*, 7.

09 해러웨이는 초국가적 자본과 기술과학의 결합에 의해 실행된 신세계질서를 '신세계질서(주)' 라고 비판하며, 신세계질서(주)의 커뮤니케이션, 상업, 토대에 관한 비판적 은유들을 그의 책에서 제공하고 있다. 해러웨이, 『겸손한_목격자』, 48.

와 설화로 가득 차 있다고 지적한다. 이러한 입장에서 그는 제2의 기독교 천년the Second Christian Millennium이라 표현하며 가시관을 쓴 앙코마우스™를 등장시켜 끊임없이 변형 가능한 새로운 몸들을 가공해내는 전 지구적, 자본주의 공학을 비판하고 있다.[10] 그는 또한 여성신학자 엘리자베스 피오렌자와 맥클린톡 풀커슨이 주목하는 것처럼 '트릭스터 형상trickster figure', 즉 창조적이면서 파괴적인 양가적 의미를 지닌 형상으로 그리고 현 세태를 조롱하는 광대극 배우 이미지로, 예수 이야기를 재구성하며 서구 기독교 문화를 비판적으로 조명한다.[11]

비판적 작업으로서의 비유적 표현은 여성신학에서도 많이 사용되는 것인데 해러웨이에 따르면 '비유적 표현figurations'은 동일시와 확실성을 교란시키는 하나의 방식이다. 그는 '비유적 표현'은 미메시스일 필요는 없으나 반드시 전의여야 한다고 주장하며, 비유는 문자이거나 자기-동일시여서는 안 된다고 강조한다.[12] 이러한 비유적 표현을 통해 해러웨이는 "물질적-기호적 장치들material-semiotic apparatuses 사이에 차이를 낳는

10 해러웨이에 따르면, 그의 책에 등장하는 '겸손한 목격자'는 바로 제2의 기독교 천년에 세속화된 기독교 리얼리즘의 묵시론적 재앙과 희극적 해결 등을 바로 읽어내려는 의도에서 도입된 것이다. 『겸손한_목격자』, 53, 56.

11 Donna Haraway, "Ecce Homo, Ain't I a Woman, and Inappropriate/d Others: The Human in a Post-humanist Landscape," in *Feminists Theorize the Political*, ed. Judith Butler and Joan W. Scott (New York: Routledge, 1992), 96. 이에 대한 신학적 작업은 피오렌자를 참고하라. Elisabeth Schussler Fiorenza, *Prophet: Critical Issues in Feminist Christology* (New York: Continuum, 1995) 풀커슨의 글에서 재인용. "Contesting the Gendered Subject," Mary McClintock Fulkerson, *Horizons in Feminist Theology: Identity, Tradition, and Norms* (Minneapolis: Fortress Press, 1997), 115.

12 Haraway, *Modest_Witness*, 11.

것, 기술과학의 광선을 회절시켜diffract 우리의 생명과 몸의 기록 필름 위에 보다 전망 있는 간섭패턴을 얻는"[13] 작업을 진행해나간다. 그에게 있어, 회절diffraction은 세계 속에 차이를 낳으려는 광학적 은유로, 여성, 인종, 계층으로 인한 불평등한 사회를 두루 비추어 마치 회절된 빛이 분산되듯이 그 문제들을 환하게 들추어내는 것이다.[14] 그의 이러한 비유적 표현들은 변화를 요구하는 곳곳을 비추어 특히 고통 받고 희생된 주체들을 드러내려는 것이다.

여성 '주체'라는 관점에서, 여성주의와 여성신학은 기계적 장치들을 받아들이며 끊임없이 변형 가능한 존재로 남아 있는 유기체 사이보그에게서 오히려 해방적인 존재 양식을 본다. 해러웨이는 이러한 맥락에서 사이보그화된 여성을 비유적으로 예시하는 것이다. 여성신학자 이은선이 지적하는 것처럼, 여성이 더 사이보그화할수록 자기 몸의 외부에서 가해지는 몸의 정치에 덜 종속적이게 되기에,[15] 사이보그 정체성은 여성주의와 여성신학에 유용한 존재 양식으로 보인다. 이러한 입장에서 볼 때, 사이버 공간의 가치는 변화 가능한 자아를 끊임없이 경험하게 하는 장을 제공한다는 것이다. 사이버 세계의 무한한 공간에서 여성은 타자들을 만나며 확대된 자아를 경험한다. 마가렛 버트하임Margaret Wertheim이 주장하듯이 그 경험에서 여성 주체는 항상 자아 주변으로 유출되어 있

13 *Ibid.*, 16.

14 *Ibid.*, 16.

15 이은선, 『한국 여성조직신학 탐구』(서울: 대한기독교서회, 2004), 111에서 재인용. 다음의 책을 참고하라. D. Haraway, *Simians, Cyborgs, and Women: The Reinvention of Nature* (New York: Routledge, 1991).

고, 또한 다른 유출된 자아들과의 거대한 관계망 속에서 존재하는 유동체라 할 수 있다.[16]

3. 주체의 문제와 '타자-배제적인' 동일성의 논리

주체는 근대 계몽주의 사상에서, 다른 것들에 의존하지 않는 독립적이고 자율적인 존재라고 이해되었다. 즉 타자를 배제하며 스스로를 정립해가는 과정에서 발견되는 자아의 정체성을 주체로 확립하였다. 그러나 여성주의는 그러한 동일성의 논리에 의해 확인될 수 있는 주체는 없다고 강조한다. 근대 사상에서 주체는 자아와 타자의 구분을 통해 정립되는 것이었다. 즉 타자를 객체로 대상화하는 가운데 주체가 정립되는 것이다. 그러나 주체는 사실 대상과의 관계에서 이해될 수 있는 것으로, 타자를 근거로 해서 제대로 발견될 수 있는 것이지, 모든 관계성을 제쳐두고 걸러내어지는 것이 아니다. 현재의 테크놀로지와 인간의 긴밀하고 상호침투적인 관계는 더욱더 주체에 대한 전통적인 이해가 가능하지 않음을 보여준다. 여성주의 이론에서 최근에 강조하는 것처럼, 여성 주체는 더 이상 동일성의 개념으로 포착될 수 있는 바의 것이 아니다.

여성주의 이론은 여성이 독립적 개체로 이해되기 원하는 남성 주체와는 달리 오히려 늘 타자 포괄적이라고 한다. 이제까지 주체를 이해하는데 지배적으로 사용되어온 동일성의 논리는 사실 타자 배제의 논리 외에

16 한국여성연구원 편, 『지구화 시대 여성주의 대안가치』(서울: 푸른사상, 2005), 193.

다른 것이 아니다. 탈근대주의의 해체 철학이 주장하듯이, 동일성을 추구하는 것은 타자성을 끊임없이 배제해가는 것으로 그 안에 폭력성을 내포하고 있다. 그러한 동일성, 획일성의 논리에 의해 주체를 이해하는 것은 타자의 가치를 보지 못하게 하는 것이다. 오히려 여성은 자아를 이해하는 데 있어 주체 내에서 그리고 주체와 주체 간의 관계에서 관계성, 유동성, 다수성의 가치를 인정한다. 전통적인 방식으로, 자신을 주체로 정립하기 위해 타자를 객체로 부정해야만 하는 것은 폭력적이다.

캐더린 켈러Catherine Keller의 과정신학적인 여성신학에 따르면, 동일성을 추구하며 즉 끊임없이 타자를 배제해가며 도달하게 되는 자아의 정체성이란 결국 빈약한 자기 이해일 뿐이다. 오히려 타자의 존재를 통해서 주체는 자아의 정체성을 확인하게 된다. 말하자면 타자는 존재의 조건이라 할 수 있는 것이다. 여성신학자 켈러에 따르면, 타자성을 배제하며 동일성을 추구하는 것은 결국 주체를 갇혀진 주체self-encapsulated subject로 이해하게 한다.[17] 그러한 주체는 불행하게도 타자를 늘 대상으로서만 만나게 된다. 그리고 그러한 닫힌 자기 이해는 관계성의 실재를 담아내지 못하는 것으로, 상호 침투의 관계성으로 표현될 수 있는 열려진 자기 이해의 가능성을 차단해버린다.

이러한 '주체' 이해를 통해, 켈러의 여성신학은 관계성에 바탕을 두고, 의존성과 상호성의 윤리를 강조하는 소위 사회적 존재론을 표방하고 있다. 그는 자신의 이러한 존재론이 해러웨이의 사이보그 개념을 통한

17 Catherine Keller,. "Burning Tongues: A Feminist Trinitarian Epistemology," Roger A. Badham, ed. *Introduction to Christian Theology: Contemporary North American Perspectives* (Louisville: Westminster John Knox Press, 1998), 226.

존재 이해, 존재론(dirty ontology)을 지지하는 것이라 소개한다.[18] 주체의 가장자리는 선명하지 않으며 분리의 경계는 늘 모호하다는 정체성에 대한 이해에 기반을 둔 존재론이다. 그럼에도 불구하고 켈러는 이러한 존재론을 통해 비록 여성 주체가 혼합적이고 가변적이지만 그러나 또한 행위의 거점으로서 작용할 수 있는 주체임을 주장한다. 해러웨이의 사이보그 개념도 행위의 기반으로서의 주체를 놓치지 않듯이 켈러의 주체 이해 역시 여성 주체가 흐름과 변화의 과정 속에 있지만, 또한 정치적 · 도덕적 주체가 될 수 있는 잠재적 영향력을 지닌 존재라는 것을 강조한다.

이러한 입장에서 켈러는 화이트헤드의 과정사상을 적용하여 'subject-superject(주체-초월체)' 로서의 여성 주체를 대안으로 제시한다. 여성 주체는 역사적 경험에서 창출되는 구성적 주체이지만, 또한 정치적이고 체제 초월적인 능력을 지닌 주체라는 것이다.[19] 켈러의 여성신학은 주체에 대한 해체적 성격을 지지하지만, 그렇다고 해서 가변적이고 유동적인 주체가 마냥 수동적인 것은 아니다. 오히려 여성 주체가 정치적 저항의 거점이 되기를 추구하는 켈러의 존재론은 이러한 맥락에서 해러웨이의 테크노페미니즘과 공명하고 있다. 해러웨이가 여성의 분열된 너저분한 정체성을 주장하는 것이 여성 주체의 해체를 목표로 하는 것이 아니라 오히려 타자, 여성, 유색 여성, 동물 등을 배제하는 남성 중심적 이원론을 비판하려는 것과 같은 맥락이다.

18 Keller, "Seeking and Sucking: On relation and Essence in Feminist Theology," *Horizons in Feminist Theology: Identity, Tradition and Norms* (Minneapolis: Fortress Press, 1997), 61, 66. 그리고 Keller, "Process and Chaosmos," 2000.

19 *Ibid.*, 69-71, 74.

여성신학과 여성철학은 동일성의 논리에 의해 개념화될 수 없는 여성 주체를 주장한다. '여성'이라고 하는 동일성의 개념으로 묶어버릴 수 있는 여성이란 존재하지 않는다는 것이다. 여성주의 이론은 이제 남성과의 다름을 주장하던 입장에서 더 나아가 여성들 간의 다름을 강조하고 여성 안에서 발견되는 타자를 주장하며 진화하고 있다. 이를 요약하며 여성신학자 김애영은 "서구 백인 중심적 시각으로 동질화된 페미니즘에서 상정하고 있는 자기-동일적 여성 주체 대신, 최근의 포스트 담론에서는 분해되고 분산된 주체를 주장한다"[20]라고 정리한다. 이러한 현재의 상황은 거대 담론으로서의 여성신학이라는 것이 어떠한 의미가 있을지 고민하게 하며, 그렇다면 분산된 여성 주체들을 통해 어떠한 연대를 이룰 수 있을지 생각하게 한다.

결과적으로, 동일성으로 확보되지 않는 여성의 주체 이해에서 결국 도달하게 되는 것은 각기 다른 여성신학적 입장들이 존재할 수 있다는 것이다. 파편화된 여성운동만이 가능하다는 다소 힘 빠지는 결론에도 그러나 희망은 있다. 여성의 자기 경험 즉 이미 자아 안에 타자성을 지닌 여성의 자기 경험은 오히려 배제하지 않음을 토대로 여성 주체를 이해하기 때문이다.[21] 그래서 여성신학은 차이를 주장하며 다양한 신학의 가능성을 실험하면서도 또한 서로를 배타시하지 않는 연대의 고리를 기대할 수 있게 한다. 여성신학은 동일성을 추구하며 타자를 배제하는 남성적 논리를 따르지 않으며, 배제하지 않음의 사고를 지향하기 때문이다.

20 김애영, 『여성신학의 비판적 탐구』(오산: 한신대학교 출판부, 2010), 268.
21 이현재, 『여성의 정체성』(서울: 책세상문고, 2007), 42.

4. 여성 주체, '본질' 인가 사회적 '구성' 인가?

20세기를 마감하며 1990년대 말 거의 모든 여성주의자와 여성신학자는 '여성' 이라는 본질이 있는 것인지 고민하며 여성의 주체에 대해 검토했다.[22] 비록 늦은 감이 있지만 서구 여성들의 이 논쟁을 짚고 넘어가는 것은 앞으로 더욱 복잡하게 전개될 사이버컬처 환경 속에서 여성 주체를 자리매김하는 데에 유용하다. 여성이라는 본질은 있는지, 여성은 그저 사회적 구성일 뿐인지, 즉 여성 주체를 어떻게 이해해야 하는지는 오랜 기간에 걸쳐 심각하게 논의되었다. 마치 중세의 보편자 논쟁에서 유명론과 실재론자들이 그랬던 것처럼 여성신학은 이 문제를 치열하게 고민하며 현재 자신이 발 딛고 서 있는 현실을 이해하고 또한 행위의 근거를 찾고자 했다. 현재 여성신학과 여성주의는 차이를 중요하게 여기며 '여성' 이라고 할 만한 보편적인 본질은 없다고 선언하면서도, '여성' 이라는 말을 여전히 유효하게 사용하고자 한다. 즉 전략적으로 여성이라는 본질을 가정하며 '여성' 이라는 언어를 유의미하다고 보는 것이 일반적인 입장이라 할 수 있다.

여성신학이 보편적 여성의 경험들을 아우르며 하나의 여성신학을 한다는 것은, 사실 여성신학은 여성의 경험을 중시하며 여성의 경험에서 출발하는 학문이기에, 모순이다. 각자의 경험을 바탕으로 다양한 여성신

22 이 논의를 위해서 다음을 참고하라. Naomi Schor and Elizabeth Weed, ed., *The Essential Difference* (Bloomington and Indianapolis: Indiana University Press, 1994), 그리고 Diana Fuss, *Essentially Speaking* (New York: Routledge, 1989).

학들을 전개할 수밖에 없는 것은 당연한 논리적 결과다. 그러나 아직도 여전한 남성 중심적인 사회에서 여성운동이 개별화되고 파편화되는 것은 오히려 여성의 힘을 분산시키는 것으로 사회적 변화를 기대하기 어렵게 한다. 그래서 여성신학과 여성주의는 다양한 차이 속에서도 '여성'이라는 언어가 여전히 의미 있는 방식으로 사용되기를 원하며 여성의 개별화된 차이를 억압하지 않는 방식에서 동일성을 생각한다.

과학 및 기술 그리고 거대 자본이 복합적으로 얽혀 진행되고 있는 현재 상황에서 여성 주체는 더욱 복잡하고 혼합적인 성격을 갖게 된다. 영어권의 여성학자들은 단수 대문자 '여성Woman'은 없으며 복수로서의 '여성women'만이 있을 뿐이라 말하기도 한다. '여성'이라는 보편화된 개념이 불가능하다고 하며, 소위 '여성the woman'이라고 하는 것은 존재하지 않는다는 의미에서 관사 the 위에 X를 그어(crossed-out) 개념화되지 않는 여성을 표현하기도 한다.[23] 한국의 여성주의 이론 역시 다문화 사회에서 다양한 여성들을 마주하며 하나의 개념으로 보편화될 수 없는 여성을 인식한다. 여성 모두의 경험을 포괄하는 '여성'이라는 본질은 생각되기 어렵다는 것이다.

그래서 여성신학은 여성 모두의 보편적인 경험을 단 하나의 신학으로 담아낼 수 없다는 생각을 공유하며 다양한 모습으로 전개되고 있다. 흑인 여성들은 페미니스트 신학feminist theology과는 다른 흑인 여성의 경험을 강조하며 우머니스트 신학womanist theology[24]을 한다. 북미의 상황과

23 엘렌 시수의 프렌치 페미니즘 이론과 포스트모더니즘의 영향을 받은 페미니즘 이론을 참고하라.

는 또 다른 남미 라틴아메리카 현실은 인종성ethnicity을 문제 삼으며 라티나 경험을 반영한 라틴 여성신학, 무헤리스타 신학mujerista theology[25]을 한다. 그리고 아시아의 여성들은 그 이름을 따로 갖고 있지는 않지만 아시아라는 수식어를 붙여 백인 여성신학과는 다른 아시아 페미니스트 신학Asian feminist theology을 한다. 다양한 경험을 토대로 각기 다른 여성들의 상황적 신학들이 전개되고 있는데,[26] 여성신학은 동일성의 논리에 의해 규정되어지는 '여성'에 바탕을 두고 하나의 신학을 추구하는 것이 관심사가 아니기 때문이다.

한국의 여성신학은 여성 주체 이해에 있어서 주류 서구 백인 여성과의 차이를 강조하며 주로 한의 경험을 토대로 한국 여성의 정체성을 이해하였다. 한의(Han-ridden) 주체로 여성을 규정하며 억압적 현실을 강조하고 서구 백인 여성의 경험과는 다른 차이를 강조하는 것이 한국 여성 주체를 이해하는 바탕이었다. 물론 최근의 한국 여성신학은 이렇게 한의 경험으로 한국 여성의 정체성을 규정하는 것은 일반화의 오류를 범하는 것이라고 한다. 강남순은 한의 경험을 보편화하는 것이 오히려 한국 여

24 '우머니스트'라는 말은 소설가 엘리스 워커에 의해 처음으로 만들어진 용어로 흑인 여성들의 신학을 표현하는 말이 되었다. 우머니스트 신학은 페미니스트 신학이 주로 다루는 성차별주의 외에도 백인 여성에 의해서 또한 차별받는 인종 차별 그리고 계급 차별의 문제도 고려해야 한다는 입장이다.

25 '무헤리스타' 신학은 아다 마리아 이사시-디아즈 등의 미국에 거주하는 히스패닉 여성신학자들을 통해 체계적으로 정리되었다.

26 여성신학은 이제까지의 전통적인 신학, 소위 객관적인 학문으로서의 신학이라는 것이 결국은 여성의 경험을 배제한 남성 중심주의적인 주관적 신학이었음을 발견한다. 어떠한 학문도 결국은 각자의 주관적인 것을 반영하는 것일 수밖에 없기에 여성신학은 남성 중심의 신학과 달리 여성의 경험을 신학의 자료로 삼는다.

성 내에서의 다양한 경험을 제한할 수 있다는 것을 지적한다.[27] 대체로 한국 여성신학은 여성 주체를 하나의 통일된 개념으로 보는 입장에서 선회하여, 더욱 다양한 그리고 더 억압적인 한국 여성의 경험을 인정하려는 방향으로 가고 있다. 즉, 한국 여성신학 역시 여성을 하나의 개념으로 보편화하는 데서 벗어나 오히려 가능하면 더 많이 다양성과 차이들을 드러내려고 한다. 신자유주의로 인한 세계화 질서 속에서 획일성에 의해 여성 일반을 강조하는 것은 또 다른 억압적 상황을 만들어내는 것이 될 수 있기 때문이다.

현재의 여성신학은 다름과 차이를 강조하며 각기 다른 경험에 바탕을 둔 여성신학들, 즉 흑인 여성신학, 라틴 여성신학, 아시아 여성신학 등으로 세분화한다. 차이와 다름을 인정하는 것은 이제 거스를 수 없는 시대의 흐름이다. 물론 동일성을 강조하며 여성이 하나의 통일된 입장을 취할 것인가, 아니면 보다 더 차이에 중점을 둘 것인가는 양자택일의 문제가 아니다. 하나의 보편적 입장을 가지는 것도 의미 있겠지만 보편적 여성에 편입될 수 없는 그들만의 독특한 입장이 있고, 그들이 처한 억압적 상황은 참으로 절실한 문제다. '여성'이라는 본질에 더 우선을 둘 것인가 혹은 다양한 여성 간의 차이에 귀 기울일 것인가 하는 것은 좀 더 전략적인 입장을 필요로 한다.

여성신학과 여성철학은 대체로 '여성이라는 것woman-ness'이 있다고

27 강남순, "한국 탈식민주의 페미니스트신학,"「신학사상」, 2006호 봄호 (132집), 그리고 Namsoon Kang, "Who/What Is Asian? A Postcolonial Theological Reading of Orientalism and Neo-Orientalism," *Postcolonial Theologies: Divinity and Empire*, Catherine Keller, eds. (St. Louis: Chalice Press, 2004).

보는 입장을 '본질주의essentialism' 라 부르고, 여성은 사회문화적 상황에 의해 구성된 것이라고 하는 입장을 '구성주의constructionism' 라 한다. 즉 여성의 정체성을 어떻게 이해하느냐에 따라 두 가지로, 즉 본질주의와 탈근대주의 입장을 반영한 구성주의로 나눈다. 여성신학자 시린 존스 Serene Jones는 구성주의라는 말에 여성 주체의 보다 능동적인 구성적 성격을 보태어, 'constructionism' 의 용어를 'constructivism' 이라고 고쳐 부른다.[28] 여성주의에서 흔히 보게 되는 다른 표현으로는 '생물학적 결정주의biological determinism' 와 '사회적 구성주의social constructionism' 가 있다. 이 두 입장은 각각 여성의 정체성을 다르게 표현하며 여성 '주체' 문제를 논의한다.

5. 여성신학에서의 '본질주의 vs. 구성주의' 논쟁

여성신학 분야에서뿐만 아니라, 철학 · 역사 · 종교 · 문학 등 여러 분야에 걸쳐 논의된 '본질주의' 와 '구성주의' 논쟁은, 앞으로 더욱 변화할 디지털 문명을 준비하기 위해 여전히 검토해볼 만한 가치가 있다. 많은 여성신학자들은 이 논쟁에 참여하여, '본질주의' 와 '구성주의' 의 주장을 평가하고 주체에 대한 자신의 견해를 정리하였다. 듀크 대학의 여성신학자 풀커슨Mary McClintock Fulkerson은 메리 데일리와 로즈마리 류터의

28 Serene Jones, *Feminist Theory and Christian Theology: Cartographies of Grace* (Minneapolis: Fortress Press, 2000), 30-1, 45.

여성신학이 여성의 공통성을 강조한다는 점에서 여성의 본질을 가정하고 있다고 정리한다. 말하자면 그들의 신학이 성적 차이를 신학의 출발점으로 삼고 있고, 또한 여성 해방을 이루기 위한 토대로서 여성의 본질을 가정하고 있기에 본질주의자라는 것이다.[29] 예일 대학의 교수였고 현재는 유니온 신학교의 총장인 시린 존스 역시 데일리의 신학이 대표적인 본질주의자biological essentialist의 입장이라고 소개한다.[30] 데일리가 진정한 여성real woman의 속성을 전제하고 있기에 본질주의 입장이라는 것이다. 류터도 이상적 인간성ideal humanity을 강조하며 여성의 특성을 고양하여 남성인간성 혹은 남성주체성을 줄이는 방식으로 새로운 완전한 인간성new, full humanity을 제시하는 것에서 본질주의의 입장에 서 있다고 본다.[31] 문화적 장치에 의해 억압된 여성의 본질이 있음을 확인하고 또한 회복하려는 것을 목표로 하는 신학적 작업은 대체로 본질주의 입장에 속한다. 그리고 이러한 본질주의 입장은 결과적으로 탈근대주의의 특징

29 Mary McClintock Fulkerson, *Changing the Subject: Women's Discourses and Feminist Theology* (Minneapolis: Fortress Press, 1994), 107-9, 119.

30 Jones, *ibid.*, 30-1. 여성주의자 린다 알코프 역시 데일리의 신학을 본질주의자라고 분류한다. 비록 데일리는 그녀의 저서 *Gyn/Ecology*에서 생물학적 환원주의를 경계하며 여성이 주어진 성(sex)으로만 구분되는 것이 아님을 강조하지만, 그럼에도 불구하고 데일리의 생명 애호적인 여성의 에너지 강조는 여성의 본질을 주장하는 것이라고 알코프는 정리한다. Linda Alcoff, "Cultural Feminism versus Post-Structualism: The Identity Crisis in Feminist Theory," Wendy Kolmar, eds., *Feminist Theory: A Reader* (London and Toronto: Mayfield Publishing Company, 2000), 404-7.

31 Mary McClintock Fulkerson, *Changing the Subject: Women's Discourses and Feminist Theology* (Minneapolis: Fortress Press, 1994) 그리고 "Contesting the Gendered Subject," Chopp, Rebecca S. and Sheila Greeve Davaney, eds., *Horizons in Feminist Theology: Identity, Tradition and Norms* (Minneapolis: Fortress Press, 1997), 107-9.

인 차이에 대한 강조를 놓치는 것이라 일반적으로 평가된다.

현대 여성신학자들은, 현대 기계문명이 거대 자본과 맞물려 돌아가는 복잡한 경제 질서 속에서 대체로 본질주의와 구성주의 이 두 입장의 중간 지대에서 양자를 보완한다. 여성신학자 풀커슨은 두 입장을 절충하여 '구성되는 주체the gendered subject' 로서의 여성 주체를 주장하고, 동시에 사회 변혁social change의 가능성을 지닌, 즉 미래를 향해 열려 있는 주체라고 설명한다.[32] 이러한 입장에 대하여 에모리 대학의 여성신학자 레베카 촙Rebecca S. Chopp은 풀커슨의 입장을 긍정적으로 평가하며, 여성 주체를 추상적 보편성abstract universal도 아니고 사회적으로 구성된 수동적 자아a socially constructed self도 아닌 그러나 이 둘의 장점을 포함한 '입장의 기능a function of a position' 을 갖춘 여성 주체를 정립하는 것이라고 평가한다.[33] 풀커슨의 여성 주체에 대한 이해는 여성의 주체성subjectivity뿐만 아니라 여성의 입장성women' s positionality도 고려한 것으로 탈식민주의자 게야트리 스피백의 이론과 같은 관점을 지닌다.

간단히 요약하자면, 현대 여성신학은 우선 탈근대주의 해체철학의 비본질화de-essentialize 경향을 신학에 반영하여, '여성' 의 본질을 주장하는 것이 결국은 차이를 부정하게 되는 것임을 분명히 한다. 그러나 또한 차이에 대한 지나친 강조가 거대 담론, 즉 지구적 담론global discourses을 비판하기 위한 토대마저 해체해버릴 수 있다는 위험 역시 간과하지 않는다. 현대 여성신학의 주체 이해는 항상 변화 가능한 주체로서의, 그리고

32 Fulkerson, "Contesting the Gendered Subject," 110.

33 Rebecca Chopp, "Theorizing Feminist Theology," *Ibid.*, 222.

또한 동시에 비판적으로 저항하기 위한 확고한 기반으로서의 여성의 정체성을 강조한다. 이러한 맥락에서 켈러는 선천적innate이지도 않으며 또한 그렇다고 해서 비결정적undecidable이지도 않은 여성 주체를 제안한다.[34] 즉 '여성'이라는 것이 있다고 할 수도 없지만, 그러나 또한 '여성'이라는 언어는 여전히 유의미한 것으로 내용이 없는 무의미한 말이 아니라는 것이다.

여성신학자 엘리자베스 피오렌자Elisabeth S. Fiorenza와 프렌치 여성주의자 뤼스 이리가레Luce Irigaray 역시 이 논쟁에 참여하여 여성 주체를 정립하고자 했다. 프렌치 페미니즘을 대표하는 학자로 잘 알려진 이리가레는[35] 하버드 대학의 여성신학자 피오렌자의 책, 즉 초기 기독교에서 적극적이고 능동적인 역할을 했던 여성 주체를 발견하고 재구성한, 『그녀를 기억하며 – 기독교 기원의 여성신학적 재건』에 깊은 감명을 받았다고 한다. 이리가레는 피오렌자의 글에 대한 응답으로 "누구와 같다는 것인가?Equal to Whom?"라는 논문을 쓰며 '여성도 평등한 제자였다women were equal disciples'는 피오렌자의 발견에 대해, 이미 존재했던 주체를 묘사하는 것 대신에 보다 새로운 주체성을 고안해내는 일을 제안한다.[36] 말하자면 이리가레는 남성과 같은 평등한 존재로서의 여성이 아니라 여

34 Catherine Keller, "Seeking and Sucking: On relation and Essence in Feminist Theology," *Horizons in Feminist Theology* (Minneapolis: Fortress Press, 1997). 켈러의 이러한 여성신학적 입장은 유명한 여성주의자 산드라 하딩의 관점 이론(standpoint theory) 그리고 테레사 드 로레티스의 입장성(positionality) 개념과 비슷한 것으로 이해할 수 있다. 55, 69–71, 74.

35 뤼스 이리가레는 줄리아 크리스테바, 엘렌 시수와 함께 프렌치 페미니즘을 대표하는 학자다.

성 자체를 주체화 필요가 있다고 강조한다.

여성 주체의 문제에 대한 시린 존스의 신학은 이리가레의 여성주의와 같은 맥락에서 이해될 수 있다. 존스가 표현하는 여성 주체는 알려지지 않은 혹은 인지되지 않은 영역을 유지하면서 종말론적 미래를 향해 다양성을 품어내는 주체다. 존스의 신학은 정적인 자아static self-ness를 비판하며, 동시에 유동적이고 항상 변하는 여성 정체성the fluid ever-changing character of women's identity 또한 거부하며, 구성주의 같은 본질주의를 추구한다.[37] 그는 자신의 신학에서 본질이란 '가설적 본질hypothetical essences'이라 할 수 있는 것이라 설명한다. 그러한 가설적 본질을 토대로 존스는 구성주의 입장처럼 차이를 강조하고, 또한 동시에 앞으로 미래를 향해 열려 있는 여성 주체를 주장한다. 전략적으로 본질주의 입장을 택하는 자신의 신학을 존스는 '종말론적 본질주의eschatological essentialism'라고 이름 붙인다.

여성의 '주체' 문제는, 남성 중심적인 자본과 기술의 분배가 더욱 공고히 되고 있는 현재의 포스트가부장주의 사회에서, 결코 끝난 과제가 될 수 없다. 20세기를 마감하고 새로운 세기를 열며, 피오렌자나 켈러 등 많은 여성신학자들은 여성신학이 좀 더 생산적인 저항의 담론이길 원하며 치열하게 고민했다. 물론 '여성'이라는 것을 본질로 보느냐 혹은 구성으로 보느냐 하는 것은 쉽게 판단되는 일은 아니다.[38] 여성신학은

36 Luce Irigaray, "Equal to Whom?" eds., Naomi Schor and Elizabeth Weed, *The Essential Difference* (Bloomington and Indianapolis: Indiana University Press, 1994), 80.

37 Serene Jones, *Feminist Theory and Christian Theology*, 30-1, 45.

기술과학과 초국가적 자본이 공모하고 있는 남성 중심적인 사회에서 여성이 주체로 설 수 있도록 그리고 모두 함께 든든히 서기 위해, '주체'를 문제 삼는 것이다. 물론 그러한 당위에도 불구하고 여성이 모두 하나의 테두리로 포함될 수 없는 여성들 각자의 상황이 있다. 해체주의 철학이 강조하는 것처럼 여성 간의 차이를 잃지 않으면서도 또한 여성 연대를 가능하게 하는 기반으로서의 여성 주체를 놓치지 않으려는 것이 현재 여성신학의 입장이다.

디지털 테크놀로지와 거대 자본이 맞물려 돌아가는 상황에서 여성신

38 엘리자베스 피오렌자 역시 '본질주의 vs. 구성주의'의 논쟁에 참여하며, 리타 브락의 신학이 본질주의 입장에 서 있는 것이라 우려한 바 있다. 브락의 기독론이 주인주의(kyriarchal) 담론에 배어 있는 sex/gender의 구분에 바탕을 두고 여성의 본질로서의 관계성을 강조하고 있기에 본질주의의 위험이 있다는 것이다. 말하자면 브락의 크리스타/공동체 기독론은 결국 여성의 본질을 관계성으로 주장하는 것으로 본질주의의 구조로 떨어진다는 것이다. 피오렌자는 브락의 신학이 여성, 남성의 정체성을 가정하고 보편적 개념으로 규정하고 있다고 본다. 이러한 입장에 대해 브락과 같은 과정신학의 입장에 서 있는 켈러는 브락의 페미니스트 관계주의(feminist relationalism)가 관계성을 여성의 본질로 규정하려는 것이 아니라고 반박한다. 켈러는 브락이 관계성을 여성의 특성이라고 주장하는 것이 아니라 오히려 급진적으로 반-실체주의(radical anti-substantialism) 입장에 서서 본질(essence), 혹은 주체(subject)의 어떠한 고정된 개념도 해체하려는 것이라고 브락의 입장을 변호한다. C. Keller, "Seeking and Sucking: On relation and Essence in Feminist Theology," 69-71, 74.
여성신학을 본질주의와 구성주의로 구분하는 데 있어 의견이 모두 일치하는 것은 아니다. 예를 들어, 예일 대학의 시린 존스는 들로리스 윌리암즈의 우머니스트 신학이 본질주의 입장에 있다고 하고, 아다 마리아 이사시-디아즈의 무헤리스타 신학은 후기구조주의(구성주의)의 입장에 있다고 평가한다. 듀크 대학의 풀커슨이 우머니스트 신학을 포스트모던 구성주의라 평가하는 것과는 다르다. 사실 보는 관점에 따라 다르게 읽힐 수도 있다. 이러한 맥락에서 나는 대체로 본질주의로 평가되는 데일리의 신학도 다른 각도에서 볼 수 있을 것이라 생각한다. 데일리의 신학은 데일리 스스로도 밝히는 것처럼 하나님(Be-ing) 혹은 여성 자신에게 어떠한 본질이 있다고 규정하는 것(fixing) 자체에는 관심이 없기 때문이다. Mary Daly, *Beyond God the Father* (Boston: Beacon Press, 1973), 46.

학은 인간과 기계 그리고 인간과 동물의 경계가 허물어져가는 것에 주목하며 '여성'이라고 하는 개념을 비판적으로 검토한다. 기술문명에 의존해 있는 현대적 주체는 디지털 환경에 의해, 즉 디지털 기기를 통해 전달되는 전자적 정보에 의해 영향을 받는다. 여성의 성이 '생물학적인 성(sex)' 말고도 사회적으로 '구성된 성(gender)'으로 간주될 수 있다는 시몬느 보봐르의 통찰 이후로 사회문화적 환경은 주목의 대상이 되어왔다. 물론 여성의 성이 단순히 사회적 상황에 의해 수동적으로 구성되는 것이라는 사회적 결정론의 입장에 여성주의가 동의하는 것은 아니다. 수동적으로 구성되는 것으로서의 성(젠더)에 의문을 던지며, 여성학자 쥬디스 버틀러Judith Butler는 『젠데 트러블』이라는 책에서 sex와 gender 개념의 구분 자체를 문제 삼고, 인간 개념의 해체를 분석한 바 있다. 해러웨이 역시 그러한 입장에서 합성물 혹은 잡종으로서의 '너저분한 정체성dirty identity'을 여성의 정체성으로 과감히 받아들이고,[39] 테크노사이언스의 남성 중심주의적 병폐를 비판한다.

이제 과학과 테크놀로지의 진보를 적극 활용하며 여성은 기술과학의 도움으로 디지털 기기를 통해 사이버 공간과 실재 공간을 넘나들며 타자를 만난다. 그 가운데 여성은 단일하고 확고한 정체성 대신에 오히려 다양한, 임시적인, 변화 가능한 정체성을 경험하게 된다. 해러웨이는 그래서 여성은 이미 언제나 타자를 포괄하고 있는 사이보그적 주체라고 선언한다. 여성이 하나의 정체성에 천착하기를 원하지 않으며, 그는 차라리

39 Keller, "Seeking and Sucking: On relation and Essence in Feminist Theology," 61, 그리고 주디 와이즈먼, 이현숙 · 박진희 공역, 『테크노페미니즘』(서울: 궁리, 2009).

사이보그, 즉 테크놀로지와 육체의 결합인 사이보그가 여성의 정체성을 예시하는 것이라고 한다.[40] 여성 주체는 정체된 혹은 개별화된 주체로 해소되어버리지 않는다. 더 나아가 여성신학이 강조하는 것처럼 여성이 또한 확고한 행위의 주체가 될 수 있도록 존재론적 긴장을 유지하는 것이 중요하다. 보편적 토대로서의 '여성'은 없지만 여성신학은 그래도 여성 주체의 타자 포괄적 성격에 주목하며, 연대의 가능성을 본다.

6. 사이보그 정체성과 '타자-포괄적' 여성 주체

앞에서 언급했듯이, 남성은 보편적이며 독립적인 기획된 자아 개념에 속박되어 있는 반면, 여성은 과학적 객관성이라는 것이 정화하고자 했던 복합적, 분열적인 정체성을 오히려 택한다. 해러웨이의 '여성인간©'은 이러한 맥락에서 우연적이고 잡종적인 인간의 범주를 받아들이며 너저분한 정체성dirty identity으로 주체를 확인하고 과학에 개입하며 맞선다.[41] 해러웨이의 이러한 복잡한 잡종적 혼합물, 사이보그 개념의 비판적 기능을 받아들이며, 켈러는 소위 너저분한 존재론dirty ontology에 기반을 둔 그리고 관계성relatedness과 연관성connectedness에 좀 더 초점을 둔 주체 이해를 제안한다. 켈러가 말하는, 서로 간에 들어오고 나가는 '순간순간의 자아moment-to-moment selves'[42]는 이러한 자아 이해를 잘 드러내는 표

40 Haraway, *Modest_Witness*, 14-6.
41 주디 와이즈먼, *ibid.*, 192, 201.

현이다. 여기서 여성은 주체와 주체 간의 상호 관계성에 바탕을 두고, 동시에 주체의 무책임한 해체를 거부하며 비판적 입장을 견지한 주체가 된다. 여성 주체는 언제나 관계적이며 유동적이고 타자 포괄적이다.

이미 타자를 자아 안에 포괄하고 있는 여성은, 전통적인 고전적 · 고정적 개념으로 파악될 수 있는 것이 아니다. 오히려 흐름 · 차이 · 다수로 특징지어지며, 유동성 · 관계성 · 다수성의 의미에서 파악될 수 있는 존재다. 그래서 여성학자 버틀러는, '여성' 이라는 개념은 '지속적 개방과 의미 변형의 현장' 으로 어떤 동일성의 범주로도 표현될 수 없는 차이의 영역을 나타내는 말이라고 한다.[43] 여성철학자 이현재에 따르면 그래서 여성이라는 언어는 타자를 배제하지 않으며 사용될 수 있는 말이다. 여성이라는 말은 언제나 의미 변화의 가능성을 인정하고 있다는 것이다. '여성' 이라는 말에 다양한 의미가 담겨질 수 있다는 것은 여성 주체가 타자를 배제하지 않는 그러한 논리를 통해 확인된다는 것을 의미한다. 타자 포괄적 주체로서의 여성은 타자를 배제해야 할 대상이 아니라 오히려 존재의 조건으로 이해하며, 타자를 숨기려거나 혹은 억압하기를 거부한다.

여성의 경험을 중시하는 여성신학 역시 공동체의 조화 못지않게 다양한 이해 간의 갈등을 중요하게 여긴다.[44] 타자와 대면하여 경험하게 되는 차이 혹은 갈등은 오히려 여성신학의 조건이다. 차이와 갈등은 사회

42 Keller, *ibid.*, 61.
43 이현재, 『여성의 정체성』(서울: 책세상문고, 2007), 132.
44 한국여성연구원 편, 『지구화 시대 여성주의 대안 가치』(서울: 푸른사상, 2005).

적 변화를 위해 필요하다. 이현재는 그래서 여성주의는 사회적 조화 속에서 드러나기보다는 오히려 사회적 모순 속에 존재하는 것이라 말한다. 그는 경험의 차이, 문화의 차이들이 더 많이 생산될수록 더 다양한 여성주의 공동체들이 생겨난다고 주장한다.[45] 말하자면 여성신학이 흑인 여성신학, 라틴 여성신학, 아시아 여성신학 등 더 다양하게 전개될수록 차이는 더 드러나고 또한 경쟁과 연대를 통해 더 많은 지속적 변화를 기대할 수 있다는 것이다. 여성은 타자와의 차이를 경험하며 그 과정에서 다양성은 배제되어야 할 것이 아니라 이해되고 인정되어야 할 것으로 배운다.

이제 여성신학은 남성과 여성의 차이만을 적극적으로 부각시키는 이전의 입장에서 벗어나, 여성 내의 차이, 다양성에 더욱 주목한다. '여성'이라는 보편적 개념을 해체하고 여성 간의 다름을 인정하는 것이 현재 여성신학의 입장이라 할 수 있다. 그러나 여성 간의 차이를 지나치게 강조하는 것이 어떠한 집합적 행동이나 규범적 비전을 제시하기 어렵기 때문에, 여성신학은 여성이라는 보편적 토대 혹은 전망 또한 도외시하지 않는다. 즉, 차이를 강조하는 탈근대적 입장이 개인주의적 혹은 탈정치적일 수 있기에, '여성'이라는 토대를 잃지 않으려 한다는 것이다. 여성신학은 여성 간의 차이와 다름에 대한 지나친 강조가 자칫 여성운동을 주도할 실재적 근거로서의 '여성'을 잃게 할 수 있다는 것에 주의한다.

여성신학은 여성주의가 지적하고 있듯이 이제 디지털 테크놀로지의 영향으로 점점 더 거대 조직의 형태는 감소하고 임시적인 사회 공간들이

45 이현재, 141.

복수적으로 나타날 것이라는 사실에 주목한다. 경계가 명확하지 않은 이러한 다수의 조직들이 여성 해방의 힘으로 유지되기 위해서 여성신학은 비록 경계는 없지만 결속력마저 없지는 않은, 그러한 공동체의 구성을 생각한다.[46] 새로운 디지털 문명 속에서 이제 공동체라는 것은 한순간 함께 모일 수도 있지만 또한 자발적으로 해체되는 유연하고 비제도화된 움직임이라는 것을 인지하며,[47] 여성신학은 새로운 방식의 타자와의 연대를 추구한다. 특히 타자들과의 연대가 여성 중에서도 더 억압적 상황에 처한 여성들까지도 포함하는 것이 될 수 있도록 소통의 길을 모색한다.

여성신학도 그리고 여성주의 이론도 좀 더 많은 다양한 차이를 인정하고 수용하여 보다 억압적인 상황의 여성까지도 대변하고자 한다. 그러나 소위 사이보그적 정체성, 혹은 사이보그화된 몸이라는 것을 추상적으로 강조하는 여성주의 입장이 여성학자 임옥희가 지적하는 것처럼 소위 유색 여성의 연대를 담보할 수 있을지에 대해서는 회의적일 수 있다.[48] 더 낮은 하층 여성, 게야트리 스피백의 표현대로 최하층subaltern 여성에게도 여성신학이 해방의 메시지가 되기 위해서는 여성 간의 다양한 갈등과 모순이 사회 변혁의 잠재력으로 작용하도록 하는 소통이 요구된다. 여성신학이 지구화, 즉 정보적 지구화 상황에서 더 많은 그리고 더 억압적인 상황의 여성들을 위한 것이 되기 위해서 소통과 연대는 중요한 과

46 *Ibid.*, 192. 지구화 시대에 여성주의의 여성 공동체에 대한 이해를 기독교 공동체에 비판적으로 적용해보는 것은 의미 있는 작업이 될 것이다.

47 임옥희, "몸의 물질성과 사이버공간의 정치성," 『여성의 몸』(파주: 창비, 2005), 442.

48 *Ibid.*, 441.

제다.

디지털 시대에 뉴테크놀로지를 통해 온라인과 오프라인을 오가며 여성은 타자를 만나고 여성주의의 다양성과 함께 보편성을 체험하는 기회를 갖게 된다.[49] 뉴테크놀로지에 의해 마련된 사이버 공간에서 여성은 타자와 조우하는데, 그러한 사이버 공간은 비록 물질성을 결여하고 있지만, 비현실적이지는 않다. 오히려 사이버 공간은 현실 공간과 중첩되어 현실 사회에 영향을 미친다. 그래서 사이버 공간과 현실 공간 이 둘은 상관적 상승 관계 혹은 중층적 연결 관계를 가진다고 하는 것이다.[50] 비록 여성이 경험하는 사이버 세계가 실재 현실과 거리감을 만들어낼지라도, 그렇다고 해서 가상공간과 현실 공간이 상호 배타적인 것은 아니기에, 여성신학은 사이버 공간과 현실 공간을 오가며 더 많은 차이를 드러낼 수 있어야 한다.

여성신학자 엘렌 아모르Ellen Armour는 정의를 위한 투쟁에서 더 큰 연대를 위해 여성이 좀 더 철저하게 차이를 드러낼 수 있어야 한다고 주장한다. 아모르에 따르면 여성들의 관계는 동일성보다는 오히려 차이에 토대를 둔다. 흑인 여성신학자로서 그는 탈근대주의 이론에 기초한 여성신학을 전개하는데, 그가 말하는 '차이의 페미니즘'은 인종/성의 구별race/gender divide까지도 전복하려는 것이다. 그는 그 가운데 더욱더 다양한 차이들이 인정되고, 그때 차이는 긍정적인 잠재력이 될 수 있다고 강조한다.[51] (백인) 페미니스트whitefeminist 신학과 우머니스트womanist 신학

49 한국여성연구원 편, 『지구화 시대 여성주의 대안 가치』(서울: 푸른사상, 2005), 91.
50 *Ibid.*, 191, 192.

사이의 갈등 상황에서 아모르는 탈근대주의 이론과 프렌치 페미니스트 이리가레의 이론이 갖고 있는, 인종과 성에 따른 분리를 넘어서는 가능성을 본다. 그는 이리가레의 이론에서 여성의 정체성에 대하여 어떠한 단일한univocal 주장도 하지 않으며, '여성-되기becoming women'의 개념을 통해 오히려 성적 · 인종적 차이를 더 다양한 차이들로 열어놓을 수 있게 하는 가능성을 보는 것이다.

이제 획일적 동일성의 논리는 자본주의 신세계 질서가 지배하는 사회 속에서 더 이상 여성 주체를 이해하는 틀이 될 수 없다. 타자 배제적인 동일성의 논리에 저항하며 여성신학은 오히려 차이를 들추어내고 다양성을 축하한다. 그러나 다양성과 차이를 강조하는 것이 오히려 분열되고 세분화된 여성운동만을 가능하게 한다면 결국 초국가적 자본주의에 저항할 수 있는 힘을 잃게 된다. 차이와 다름에 대한 강조가 허무한 상대주의로 빠지지 않도록 여성신학은 전략적으로 혹은 가설적으로 '여성'이라는 본질을 전제한다. 즉 여성은 여성이라는 이름 안에서 하나로 묶여지지 않지만, 새로운 공동체 구성과 사회적 실천을 담아낼 수 있도록 하는 소위 '여성'이라는 것을 보편적 토대로서 인정한다는 것이다. '여성'의 정체성은 타자를 배제하지 않는 그러한 논리에 의해 파악될 수 있고, 또한 타자 포괄적 주체로서의 여성은 그러한 '여성'을 토대로 연대한다.

51 Ellen T. Armour, *Deconstruction, Feminist Theology, and the Problem of Difference: Subverting the Race/Gender Divide* (University of Chicago Press, 1999); "Questioning 'Woman' in Feminist/Womanist Theology: Irigaray, Ruether, and Daly," *Transfigurations: Theology and The French Feminists*, eds., 1993.

7. 나오는 말

테크놀로지와 과학이 이루어놓은 새로운 미디어 환경에서 사람마다 정도의 차이는 있지만 이제 컴퓨터와 디지털 기기 없이 생활한다는 것은 상상하기 어렵게 되었다. 이제 인류는 '있는 자/없는 자'로 나뉘는 것이 아니라, '접속한 자/접속하지 않은 자'로 나뉠 것이라 말하는 사람도 있다. 물론 인터넷에 접속 가능한 사람이 전체 인구의 겨우 3%에 지나지 않는다는 사실을 고려하면 세상 전체가 사이버 세계의 지배를 받는 듯 이야기하는 게 과장되어 보이지만, 그러나 접속한 소수에 의해 세계가 움직여지고 있는 것 또한 사실이다. 사이버 세계의 리얼리티가 무시할 수 없을 만큼의 힘을 지니고 있다는 것이다. 이렇게 디지털 사회의 규모가 점점 더 커지는 현재의 상황에서 여성주의와 여성신학은 오히려 혼합적이고 잡종적인 사이보그 정체성을 여성 해방적인 주체로 유비적으로 발견하며, 더 나아가 타자-포괄적 주체임을 주장한다.

이제 사이보그 시대에서 여성신학은 더 이상 동일성의 논리에 의해 규정되는 주체를 받아들이지 않는다. 동일성을 추구하는 것은 끊임없이 타자를 배제해가는 것으로 이미 그 안에 폭력성을 내포하고 있기 때문이다. 기술과학과 거대 자본이 공모하고 있는 사이버컬처 환경에서 여성은 타자를 배제하는 것이 아니라, 오히려 타자를 존재의 근거로 보며 연대를 만들어간다. 디지털 사회 환경에서, 즉 사이버 시대에서 여성 주체는 다르다는 것이다. 그리고 앞서 언급했듯이, 여성은 견고한 제도를 만들어내려는 남성과는 달리 오히려 단단한 조직화가 아니라 유연성을 가진 비제도화된 공동체를 구성한다. 동일성에 기반을 두는 기존의 연대 방식이 아니라, 우선 차이를 인정하는 데서 연대를 시작하는 것이다. 말하자면, 차이와 다름은 보다 구원적인 해방을 위한 필수 조건이며, 그래서 여성신학은 차이가 드러나는 갈등의 상황을 사회 변화의 시작이라 본다.

이제 새로운 사이보그 시대에서 타자를 배제하지 않는 즉 타자-포괄적인 여성 주체가 이끄는 기독교 공동체의 모습은 다양성을 끌어안는 그러나 획일적 통일성을 이루는 것이 목표가 아닌 '함께함togetherness'의 공동체가 될 것이다. 그러한 공동체는 공통성을 찾아서 하나가 되는 것이 아니라, 차이를 발견하고 인정하는, 그럼에도 불구하고 함께하는, 말하자면 '헤쳐 모여'의 성격을 갖는다. 한 번 헤쳐 그 토대 위에 다시 함께하는 그러한 공동체다. 역설적으로 들리지만, 그래서 차이를 드러내고 타자를 인정하는 여성신학의 담론은 여성을 해체시키는 것이 아니라 오히려 경쟁하게 하고 연대하게 하는 것으로 구원의 가능성을 열어간다.

전자미디어를 통한 여성신학의 유통과 여성 주체의 생성 가능성

이주아(이화여자대학교)

1. 들어가는 말

우리는 지금 삶의 거의 전 영역에서 상당한 변화를 체감할 수 있는 시대를 살아가고 있다. 근대를 지나 현대에 들어서면서 사회와 문화의 변화는 가속화되고 있다. 가치관과 세계관이 급속도로 바뀌고 있으며, 몇 년 전만 해도 생소했던 삶의 부분들이 어느덧 그저 일상이 되고 있는 경우도 많다. 이와 같은 시대적 변화들을 어떻게 받아들일 것인가에 대해서는 철학적이고 신학적인 관점에서의 비판적 성찰이 반드시 필요하지만, 많은 부분에서 삶의 양식들이 바뀌고 있다는 것은 명확하다.

그러나 아직도 지속적으로 그리고 보다 근본적으로 변화되어야 할 부분들이 남아 있는 것 역시 우리의 현실이다. 특히, 여전히 교회 여성들을 억압하는 기제로 작동하고 있는 한국 교회의 남성 중심주의적이고 가부장적인 문화는 반드시 변화되어야 할 부분 중 하나다. 물론 남성 중심주의적이고 가부장적인 문화는 비단 교회뿐만 아니라 한국 사회의 여러 영역에서 지속되고 있는 부분이기도 하다. 그러나 이에 대한 도전과 변화에 대한 요청의 수용이라는 측면에서, 한국 교회는 다른 사회 영역들에 비해 그 변화 속도가 현저하게 느리다고 할 수 있다. 한국의 전통적인 가부장적인 문화가 전통신학의 남성 중심주의와 결합하여 성차별적 담론을 신적 질서의 한 부분이라는 논리로 유통시키고 있기 때문이다. 한국 여성신학이 태동한 이래로 활발한 활동을 펼치고 있음에도 불구하고, 아직도 한국 교회의 현실은 만족스럽지 못한 것이 현실이다. 이의 이유로는 여러 가지를 들 수 있겠으나, 특히 본 연구자는 여성신학적 담론의 유통과 그에 기반을 둔 교육이 아직도 부족한 현장을 주목하였다. 그리고 이러한 현실을 개선하기 위한 방안으로 전자미디어를 통한 여성신학의 활발한 유통 방안과, 여성을 주체로 세우기 위한 여성신학적 교육 과정을 제안하고자 한다.

2. 한국 여성신학과 전자미디어

1) 한국 교회 여성의 현실과 과제

신학적 기조가 다양화함에 따라 종전의 남성 중심주의적이고 가부장주의적인 전통 신학을 탈피하고자 하는 노력이 다양하게 이루어지고 있으나, 여전히 기독교의 전통이 여성에게 억압으로 남아 있는 부분이 상당하다.[01] 여성들은 기독교 전통 안에서 자신의 경험에 대한 해석의 틀과 비전을 얻기도 하지만, 반면 전통과 대치되는 관점과 경험 안에서 이에 대한 적합한 해석의 장과 목소리를 얻지 못하고 고통받기도 한다. 대부분의 한국 교회에서 여성들은 가부장적 문화와 이에 근거한 성차별적 위계구조를 창조질서로 받아들이도록 교육받고 있다. 이러한 한국 교회에서 여성들은 수동적인 청취자이자 학습자의 역할을 하고 있다. 서구 기독교 전통의 가부장적 요소와 유교 전통, 서구 근대성의 가부장적 에토스가 결합하여 다시 강력한 가부장적 담론이 창출되고, 이로 인해 여성들은 교회 안에서 전통적인 성역할——듣고, 순종하는 자——을 강요받고 있는 것이다.[02]

교회 안에서의 성차별적 담론의 유통은 여성으로 하여금 적극적이고 능동적인 공동체의 구성원이 되는 것을 저해하고 여성을 대상화하며, 여성의 신앙과 삶의 분리를 만들 위험성을 가진다. 이것이 문제되는 이유는 일방향적인 수용자는 공동 창조자로서 하나님을 돕는 책임 주체가 되기 힘들기 때문이다. 과정신학에서는 하나님을 각 존재들의 상호작용과 순간의 선택들 사이에서 일하시며 지속적으로 세상을 창조하시는 분으로 파악한다.[03] 이 세상은 다양한 주체들 사이의 상호작용 사이에서 각

01 장종철 교수 은퇴기념논문편집위원회, 『믿음의 길 각성의 길』(서울: 대한기독교서회, 2003), 157.

02 이숙진은 초기 한국 개신교는 여성 해방에 상당한 공헌을 하여 유교 중심의 가부장적 사회에서 여성을 자주적 인간으로 살도록 희망을 주는 역할도 했다고 분석하였다. 서구 근대성의 통로 역할을 하면서 전통적 여성 역할을 일부분 해체하였다는 것이다. 그러나 반면, 은밀한 차원에서 성차별적 담론을 생성하고 유통시키기도 하였으며, 오늘날의 현실은 순종, 가부장주의에 대한 강요, 이로 인한 여성 주체의 억압이라는 측면이 더욱 크다고 분석하였다. 이숙진, 『한국기독교와 여성 정체성』(서울: 한들출판사, 2006), 7.

03 존 캅, 데이빗 그리핀, 『과정신학』, 류기종 옮김 (서울: 열림, 1993), 12-15.

존재들의 선택을 통해 지속적으로 생성돼가는 과정 속에 있는데, 이들이 반드시 하나님이 바라시는 방향으로 움직이거나 수렴되는 것은 아니며, 이에 대해 모든 존재들은 그 순간의 선택의 자유와 책임을 지닌다고 보는 것이다. 이와 같은 관점에서는 모든 존재는 하나님의 창조에 영향을 미칠 수 있는 존재이며, 인간 역시 마찬가지로 하나님의 공동 창조자가 된다. 그리고 공동 창조자로서의 의무와 권리를 다할 수 있는 인간은 스스로가 자신의 책임 주체가 될 수 있는 인간이다. 일방적인 수용자나 청취자가 아니라 주체적인 화자로서 이야기하고, 다른 존재들과의 상호작용 안에서 자신의 이야기를 재구성하는 인간만이 하나님의 뜻인 지속적인 창조에 동참할 수 있다.

한국 기독교의 전통 속에서 여성들은 주로 타자이자 주변자로 존재해왔다. 여성이 진정한 기독교 공동체의 일원이자 하나님의 공동 창조자가 되기 위해서는 여성을 억압하는 가부장적인 교회 문화의 해체와, 여성의 경험과 관점에서 이를 비판적으로 성찰하도록 돕는 과정이 반드시 필요하다. 여성들은 기독교 공동체의 이야기, 즉 공동체의 교리나 역사 등을 일방향적으로 받아들이지 않고 스스로 주체가 되어 이와 대화하며 전통을 현재의 경험과 연결하여 재해석할 수 있어야 한다.

3) 전자미디어 공간에서의 여성신학 현황

여성들의 경험과 주체적 인식을 통해 기독교 전통과 교회를 새롭게 인식하고자 하는 움직임에서 시작한 여성신학은 교회 안의 가부장적 요소들에 대한 비판 작업과 함께 비가부장적 교회의 본질을 성서에서 찾고 교회 전통을 재해석하고자 하였다.[04] 한국에서 여성신학은 한국 교회에서의 여성의 주체성을 회복하기 위해 다각적인 노력을 해왔다. 최만자는 한국 여성신학이 수행한 과제를 크게 두 가지로 나누어 우리의 상황을 신학의 자료로 하여 전개한 것과 여성신학적 성서 해석의 확대라고 하였다.[05] 이 글에서 논의하는 가부장적인 교회 문화와 관련하여, 한국 여성신학은 특히 여성 안수를 중심으로 한 한국 교회의 성차별 문제에 대한 치열한 논쟁과 활동을 하였으며, 여성해방적 관점에서 성서를 새롭게 해석하는 성서 연구 작업들을 활발하게 전개하였다.

이와 같은 한국 여성신학의 활동과 노력은 한국 교회에 여러 면에서 가치 있는 도전을 던진 것이었으며, 상당한 성과를 거두었다. 1980년대 초기부터 지금까지 이루어진 여성신학적 성서 해석은 교회의 가부장주의나 남성 중심주의가 창조질서가 아니라 사회적이고 문화적인 산물이라는 사실을 깨닫게 해주었다. 서구의 여성신학에 대한 역서들이 출간되고 각 교단의 여성조직들에서도 지속적인 성서 연구가 진행되면서 여교역자들과 여성신학자들을 중심으로 여성신학적 성서 해석과 이로 인한 해방의 움직임이 퍼져나갔다. 최만자, 이경숙, 박경미, 최영실 등의 여성신학자들은 이를 담은 단행본들을 출간하였으며 이 외에도 다양한 기관지와 교단의 회보를 통해 지속적으로 여성신학적 성서 해석을 담은 논문들이 실렸다. 1994년에 출판된 여신협의 여성신학적 성서 해석 통신교육 교재는 일반 여성 학습자들이 여성신학을 접할 수 있는 보다 확장된

04 한국여성신학회, 『교회와 여성신학』(서울: 대한기독교서회, 1997), 2.
05 최만자, "1980년대 한국기독여성의 여성신학 수용과 전개 그리고 그 영향," 『한국기독교와 역사』 제18호(2003), 82-89.

통로를 제공하는 역할을 해주었다.[06]

그러나 전체적인 관점에서 한국의 교회 현장을 보면, 여성신학은 아직도 일반 학습자들에게 생소한 영역이라 할 수 있다. 대부분의 일반 여성 학습자들은 여성신학을 비롯한 다양한 신학적 관점을 접하기 매우 힘들다. 대부분의 교회 현장은 다양한 기독교 공동체의 이야기를 가르치기보다는 전통신학, 좀 더 구체적으로는 교단신학의 관점에 치중하여 학습자들을 교육하는 경향이 강하기 때문이다. 현재 한국 여성신학이 여성신학적 성서 해석과 교육 등 교회 여성들의 해방을 위한 다각적인 노력을 하고 있으나, 이 경로는 주로 단행본이나 정기 출간물, 학회지의 논문 등의 텍스트나 면대면 소모임으로 한정되어 있다고 할 수 있다. 이러한 현실은 현대 사회의 복잡성이나 개인이 일상생활에서 접하는 정보의 양으로 볼 때, 일반 학습자들에 대한 여성신학의 유통 경로가 비교적 제한되었다는 분석을 내리게 한다.

일반 여성 학습자들이 교회 안에서 겪고 있는 억압에서의 해방과 주체로서의 성장을 위해, 여성신학을 폭넓게 가르치고 이에 근거하여 학습자들을 교육하는 것이 필수적이라 할 수 있다. 이를 위한 방안으로는 여러 가지가 있을 수 있으나, 그중 하나로 본 연구자는 전자미디어 공간에서의 여성신학 유통의 확대를 들고자 한다.

전자미디어 공간은 그 상호작용성과 개방성으로 그동안 소외되어 있던 다양한 경험들과 담론들을 유통시키는 역할을 하고 있다. 이 시대의 개인들은 긴밀하게 연결된 네트워크를 통해 서로 연결되면서 활발하게

06 앞의 글, 88-89.

정보를 주고받는 것은 물론, 자신이 주체적으로 정보를 생산하거나 제공하고 유통하면서 스스로의 목소리를 내고 있다. 물론 전자미디어 네트워크가 기존 주류의 재정적 · 기술적 투자와 연결되면서 기업의 이윤만을 극대화하고 그 결과 사회의 기득권층에게만 주로 기여하는 기제가 될 가능성이 있기는 하지만,[07] 전자미디어를 통해 그동안 간과되었던 사회의 부분과 계층들이 가시적인 사회적 활동의 장을 얻고 있는 것 역시 사실이다. 양방향 소통구조인 전자미디어를 통해 새로이 발굴된 목소리들과 대안들이 현실 물리 세계로 유입되면서 기존의 위계질서를 해체하고 있는 것이다.

그러나 여성신학은 아직 전자미디어 공간의 개방성과 상호작용성을 충분히 활용하고 있지 못하다. 전자미디어 공간에서의 한국 여성신학에 대한 접근성을 알아보기 위해 우선 1980년대 창립되어 여성신학의 확산과 전개에 큰 몫을 담당한 여성신학회, 기독여민회, 기독교여성평화연구원, 아시아 여성신학교육원의 전자미디어상에서의 활동 현황을 조사하였다.[08] 이 중 네이버와 구글에서 공식 사이트를 찾을 수 있는 단체는 기독여민회[09]가 유일하였다. 기독여민회는 기여연 소개 마당, 활동과 이슈 마당, 회원 현장 마당, 이야기 마당, 자료 마당 등으로 메뉴를 구성하고 있었다. 이 중 활동과 이슈, 회원 현장, 이야기 마당 등은 각각 게시물들이 45개, 118개, 129개로 일정량 이상이 되고 비교적 최근인 2011년까

07 클라우스 비걸링, 『매체윤리』, 유봉근 옮김 (서울: 연세대학교출판부, 2004) ; 데이비드 셍크, 『데이터스모그』, 정태석 · 유홍림 옮김 (서울: 민음사, 2000).
08 최만자, "1980년대 한국기독여성의 여성신학 수용과 전개 그리고 그 영향," 82.
09 기독여민회, www.kwm1986.or.kr(검색일 2012. 1. 17).

지의 활동 상황까지 게시되어 있었다. 그러나 대부분의 게시물들은 모두 단체 측이 작성자였으며, 여성신학에 관련된 자료는 적은 편이었다. 자료 마당의 하위 메뉴를 살펴보면 종교개혁제 자료 마당에 하나, 예배 자료 마당이 4개, 기쁜 소식 마당은 자료가 없음, 기타 자료 마당이 13개, 사진 자료는 활동이나 행사 사진이었고, 전체 자료들 중 가장 최근 게시물은 2009년 9월에 작성된 것이었다. 그리고 대다수의 자료들이 여성신학에 대한 구체적인 자료보다는 회원들이 현장에서 사용할 수 있는 목회, 교육 자료들이었다. 또한 회원 가입을 하고 일정한 '레벨' 이상이 되어야 자료 접근이 가능하다는 면에서 일반 학습자들에 대한 접근성은 상당히 제한되고 있다고 볼 수 있다.

이처럼 여성신학에 대한 구체적이고 검증된 자료를 찾기 힘들다는 사실은 여성신학이 전자미디어 공간을 충분히 활용하고 있지 못하다는 것을 보여준다. 전자미디어 공간에 수많은 소규모 공동체들과 각종 기관들이 홈페이지 개설을 통해 활동하면서 자신들의 관점을 유통시키고 있다는 것을 생각해볼 때, 한국 여성신학의 대표적 단체들이 이러한 면을 보완해야 할 필요성이 있는 것으로 보인다. 전자미디어 공간에서의 검색이 일반 학습자들이 자료를 찾는 주요 경로 중 하나가 되고 있는 현실에서, 여성신학의 활동과 여성신학적 성서 해석을 담은 자료들을 찾을 수 있는 좀 더 공식적인 경로가 찾기 힘들다는 것은 시급히 시정되어야 할 부분이다.

본 연구자는 일반 학습자들이 두 번째로 택할 수 있는 방법은 검색을 통한 자료 취득이라 생각하고 이를 가장 일반적으로 사용되는 검색 엔진을 통해 알아보았다. 포털 인터넷 사이트의 검색 엔진으로 '여성신학' 이라는 단어를 검색한 결과, 구글[10]은 웹페이지를 기준으로 검색되어 웹페이지의 형식들인 블로그, 사이트의 홈페이지, 뉴스 기사 등이 혼재하여 검색되고 있어 공식적 사이트나 카페만을 따로 구분하기가 어려웠다. 가장 먼저 검색되는 것은 이화여성신학연구소[11]였다. 네이버[12]에서는 여성신학이라는 검색어를 기준으로 사이트를 검색한 결과, 공식적 사이트가 4개,[13] 포털 사이트의 카페가 13개,[14] 서점 사이트[15]가 하나로 총 18개가 검색되었다.

여성신학으로 검색되는 전자미디어 종교 공동체(통칭 카페)의 수가 13개라는 것은 다른 종교 관련 카페 수에 비해 현저하게 적은 것이다.[16] 이

10 구글, www.google.co.kr(검색일 2012. 1. 17).

11 이화여성신학연구소, eiwts.ewha.ac.kr(검색일 2012. 1. 17).

12 네이버, www.naver.com(검색일 2012. 1. 17).

13 이화여성신학연구소 eiwts.ewha.ac.kr, 새 세상을 여는 천주교여성공동체 www.kcwc21.org, 한국가톨릭여성연구원 songsim.catholic.ac.kr/~cwrik/, The Council on Biblical Manhood and Womanhood www.cbmw.org(검색일 2012. 1. 17).

14 한국여성신학학회(회원 수 96명) cafe.daum.net/kafemtheo/ 한신신학대학원 여성신학회(회원 수 41명) cafe.daum.net/A-tree-in-Marah/ 협성여성신학회(회원 수 58명) cafe.daum.net/SapereAude2005/ 감신대학원 여성신학회(회원 수 33명) cafe.daum.net/mtsfeminist/ 여성의눈(회원 수 15명) cafe.daum.net/ womenseye/ 현경과 친구들(회원 수 395명) cafe.daum.net/chunghyunkyong/ 쇼파르[SDA 여성 신학도 모임](회원 수 36명) cafe.daum.net/sdashophar/ 가톨릭여성신학회(회원 수 42명) cafe.daum.net/cafth/ 감리교신학대학성차별대책위(회원 수 385명) cafe.daum.net/mtskdy/ 협성현대신학(회원 수 44명) cafe.daum.net/20CTheology/ 인천여자신학psa(회원 수 24명) cafe.daum.net/priscillasisters, 대전여신학자협의회(회원 수 86명) cafe.daum.net/feministtheo/ 여신8기모임(장신대 여성신학연구회 모임, 회원 수 12명) cafe.daum.net/dutls8rl(검색일 2012. 1. 17).

15 분도북 서점 www.bundobook.co.kr(검색일 2012. 1. 17).

16 국내의 주요 사이트상에 설립되어 있는 종교 공동체 현황을 보면 2012년 1월 현재 다음 사이트의 종교 카테고리 카페가 총 190,382개로 그중 불교 13,875개, 가톨릭 14,102개,

는 아직도 여성신학이 여전히 한국 교회에서는 비주류이며, 학습자들이 접하기 어려운 현실을 방증하는 것이라 할 수 있다. 블로그나 뉴스 기사, 책 소개나 관련 자료 소개 등의 일반 웹페이지들은 주로 단편적인 자료나 기사들로 구성되어 있어 검증된 자료로 보기에는 무리가 있다. 그리고 전자미디어 종교 공동체는 게시 자료들을 보기 위해서는 회원으로 가입해야 하고 공동체의 기준에 따라 게시물을 볼 수 있는 권한이 차등화되어 있다는 점을 고려한다면, 일반 학습자들이 느끼는 심리적 장벽이 상당히 크다고 할 수 있다.

그리고 검색 엔진을 통해 검색된 기관 사이트에서 여성신학에 대한 정보를 얻을 수 있는 자료들이 게시되어 있는지, 게시되어 있다면 그 양이나 범위는 어느 정도인지 등을 조사해보았다. 검색된 기관은 이화여성신학연구소, 새 세상을 여는 천주교여성공동체, 한국가톨릭여성연구원, The Council on Biblical Manhood and Womanhood의 총 네 개였는데, The Council on Biblical Manhood and Womanhood는 영어 사이트로, 일반 여성 학습자들의 접근성 면에서 논의하기에는 그 한계가 상당히 크다고 판단되어 조사 대상에서 제외하였다.

이 중 자료실 등에서 여성신학에 대한 자료들을 볼 수 있는 사이트는

기독교 153,972개, 그 외 기타 종교 6,511개—이는 무속신앙 및 소수 종교 관련 카페들이다—종교 일반으로 등록한 카페가 1,922개이다. 다음 www.daum.net(검색일 2012. 1. 14); 또한 네이버는 가톨릭 7,428개, 불교 4,821개, 기독교 29,302개, 기타 종교 5,472개, 종교 일반 7,381개이며 싸이월드 사이트에 개설된 종교 관련 카페는 총 108,234개 중 기독교 90,141개, 불교 1,487개, 천주교 8,627개, 봉사활동 6,721개, 기타 1,258개로, 상당히 활발한 활동을 하고 있음을 알 수 있다. 네이버 www.naver.com(검색일 2012. 1. 13)

한국가톨릭여성연구원 한 곳이었다. 이화여성신학연구소는 연구소 소개, 연구학술사업, 교육사업, 학술행사, 국제협력사업, 발간자료, 소식지로 메뉴를 구성하고 전체적인 연구소 활동 등을 소개하고 있었으나, 발간된 정기간행물이나 단행본의 목차와 간단한 소개 외에는 구체적인 논문의 내용이나 여성신학 전반에 대한 소개 자료 등은 찾기 힘들었다. 새세상을 여는 천주교여성공동체는 소개, 활동, 후원, 자료실, 나눔, 부설기관 등으로 메뉴를 구성하고 있었으며, 자료실에 총 13개의 문서자료를 제공하고 있었으나, 그 내용은 회원으로 가입해야 볼 수 있었다.

한국가톨릭여성연구원은 소개, 공지사항, 연구자료실, 나눔방, 프로그램 소개, 링크 등으로 메뉴를 구성하였으며, 연구자료실의 하위 메뉴를 여성신학, 여성과 문화, 연구위원 소개 등으로 구성하여 자료를 게시하고, 회원으로 가입하지 않고도 대부분의 자료들을 전부 다운받을 수 있도록 하고 있다. 이 중 여성신학 난에서 제공하고 있는 자료들은 2012년 1월 현재 총 106개이며, 여성과 문화 난은 총 206개의 자료를 제공하고 있었다. 여성신학 메뉴에서는 비교적 학술적인 논문들을, 그리고 여성과 문화 메뉴에서는 사회문화적인 측면과 일상생활의 측면에서 작성된 글들을 싣고 있었다.

이상과 같은 조사에서 제기되는 문제점들은 다음과 같다. 우선, 기존 여성신학자들과 여성신학 관련 단체들이 전자미디어 공간에서 네트워크를 형성하고 상호작용을 할 수 있는 장이 제한되어 있다는 점이다. 여성신학자들의 치열한 노력으로 현재까지 진행되고 있는 한국 여성신학은 아직은 현실 물리공간에서의 활동과 네트워크를 중심으로 운영되고 있다. 일반 학습자들이나 여성신학자들, 그리고 여성신학을 공부하고자 하는 학습자들과 차세대 여성신학자들이 공통으로 접근하고 시의적인 이슈들에 대해 논의할 수 있는 장이 필요하다. 일반 현실 물리 공간에서의 논의들을 연장하고 심화할 수 있는 방안을 다각도로 연구해야 한다.

또한, 일반 학습자들에게 여성신학에 대한 자료에 대한 접근 장벽이 높다는 점이다. 현재로서는 여성신학에 대한 논문이나 연구 자료들을 보기 위해서는 학술 논문을 제공하는 사이트에 가입하여 논문들을 구입하거나 단행본을 사는 것이 주요 접근 경로가 되고 있다. 전자미디어 종교 공동체는 회원 가입 절차가 있기 때문에 접근에 부가되는 심리적 장벽이 상당하다. 이와 같은 현실은 일반 학습자들이 여성신학적 관점을 접하고, 다양한 기독교 공동체의 관점 사이에서 자신의 신앙을 재구성하도록 돕는 것에 한계를 부여한다.

3. 전자미디어를 통한 여성신학과 여성 주체 생성 방안 모색

1) 전자미디어 공간에서의 여성신학 유통 확대를 위한 방안

본 연구자는 여성신학의 유통 확대를 통한 여성 주체 생성을 위해 몇 가지를 제안하고자 한다. 우선, 비교적 단기적으로 달성 가능한 방안으로 여성신학에 관계된 주요 단체들의 사이트 개설과 이를 통한 네트워크 형성을 제안한다. 이는 일차적으로는 현재 여성신학자들 사이에 형성된 네트워크를 견고히 하고, 이차적으로 차세대 여성신학자들을 양성하고 이들의 리더십을 제고하기 위해서이다. 전자미디어 공간에서의 사이트 개설과 운영은 다양한 목적을 지니는데, 그중 일반적인 목적 가운데 하나는 사이트 개설 주체의 존재를 전자미디어 공간에서 알리는 것이다. 여성신학이 아직도 한국 교회의 비주류에 속하고 있다는 사실을 상기할 때, 여성신학자들의 활동을 전자미디어 공간에서 알리는 것은 매우 중요하다. 또한 여성신학 단체들의 사이트 개설과 이를 통한 회원들의 활동은 여성신학자들이 서로의 연구와 교육, 목회 활동 등을 좀 더 빠르고 용이하게 접하도록 도울 수 있다. 이처럼 기존 여성신학자들이 전자미디어 사이트에서 자신의 활동들을 나누고 한국 여성신학의 발전을 위한 논의를 지속한다면, 선배 여성신학자들의 활동을 접하며 이에서 격려받는 차세대 여성신학자들의 양성에도 도움이 될 것이다.

두 번째로는 일반 학습자들을 위해 전자미디어 공간에서 여성신학 자료 게시를 확대하고 개방할 것을 제안한다. 이는 단기적으로는 각 기관이 가지고 있는 자료들——정기간행물 등 모든 책자들을 포함하여——을 PDF 파일이나 e-book 형태로 만들어서 게시하는 것이 될 수 있을 것이다. 이와 같은 자료의 게시와 공유는 이미 일반 여타 영역에서는 작은 기관들도 거의 다 제공하고 있는 서비스다. 전자미디어 공간에서 정보의 조작과 생산이 일반화됨에 따라 왜곡된 정보들에 의한 학습자들의 혼란이 상당하다는 것을 감안한다면, 이는 가능한 빠른 시일 내에 이루어져야 하는 부분이라 할 수 있다.[17]

17 예를 들어 '외경' 이라고 네이버 지식인에 쳐보면, 수많은 질문들과 이에 대한 답들이 바로 떠오른다. 그러나 이를 조사한 결과, 네티즌들이 댓글로 단 답들은 무조건적으로 외경의 존재를 폄하하거나 왜곡된 근거로 가톨릭을 공격하기도 하고, 이단과 비주류 기독교

좀 더 장기적인 방안으로는 여성신학자들이 다양한 신학적 관점들을 동시에 담는 전자미디어 데이터베이스를 구축하여 제공하는 방안을 들 수 있다. 이를 통해 학습자는 여러 신학적 관점들을 접하고, 취사선택하고, 이를 통해 자신의 앎을 재구성하는 과정 가운데 기독교 공동체에 대한 다양하고도 올바른 이해를 만들어갈 수 있을 것이다. 특히, 이 글의 연구 목적을 위해서는 전통신학과 여성신학적 성서 해석 관점들의 비교가 가능하도록 교차 편집 형태로 구축하는 데이터베이스 형태가 필요할 것이다. 이와 같은 전자미디어 데이터베이스는 그 내용만 구축된다면 이의 제공을 위한 서버 용량을 구입하는 데에는 큰 비용이 발생하지 않으며, 지속적인 업데이트가 물리적 자료들에 비해 훨씬 용이하기 때문에 일반 학습자들에게 큰 도움이 될 수 있을 것이다.

그러나 이상과 같은 관련 기관 사이트에서의 자료 게시는 여성신학이라는 것을 조금이라도 접하고 이를 자발적으로 찾는 학습자들에게 주로 유용한 방식이라는 한계점이 있다. 또한 학습자들이 다양한 신학적 관점에 노출되고 이에 대한 적절한 교육을 받지 못한다면 오히려 학습자의 혼란을 가중시킬 수도 있다는 점도 지적될 수 있다. 더구나, 자료의 게시가 중요하기는 하지만, 일방향적인 전시에 그친다는 점에서 한계가 있다.

이와 같은 한계를 개선하고 보다 양방향적인 여성신학적 담론의 유통과 학습자 및 여성신학자들의 소통을 하기 위해서 관련 단체 사이트를

전통을 혼동하는 등 그 정보의 진위 여부가 불확실하거나 왜곡된 정보들이 상당수 혼재해 있었다. 네이버지식인, http://kin.naver.com(검색일 2010. 4. 3).

SNS와 연동하는 방안도 고려할 수 있다. 관련 자료들은 전자 자료의 형태로 담아 별도의 절차 없이 개방하고, 회원 가입 절차를 만들어서 회원들과 SNS를 통해 소통하는 방식이다. 페이스북 팬페이지 등을 활용하는 것도 한 예가 될 것이다. 이는 회원에 대한 기본 정보들이 있으면 관련 기관이 중심이 되어 의견을 구하거나 주요 알림 사항을 전달하고, 본인 승인하에 주요 이슈들에 대한 대화가 진행되는 형태가 된다. 그러나 이 경우, 실제적인 양방향 소통이 얼마나 가능할 수 있을지에 대해서는 좀 더 심도 깊게 논의해보아야 한다.

2) 전자미디어를 통한 여성 주체 생성 교육 방안

전술한 전자 자료의 게시는 기본적으로 여성신학의 유통 경로를 확장하여 여성들로 하여금 한국 교회의 성차별적인 담론에서 해방될 수 있도록 돕기 위해 제안한 것이다. 그러나 여성신학적 관점에 기반한 여성 주체의 생성은 보다 구체적인 교육 방안으로 실행될 필요가 있다. 본 연구자는 이를 전자미디어에 기반한 대화적 교육 방안으로 모색하고자 한다.

여성 자아의 특징 중 하나는 대화적이고 관계적이라는 것이다.[18] 여성은 공동체 안에서 다른 이들과의 소통을 통해 자신의 삶의 지평을 확대하고, 인식을 구성하는 특성을 지닌다. 이러한 의미에서 본다면 다양한 형식의 타자들 즉 이야기, 정보, 다른 존재들과의 상호작용적인 대화를

18 김혜숙은 여성주의 철학과 심리학에 기반하여 여성 자아의 특징을 창조성, 관계성, 통전성으로 특징짓는다. 김혜숙, 『자전적 글쓰기 교육과정을 통한 여성주의 기독교교육 연구』(서울: 이화여자대학교 대학원 박사학위 논문, 2007), 46.

나누는 것은 여성이 보다 효과적으로 자아를 형성하고 자신의 이야기를 만들도록 격려하는 데 가장 적합한 교육 방안 중 하나라 할 수 있다.

또한 전자미디어는 대화적 교육 과정의 중요한 조건 중 하나인 학습자의 상호작용성을 확대해줄 수 있다. 대화적 교육이 좀 더 유효한 교육 방안이 되기 위해서는 공동체의 구성원들이 다 같이 역동적으로 참여하면서 지속적인 것이 되어야 한다. 여성들 간의 면대면 학습공동체가 다양한 방법으로 모색되고 있으며 상호작용의 역동성은 실제로 현장의 면대면 교육에서 가장 활발할 수 있지만, 본 연구자가 보완하고 싶은 부분은 면대면 교육이 그 현장을 벗어나면서 일어날 수 있는 상호작용의 단절 혹은 축소다. 각자의 일과 육아, 가사 등 많은 일로 분주한 여성들이 정기적으로 한 자리에 모여 학습하기는 쉽지 않기 때문이다. 전자미디어는 이러한 문제점들을 부분적으로나마 해소할 수 있도록 시공간적 제약의 축소 혹은 폐지를 도입해준다.

물론 전자미디어를 통한 상호작용은 일정한 한계도 분명하다. 가장 크게 지적되는 것은 전자미디어 공간에서 일어나는 의사소통이 불완전할 수 있다는 점이다. 전자미디어의 상호작용은 아직은 주로 텍스트를 통해서 이루어지기 때문에 글쓰기에 익숙하지 못한 학습자의 경우 이를 충분히 활용하기 어렵다. 또한 한정된 글자 수를 통해 소통해야 하는 경우도 있기 때문에 얼마나 밀도 있는 표현과 소통이 이루어질 수 있을까 하는 우려들이 제기되는 면이 있다.[19] 그러나 그럼에도 불구하고 전자미

19 대부분의 전자미디어 소통은 텍스트 기반인 동시에, 표현 한계가 제한된다. 전자미디어 사이트에서 제공하는 카페는 게시판의 글에 댓글을 달 경우 그 글자 수가 제한되며, 트위

디어가 대부분의 학습자들이 원하는 소통 공간을 제공한다는 것 역시 사실이다. 특히 육아와 가사 등으로 성인들과의 소통이 상당히 차단된 여성들이 전자미디어 공간에서 가장 활발하게 활동을 하는 계층 중 하나라는 사실은 전자미디어가 새로운 상호작용의 역동성을 학습자들에게 부여할 수 있다는 가능성을 엿보게 해준다.[20] 공동체의 구성원 또는 불특정 다수의 사용자들 사이에 각종 정보를 주고받을 수 있는 스마트 기기들이 활성화되면서 이러한 상호작용은 더욱 활발해지고 있다.

전자미디어를 통한 여성 주체 생성 방안의 첫 번째는 여성신학자 영역 내에서의 교육으로, 차세대 여성신학자들과 선배 여성신학자들의 온라인 멘토링 시스템을 구축하는 것이다. 온라인 멘토링은 많은 영역에서 상당히 활발하게 실시되고 있는 인력 양성 방안 중 하나다.[21] 차세대 여성신학자들과 여성신학을 공부하는 학생들은 선배 여성신학자들과 보다 긴밀한 관계를 유지하며 격려 받고, 연구와 활동을 진작하는 것이 매

터는 140자다. 카카오톡은 글자 수 제한이 없지만, 모바일 앱의 특성상 역시 대부분 단문을 통한 의사소통이 이루어진다.

20 여성과 사이버의 관계는 상당히 많은 부분에서 주목받고 있다. 여성들이 사이버 공간의 주요 화자로 등장하면서 사이버 여성 권력, 사이버 페미니즘 등이 신조어로 떠올랐다. 주부 파워블로거의 사회적 영향력은 바로 이러한 여성들이 일상에서 도출한 새로운 사이버 권력 현상 중 하나라 할 수 있다. 이러한 현상이 최초로 감지되던 시기에 나온 1999년의 한 신문기사는 이를 두고 사이버 세상은 여성 상위시대라고 언급하고 있다. 〈한겨레신문〉(1999. 6. 14).

21 교육 영역의 온라인 멘토링은 상당히 확대되어 있으며, 다양한 영역에서 이를 실시하고 있다. 예를 들어 외교부는 국제기구 진출 희망자들을 위한 '온라인 멘토링 프로그램'을 국제기구인사센터 홈페이지(www.UNrecruit.go.kr)를 통해 실시하고 있으며, 경상북도는 다문화 가정 자녀들을 대상으로 하는 '다문화 가정 자녀-대학생 온라인 멘토링 교육'을 진행 중이다. 〈파이낸셜뉴스〉(2010. 4. 17).

우 필요하다. 실제로 여성신학을 공부하고자 하는 학생들이 선배 여성신학자를 만날 수 있는 기회는 그다지 많지 않다. 선배 여성신학자들의 삶과 활동을 자료로도 접하고, 실제로 소통할 수 있는 기회를 지속적으로 제공하여 차세대 여성신학자들을 양성한다면, 한국 여성신학의 저변을 더욱 확대할 수 있을 것이다.

온라인 멘토링은 가능한 한 다양하게 온·오프라인 프로그램을 제공하고 여성신학자들이 관여하는 행사 등과 연계하여 이루어지는 것이 바람직하다. 여성신학 단체들의 홈페이지에서 제공하여 선배 여성신학자들의 활동과 그동안의 여성신학 자료 등 여성신학에 대한 전문적이고 구체적인 정보를 교류하고 차세대 여성신학자들이 자신의 연구나 활동 등에 도움을 얻을 수 있도록 지원하는 것이다. 또한 멘토-멘티 간, 멘토-멘토 간, 멘티-멘티 간의 다양한 네트워크를 지원하고, 1:1 멘토링 외에 멘토 그룹과 멘티 그룹 간, 동료 멘토링Peer-Mentoring 등 다양한 멘토링 형태와 온라인, 오프라인 및 모바일 등으로 다양한 경로를 병행 지원하는 것이 모색되어야 한다.

두 번째는 일반 여성 학습자들을 대상으로 여성신학적 성서 해석 관점을 가르치고, 이를 통해 여성들이 기독교 공동체의 주체로 성장하도록 돕는 것을 목적으로 하는 전자미디어 여성신학 교육 과정의 구축이다. 전자미디어 여성신학 교육 과정은 여러 형태가 가능하다. 우선적으로 필요한 것은 전자미디어 공간에 이를 위한 사이트가 개설되어 기본적인 장을 제공하는 것이다. 가능하다면 온라인 멘토링과 마찬가지로 여성신학 관련 단체들의 사이트에서 병행 제공되는 것이 좋으며, 여성신학적 성서 해석의 데이터베이스가 같이 제공되는 것이 필요하다.

그리고 이는 여성신학적 담론이 현실 물리 공간을 위주로 대부분 생성되고 유통되는 현실을 감안하여 이를 기반으로 시작하는 것이 좀 더 현실적일 것이다. 즉 전체 학습자들을 대상으로 각 연령 혹은 관심사별로 기본적인 틀을 제공하되, 기본 틀에서의 시행 초기에는 기존 오프라인 학습공동체들이 주도가 되어 현실 물리 공간에서의 학습을 진행하며 시작하는 것이다. 그리고 기존 면대면 학습공동체의 단순한 연장이 되지 않고 전자미디어의 상호작용성을 활용하기 위해서 다양한 구성원들이 자유로이 만날 수 있는 공간을 별도로 제공하여 다양한 학습자들이 하나의 공간 안에서 여러 상호작용을 하며 서로와 전체 학습공동체에 대한 인식을 발전시킬 수 있도록 도와야 한다. 자유공간에서 상호작용을 하며 학습자들은 서로에 대한 인식을 발전시키게 되어, 자연히 각자의 관심사나 성향에 따라 다양한 형태의 학습 주제를 중심으로 새로운 학습공동체를 만들게 된다.

각각의 소 학습공동체들에는 반드시 교사가 교육 과정을 이끌어나가는 주체 중 하나로 개입해야 한다. 전통적인 한국 교회 문화에서 여성신학과 같이 비주류인 신학적 관점을 다루는 경우에는 갈등 상황이 발생하기 쉽다. 이러한 일들을 방지하고 공동체를 원활하게 운영하기 위해 무엇보다도 중요한 것은 교육 과정의 운영과 관리를 전담하는 교사의 지도력이다. 교사는 학습공동체의 운영과 교육 과정에서의 교사 역할을 동시에 하면서 구성원들을 개인적으로 혹은 집단적으로 설득하고 행동을 제재하거나 공개적인 행동 원칙을 언명하면서 공동체를 유지하는 역할을 하는 것이 바람직하다. 이를 그림으로 나타내면 다음과 같다.

❖ 전자미디어 여성신학 교육 과정의 초기 시스템 제안

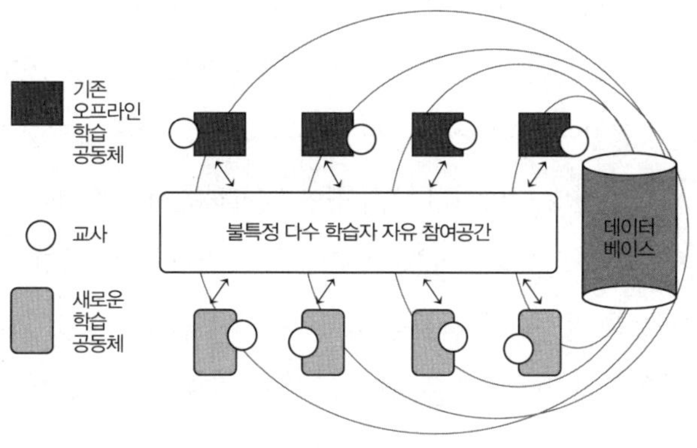

구체적인 교육 과정의 단계는 첫 번째, 텍스트 제안하기와 읽기, 두 번째, 개인적인 관점과 경험에서의 해석과 성찰을 이야기하기, 세 번째, 여성신학과 관련하여 이를 다시 읽고 쓰기, 네 번째, 현재와 미래에 대한 변혁적 행위 생성하기의 순으로 구성하는 것을 제안한다. 우선 첫 번째는 전자미디어 학습공동체가 학습의 출발점이 되는 텍스트를 선정하고 이를 읽는 단계로, 현재의 이야기들을 교육의 시작점인 텍스트로 삼는 단계다. 학습자의 이야기에서 출발하는 이유는 학습자가 살아가고 있는 현실의 요청에 대한 응답으로서 공동체의 역할을 중시하기 때문이다. 학습자의 이야기로 시작하는 교육은 학습자의 현재적 이야기들을 끌어들이고, 학습자로 하여금 주체가 되어 현재의 경험의 의미를 탐색하도록 돕는다.

두 번째 단계는 각자의 다양한 성서 해석이나 개인적 경험을 담은 쓰기를 통해 서로의 관점을 나누고 역동적인 상호작용을 하는 것이다. 자신의 경험이나 관점을 반영하는 형식의 쓰기를 통해 개인은 점차 창조적 주체로서 자신의 의미와 앎을 생성하고, 이를 실천할 수 있는 힘을 갖게 된다.[22] 이때 구성원들은 자신의 관점을 주관적으로 기술하기도 하지만 전자미디어 공간에서 유사한 사례나 해석, 다양한 기독교 전통과의 연계 등을 행하며 자신의 이야기나 해석 등에 링크하면서 공유하기도 한다.

세 번째는 여성신학과 관련하여 처음 텍스트를 다시 읽고 쓰는 과정이다. 교사는 여성신학적 관점을 제시하면서 학습자와 공동체가 세상을 보는 새로운 시각이나 새로운 영역의 지식을 획득하도록 돕는다. 학습자는 여성신학적 성서 해석과 상호작용하면서 이에 대해 다른 구성원들과 의견을 나누고, 자신의 견해를 수정하거나 타인과 조율하여 보다 발달된 차원의 해석과 성찰에 도달하게 된다.

일반적으로 성서 해석에 대한 새로운 관점을 접한 학습자들은 갈등과 혼란을 느끼며 자신의 기존 입장을 방어하기도 하고, 여성신학적 성서 해석에 대해 흥미를 보이기도 한다. 그리고 새로운 관점을 접하는 모든 이들은 내부적 갈등과 외부적 갈등에 동시에 직면하는 경향을 보인다. 이러한 과정에서는 자연스럽게 의견의 교환과 대립을 포함하는 토론이 일어나게 된다. 각자의 해석과 관점을 둘러싼 집중적인 논의는 학습자들로 하여금 텍스트에 대해 좀 더 깊이 있게 성찰하고, 다른 이의 의견을 더욱 주의 깊게 들으며, 자료들을 더 찾고, 교사의 개입을 불러일으킴에

22 Kimberly L. Oliver and Rosary Lalik, "The body as curriculum: learning with adolescent girls," in *Journal of Curriculum Studies* Vol. 33. Number 3. (Routledge: part of the Taylor & Francis Group, 2001), 304.

의해 보다 정리된 공동체나 개인의 시각을 형성하는 데 도움을 주기도 한다. 즉 다양한 의견 사이에서의 토론은 학습자로 하여금 집단적 소통의 과정을 통해 앎을 구성하도록 도와준다.

물론 모든 학습자들이 여성신학적 관점에 찬성하며 이를 자신의 신학적 관점으로 수용할 수 있는 것은 아니다. 일반적으로, 교회 안의 전통적 성역할에 익숙해진 교회 여성들은 새로운 성서 해석과 다양한 신앙의 자세에 대해 흥미와 경계를 동시에 보이는 경향이 있다. 지속적인 논의와 여성 문제에 대한 다양한 관점의 노출이 이어지면서 학습자들 중 일부는 해방을 느끼게 되지만, 기존의 관점을 유지하고자 하는 학습자도 존재한다. 그러나 분명한 것은 어떤 학습자이건 각자의 관점을 가지고 새로운 관점을 접하면서 내부와 외부에서 일정 정도의 갈등과 도전을 직면하며 지평의 변화를 겪는다는 것이다. 진리라고 믿었던 한 관점에 대한 해체와 재구성이 일어나는 것이다.

마지막으로 학습자와 공동체는 여성신학적 관점을 부가하여 자신의 관점을 새롭게 재구성하고, 이를 바탕으로 새로운 행위를 결단하고 생성하게 된다. 이때 교사와 공동체의 구성원들은 서로가 어떤 행위를 결단할 것인지를 촉구하고, 결단이 이루어지도록 격려한다.

3) 여성 주체를 세우기 위한 전자미디어 교육 과정에서 고려해야 할 점

전자미디어를 통한 여성신학의 유통 확대와 교육 과정은 여러 가지 면에서 고려되어야 할 부분들이 많다. 그 하나는 이 글에서 제안하고 있는 방안들은 이의 실현을 위해 상당한 인적 · 물적 자원의 투입과 시간이 필요하다는 것이다. 사이트 개설과 데이터베이스의 제공은 그 자체로는 서버 구입을 제외하고는 큰 비용이 들지 않는다. 기존에 존재하는 여성신학의 자료들을 모으고 이를 전자 형태로 게시하는 것은 전자 파일 형식으로 변환하여 게시하는 과정은 어렵지 않다. 다만 저작권 문제 등 자료 게시와 관련된 몇 가지 과정을 거쳐야 할 것이다.

반면, 여성신학적 성서 해석을 비롯한 다양한 신학적 관점의 비교가 가능하도록 교차 편집한 데이터베이스 구축은 보다 심도 깊은 논의와 준비 과정이 필요하며, 상당한 인적 자원이 소요되는 문제다. 그러므로 초기 단계로는 전통신학과 여성신학을 위주로 한 버전을 우선적으로 제작, 공급하거나 게시하는 것을 고려해볼 만하다. 이를 위하여 필요한 물적 자원은 여러 국가적 지원 과제 등에서 지원하여 충당할 수도 있을 것이다.

두 번째로는 여성신학이라는 영역을 전자미디어에서 다루는 과정에서 비롯될 수 있는 것으로, 전자미디어 교육 과정의 운영과 관계된 문제들이다. 교육 과정을 제공하는 주체는 교사들의 학습공동체 운영에 대한 협력과 지속적인 교육 등을 제공해야 하며, 각 교사들의 학습공동체 운영에 대한 별도의 슈퍼바이저supervisor 시스템을 가동하는 것이 바람직하다. 또한 플레이밍 등 공동체나 개인을 공격하는 행위가 일어날 경우를 방지하기 위한 다양한 방어 기제의 고안과 적용을 도입해야 한다.

세 번째로는 전자미디어라는 교육 방식 자체와 관련된 것이다. 본 교육 방안은 다른 전자미디어를 통한 교육 방안과 마찬가지로 전자미디어에 대한 접근성이 자본과 학력 등의 계층적 차이에 따라 달라진다는 점에서 일정한 한계를 지닌다. 전자미디어에 익숙하지 않은 연령대의 여성들이나 전자미디어를 사용할 수 있는 능력은 있으나 자본의 제한으로 각종 스마트 기기를 구비하기 어려운 여성의 경우, 본 교육 방안이 새로운 소외를 일으킬 수 있다는 점이 문제점으로 대두된다. 본 교육 방안이 효과적으로 실행되기 위해서는 일정한 환경, 즉 전자미디어 사용 능력과 기기의 구비 가능성 등이 모두 갖추어지는 것이 필요하기 때문이다. 그럼에도 본 교육 방안을 전자미디어로 제안하는 것은 앞으로 점차 전자미디어에 능숙한 학습자들이 확대될 것으로 전망하기 때문이다. 전자미디어를 통한 여성신학의 유통 확대와 교육이 가능한 한 빨리 시도되는 것이 바람직할 것이다.

4. 나가는 말

한국 여성신학은 한국 교회 안에서 차별과 소외를 경험한 여성들의 해방과 주체성 형성에 큰 역할을 담당해왔다. 우리의 선배 여성신학자들은 한국 교회의 가부장적이고 성차별적인 문화에 대한 개혁 요청은 물론 이거니와 민중, 민족, 통일 등 사회 정의의 실현을 위해 노력해왔다. 여성신학적 관점에서 전개한 많은 활동들과 연구들은 교회 여성들로 하여금 억압적인 현실을 인식하고 자아를 회복하도록 도왔으며, 한국 교회의 패러다임을 전환하고 한국의 기독교가 여성적이고 민중적인 차원에 대해 인식하도록 만드는 것에 지대한 공헌을 하였다.

앞으로 여성신학은 21세기를 걸어가며 한국 사회와 교회를 위한 다양한 활동을 전개할 것이다. 그러므로 지금까지 쌓아온 선배 여성신학자들의 노력과 공헌을 보다 다양한 경로를 통해 한국 교회와 사회에 알리고,

여성신학적 성서 해석을 확산시켜 한국 사회와 교회를 생명으로, 공존으로 이끌기 위한 방안이 다양하게 모색되어야 한다.[23] 이러한 의미에서 전자미디어는 우리에게 일정한 가능성을 던져준다. 물론, 전자미디어를 통한 상호작용과 교육이라는 것은 논의되고 보완되어야 할 부분이 많다. 그러나 이에 대한 논의와는 별도로, 이 글에서 제안한 여러 형태들 중 전자미디어 공간에서의 여성신학 자료의 개방과 공유는 여성신학을 통한 여성 주체 생성에 긴요하고 시급한 일이라고 생각한다. 여성신학이 해방의 통로라면, 그 해방의 통로는 좀 더 확산되고, 더욱 개방되어야 하기 때문이다.

23 박경미, "21세기 여성신학의 전망," 「기독교사상」 1997년 4월호 (통권 제460호), 124.

'뉴-뉴미디어' 적 전환기의 개신교, 위기와 기회

김진호(제3시대그리스도교연구소 연구실장)

1. 들어가는 말

이 글의 가설적 전제는 개신교 교회의 초석적 제도founding institution 형성은 동시대의 공론장 구조와 긴밀히 연관되어 있으며,[01] 일단 초석적 제도가 구축되면 공론장 구조가 바뀌어도 그 변동을 하위적인 요소로 혹은 갈등적인 요소로 반영하는 경향이 있다는 것이다.[02] 이 글은 개신교와 미디어의 상호성에 주목하고 있으므로, 여기서 표현된 공론장 구조는

01 이것은 인간 사회는 그 사회의 지배적인 커뮤니케이션 양식 및 유형에 의해 구성된다고 보는 닐 포스트만(Niel Postman)의 입론을 개신교 제도와 연관시켜 재정리한 것이다. 이에 대하여는 닐 포스트만, 『죽도록 즐기기』, 홍윤선 옮김 (서울: 굿인포메이션, 2009) 참조.

02 그런 점에서 초석적 제도는 하나의 정전적(canonic) 지위를 갖는다.

커뮤니케이션을 수행하게 하는 기술적 매개체계와의 관계 속에서 논의될 것이다.

개신교 교회의 초석적 제도는 구텐베르크 활판인쇄기술의 발명과 깊은 연관 속에서 시작된다. 마샬 맥루한Marshall McLuhan은 구텐베르크 활판인쇄기술을 매개로 하여 형성된 문화적 체계를 '구텐베르크 은하계Gutenberg Galaxy' 라고 명명하였는데,[03] 이 거시적인 문화적 구조에 관한 개념 틀 속에는 활판인쇄기술을 매개로 하는 커뮤니케이션 공론장의 구조가 포함되어 있다.

이 글의 첫 번째 장에서는 일종의 '정전canon' 으로서[04] 개신교의 초석적 제도화의 과정을 살피고, 그 속에서 형성된 커뮤니케이션 양식에 관하여 이야기할 것이다. 특히 개신교적 커뮤니케이션 공론장의 이용자인 성직자와 평신도의 관계 양식을 살피고, 특히 해석의 주체로 부상한 대중의 주체화 과정과 하위주체화 과정, 그 두 요소의 길항적 관계성에 대하여 논할 것이다. 이것은 개신교 종교제도 속에 지속적으로 관철되고 있는 주체의 형식이며, 또한 이후의 변화된 공론장의 구조 속에서 시대와 불협화음을 일으키는 시대착오적 주체의 형식이라고 할 수 있다.

두 번째 장은 그러한 개신교의 초석적 제도가 한국에 번역되어 수용되는 과정에 대하여 논할 것이다. 이는 초석적 제도의 한국화 과정이라고 할 수 있는데, 번역의 속성이 그렇듯이 그 과정은 비대칭asymmetry적

03 마샬 맥루한, 『구텐베르크 은하계』, 임상원 옮김 (서울: 커뮤니케이션북스, 2001) 참조.
04 '정전' 은 그 생성 역사가 생략된 채 원래부터 그랬다는 기원의 신화를 가지며 후대의 제도 수용 과정에서 그 원본성을 고수하고자 하는 특성을 지닌다. 그런 점에서 초석적 제도는 정전과 같은 기능을 한다.

이다. 원천언어source language가 목표언어target language로 옮겨지는 과정과 결과에서 번역은 원천언어의 모국이 우월한 위치에 있으면 원천언어의 속성이 목표언어 속에 과잉 개입되며 반대로 목표언어의 모국이 우월한 위치에 있으면 과소 개입하는 경향이 있다. 그 전형적인 사례가 19세기 말에서 20세기 초에 수행되었던 한글판 성서의 번역인데, 이때 사실상 원본 역할을 했던 영어본 성서는 한글 어법으로 부자연스러움에도 불구하고 영어의 어법을 과잉 관철시켰다.[05] 이러한 사례에서 보듯, 식민적 커뮤니케이션 공론장의 형성과 한국화된 개신교의 제도화는 서로 얽혀 있다. 특히 이 장에서는 한국적 개신교 제도의 초석적 사건이라고 할 수 있는 평양대부흥운동을 중심으로 한국 개신교의 초석적 제도의 식민성에 관하여 이야기하고자 한다.

그런데 구텐베르크 은하계의 형성과 맞물리며 발전한 유럽적 기독교의 한 체험이 보편적 가치를 획득하며 개신교의 초석적 제도로 구축되었고, 그것이 식민주의적으로 변용되어 한국의 초석적 제도로 구현되는 '번역으로서의 한국 개신교'는 최근 심각한 위기에 놓여 있다. 기독교와 미디어의 관계를 주목하고 있는 이 글은 그러한 위기를 미디어 상황의 변화를 통해 살핀다. 이른바 구텐베르크 은하계 해체의 징후가 뚜렷해진 오늘의 상황에서 한국 개신교의 초석적 제도는 새로운 변화의 기로에 놓인 것이다. 세 번째 장에서 다루고자 하는 것은 바로 이와 같은 '포스트 구텐베르크 은하계Post-Gutenberg Galaxy'가 열어놓은 변화의 지평을 뉴-

05 원영희, "번역의 식민주의적 기능과 탈식민주의적 기능 – 영한번역에 나타나는 대명사 '그' 사용," 『번역학 연구』 3/1 (2002. 3), 99-123 참조.

뉴미디어의 폭발적 등장과 연결하여 성찰함으로써 한국 개신교가 직면한 위기에 대하여 논하고자 한다.

그러나 뉴-뉴미디어적인 미디어 상황의 변화는 위기만이 아니라 '제도적 성찰'의 가능성을 열어주고 있다는 점을 주목할 필요가 있다. 실은 탈권위적이고 탈중심적인 신학과 신앙, 교회를 향한 모색이 뉴-뉴미디어가 압도적인 시대가 도래하기 이전에도 다양하게 시도되어왔다. 그러나 그것은 한갓 주변적인 실험들에 지나지 않았다. 그렇지만 뉴-뉴미디어적인 커뮤니케이션 공론장이 열어놓은 제도적 성찰의 지평은 저 주변적 시도들을 대안적 모색으로 부상하게 할 가능성이 있다. 나는 그것을 꿈꾸며 이 글을 쓴다.

2. 구텐베르크 은하계와 개신교의 출현

개신교의 초석적 종교제도는 활판인쇄기술의 발전과 더불어 형성된 사회적 미디어 상황, 곧 마샬 맥루한이 입론화한 '구텐베르크 은하계'의 대두와 깊은 연관이 있다. 구텐베르크 은하계 이전 시대의 제도화의 산물인 가톨릭은 '제의 종교'로서 발전하였다. 당시 종교언어는 대다수 대중이 읽지도 듣지도 말하지도 못하는 라틴어였다. 하여 제도는 예전용 말을 통해 대중과 소통하는 것이 여의치 않았고, 대신 의례를 수행하는 사제의 제스처, 제의 매개물을 통한 향기와 소리, 예배당의 공간적 배치 등의 장치들을 통해서 대중을 종교제도에 흡수하고자 했다. 이런 장치들은 당시의 소통 가능한 종교언어였던 것이다. 하지만 이것이 전달하는 메시지는 매우 추상적이며 모호했다. 하여 가톨릭은 다른 장치를 고안해냈는데, 성화와 민담 등이 그것이다. 성화가 가톨릭 당국에 의한 의도적인 고안물이라면,[06] 구술 이야기들 가운데 많은 것은 가톨릭 문화권이 집단적이고 무의도적으로 창안해낸 규범적 담론이다.[07]

반면 개신교는 '말의 종교'로서 제도화되었다. 영국의 역사학자 패트릭 콜린스Patrick Collins는 『종교개혁*The Reformation*』[08]에서 당시 구텐베르크에 의해 시작된 활판인쇄문화가 팸플릿 산업으로 정착하는 과정에서 종교개혁이 강력한 상업적 동기가 되었음을 주장하였다. 종교개혁과 관련된 주제는 당시 가장 많은 독자들을 끌어들이는 시대의 트렌드였던 것이다. 이때 '말'은 구술문화가 아직은 지배적이지만 문자문화의 영향이 현저히 강화되고 있는 사회의 '말'이다. 특히 종교개혁을 주도했던 이들과 그것에 열렬히 반응하며 팸플릿을 생산, 유통, 소비했던 이들은 구텐베르크 은하계의 등장을 주도했고, 시대의 언어감각에 따라 가장 빠르게 재주체화되고 있던 이들이었다. 15세기 후반경에 생산된 인쇄물의 77.5%는 여전히 라틴어로 쓰였지만, 22%의 문서는 독일어와 같은 지방어들로 되었다.[09] 그것은 1450년경 활판인쇄본 라틴어 성서를 출판했던 구텐베르크가 파산한 지 불과 반세기도 못 되어 지방어가 민족어로서 빠

06 조나단 에드워드의 성화론에 따르면, 그것은 그리스도인의 덕성에 관한 가톨릭 당국의 메시지를 담고 있다. 이진락, "조나단 에드워즈의 성화론," 『한국개혁신학』 29 (2011), 86-94.

07 송영규, "프랑스 중세서민문학 연구 - 구전으로 본 Fabliau," 『프랑스어문교육』 18 (2004.11), 517.

08 패트릭 콜린스, 『종교개혁』, 이종인 옮김 (서울: 을유문화사, 2005), 69-70.

09 김면, "독일 인쇄술과 민중본," 『인문연구』 59 (2010), 268.

르게 자리를 잡아가고 있었다는 것을 시사한다. 그리고 그 중심에는 종교개혁을 둘러싼 문자 계층의 열렬한 사회적 · 종교적 활동이 있었다. 바로 그런 사회문화적 맥락에서 개신교의 종교제도가 정착하였다.

'말' 은 매우 구체적인 소통의 미디어다. 동시에 문자문화 시대의 말은 언술의 외연이 다른 어떤 미디어보다 추상적이고 보편적인 의미로까지 연계된다. 곧 문자문화의 말은 일상적으로 실천되는 '구체성의 미디어' 지만, 그 함의는 신의 영역에까지 연계되는 '영원성과 보편성의 미디어' 이기도 하다. 그런 점에서 개신교적 말의 종교제도는 예배당 안에서뿐 아니라 일상생활 구석구석에서 신의 영역과 인간 실존을 결합시킨다. 하여 예배당은 물리적 공간으로서의 교회를 넘어서 몸 자체로까지 의미망을 뻗힌다. 곧 몸 또한 예배당이 되는 것이다. 그것은 종교적 규율의 영역이 몸으로까지 확장되었음을 뜻한다.

그러므로 말의 종교는 일정 시간과 공간 안에서 벌어지는 예배에서뿐 아니라, 일상생활 곳곳에서 '신의 말' 을 경청하는 태도를 강조한다. 한데 이것을 가능하게 한 요소의 하나는 활판인쇄로 출간된 성서다.

성서는 이미 구술시대에 문자화가 이루어진 신의 말이다. 한데 문자는 저장성storage capacity이 매우 높은 커뮤니케이션 미디어다. 즉 구술시대의 문자는 '이질적 시간 간의 소통' 을 가능하게 한다. 그러나 그때의 문서는 너무 고가이며, 절대다수의 사람들에게 해독 불가의 텍스트다. 하여 성서를 확정짓고 그것의 신성성을 극대화한 텍스트, 즉 정전은 해석 능력보다는 '점유 능력' 에 더 큰 의미가 부여된다. 요컨대 구술문화가 지배적인 사회에서는 정전으로서의 성서를 누가 점유하고 있는가의 문제가 중요하다.

반면 구텐베르크 은하계는 성서의 미디어적 성격을 변화시켰다. 대량 복제가 가능해지고 비용이 저렴해짐으로써 성서의 저장성보다 '유통성'이 더욱 중요해졌다. 더욱이 대학을 통해 해독 능력을 보유한 이들이 대거 등장함으로써 성서는, 소수의 점유자만이 읽을 수 있고 그의 허락 아래서만 접근 가능한 문서[10]가 아니라, 다수의 사람들(종교 엘리트가 아닌 사람들)이 보유하고 읽을 수 있는 문서가 된 것이다. 게다가 지방어로의 번역이 활발해짐으로써, 성서를 해독할 수 있는 이들의 잠재적 수효는 무한히 확장되었다. 하여 성서의 '공간적 소통communication of spatial meaning'이 가능해졌다. 그것은 종교권력이 성서의 점유를 둘러싼 쟁투에 몰두하기보다는 해석을 둘러싼 갈등 속에서 존재하게 되었다는 것을 의미한다.

그러므로 종교개혁은 성서 텍스트가 더 이상 독서 불가능성illegibility의 문서가 아님을 확증한 셈이다. 하지만 종교개혁의 역사는 반동적 개혁을 통해서 완성된다. 성서를 보유하고 읽는 것은 모든 이에게 허용되었지만, 성서를 해석하는 것은 여전히 종교권력에 의해 독점되었다. 이것은 미디어 상황과 엇물리는 형식의 종교제도가 형성되었음을 의미한다. 여기서 종교적 진리를 독점하려는 교회와, 다른 해석의 개연성을 끊임없이 발견하려는 학문이 갈등을 일으키고, 사람들이 신심을 표현하는 일상적인 언어감각과 어긋난 교리가 재생산되며, 대중적 신심과 학문적 해석이

10 유럽 중세 시대에 성서 필사본은 교회나 수도원 내에서 쇠사슬에 묶어둠으로써 이동할 수 없는 텍스트였다. J. O. 워드, "『장미의 이름』의 도서관 vs 알렉산드리아 도서관," 로이 매클라우드 외, 『에코의 서재 - 알렉산드리아 도서관』, 이종인 옮김 (서울: 시공사, 2004), 256-261.

서로 빗나가는 양상이 이 종교제도를 둘러싸고 벌어진다. 곧 교리와 신학이, 신학과 신앙이, 그리고 신앙과 교리가 서로 엇나가는 상황이 이 제도를 둘러싼 각종의 실천으로 나타나게 된 것이다.

이것이 구텐베르크 은하계의 그리스도교적 종교제도의 한 모습이다. 특히 여기서 강조하고자 했던 것은 성서 읽기를 둘러싼 교회 엘리트와 신학자, 그리고 교회 대중이라는 세 범주의 미디어적 존재론[11] 간의 길항성이다. 하나의 종교제도 속에 포섭되어 있지만, 하여 서로 간에는, 미셸 마페졸리Michel Maffesoli가 말한 현대적 부족의 '동족의식'으로 결속되어 있지만,[12] 동시에 서로 간에 지배적 미디어 상황에 대한 다른 감각으로 인해 통합의 위기가 끊임없이 출몰한다는 것이다. 그리고 이 세 범주 간의 권력 자원의 배분 양상에 따라 그리스도교적 종교제도가 운위된다는 것이다.

여기서 우리가 주지해야 하는 것은 활판인쇄의 등장과 궤를 같이 하여 '검열censorship'의 제도화가 본격화되기 시작했다는 점이다. 그 이유는, 말할 것도 없이, 인쇄술로 인해 소통의 공간적 성격이 확대됨으로써 열려진 다양한 해석 가능성에 대해 생각의 통제가 필요해졌기 때문이다. 이때 부상한 것이 신조confession다. 마르틴 루터가 '만인사제론'을 주장하여 군주로 하여금 일종의 비상주교의 역할을 수행하는 길을 열어놓음

11 '미디어적 존재론'은 미디어에 의해 추동된 사회적 구조와 상호 연결된 주체의 특성이 일종의 '존재론적' 성격을 띠고 있다는 점을 착안한 주장이다. 이것은 미디어적 구조에 의해 특정한 주체의 양식이 파생된다는 의미가 아니라, 미디어 상황과 친화적인 주체의 양식이 있다는 것을 의미한다.

12 박재환, "미셸 마페졸리의 부족주의란?" 미간행 자료집 (한국사회학회 기획 국제세미나 2006. 3), 20-22 참조.

으로써, 이미 정치권력인 가톨릭뿐 아니라 새로운 교회권력인 개신교 중심세력도 정치권력과 긴밀히 연동되게 된다. 신조는 바로 이러한 지역적 정교 연합 상황에서 교회의 교리를 특정화하고 그것의 수호를 위한 정·교 연합적 사회체제 구축의 의미를 갖는다. 볼프강 라인하르트Wolfgang Reinhard가 말한 '교파화confessionalization'란 바로 신조를 매개로 하는 지역적 정·교연합 체제의 구축을 의미하는데, 이 체제는 법원, 대학, 교회를 연동시키는 검열체제의 구축을 포함한다.[13] 그리고 이 검열은 사람들에게 예비적 검열을 자발적으로 수행하게 함으로써 일종의 사회적 규율화social disciplinary를 야기시켰다.

이때 그 신조들의 내용은 구텐베르크 이후 미디어 상황에 의한 소통의 공간화에도 불구하고 여전히 소통의 선형적 시간계열화linear time-series의 형식을 띠고 있다는 점을 주목해야 한다. 가령 그것은 영원의 시간에서 역사의 시간으로 투사된 신의 의지, 곧 계시를 권력화함으로써, 소통의 위계질서를 통해 해석의 공간화를 규율하려 했던 것이다.

이렇게 교회권력은 문자 미디어의 공간적 소통의 장에서 성서 해석의 검열관 역할을 하고자 한다. 그것은 거꾸로 대중을 하위주체(노예적 주체 subaltern)로 전락시키는 과정을 수반한다. 물론 이것만으로 대중의 (탈)주체화(de-)subjectification에 관해 충분히 설명된 것은 아니다. 구텐베르크 은하계는 점차 지식을 대중화하고 대중의 시민적 주체의 신장을 가져

13 황대현, "16~17세기 유럽의 '교파화 과정'에 대한 연구사적 고찰 - 사회적 규율화의 첫 단계로서의 교파화 과정 패러다임에 대한 독일 사학계의 논의를 중심으로," 『역사교육』 제100집 (2006 겨울) 참조.

왔다. 그런 점에서 교회를 매개로 하는 대중은 주체화와 하위주체화의 상호 모순적 형식으로 존재의 자의식이 구성된다.

3. 한국 교회의 종교제도 식민적 형성과 미디어 상황

개신교의 초석적 제도는 정전적 지위를 지니며 개신교의 특성 형성에 압도적인 지위를 갖는다. 기독교 근본주의는 이러한 초석적 제도의 한 특성을 본래적인 것인 양 확신함으로써,[14] 그 정전성을 유일무이의 초월적 가치를 지니는 것으로 확정한다. 그러한 기독교 근본주의자들의 압도적 영향에 의해 한국 개신교의 신앙제도가 구축되었다. 1907년 평양대부흥운동은 이러한 한국적 개신교 형성의 초석적 사건이다. 이 사건을 계기로 근본주의적인 선교사들의 영향력이 확고해졌고, 그들이 주도하는 개신교의 한국적 번역 작업이 구체화된다. 여기서는 이러한 번역에 의해 개신교의 초석적 제도에 식민성이 추가되었음을 이야기하고자 한다.

'1907년 평양대부흥운동' 을 이해하는 데 있어 가장 먼저 주목할 것은 러 · 일전쟁이다. 청 · 일전쟁의 뼈저린 폭력의 기억을 각인하고 있던 평안도 대중에게 다가온 이 새로운 전쟁의 상황은 극도의 공포와 절망감 바로 그것이었다.

14 역사학자 김기봉은 이것을 '기원의 망상' 이라고 말한다. 김기봉, 『'역사란 무엇인가' 를 넘어서』(서울: 푸른역사, 2000), 173-174.

불과 1년 반이 조금 넘는 기간 동안 러·일 양국군의 사망자 수가 20만 명에 달할 만큼 이 전쟁의 치열함은 상상의 극한치를 보여준다. 하지만 양국 군대의 사망자만으로 전쟁의 혹독함을 상상하는 것은 충분하지 않다. 남의 나라에서 벌인 전쟁이었기에 민간인에 대한 군대 폭력은 상상의 정도를 넘쳤다. 전쟁터였던 중국인 민간인의 피해는 사망자만도 수십만 명에 달할 정도였다. 물론 전쟁의 직접적인 배후지였던 조선 양민의 피해도 못지않았다. 그럼에도 이제까지 러·일전쟁 연구는 청국과 조선국 백성의 고통의 문제를 간과해왔다. 종군 기자들의 기사나 사진 등에서나 간접적인 추정이 가능했을 뿐이다.[15] 하지만 최근 연구에서 민간인 피해의 양상을 해독해낼 수 있는 사료들이 발굴 분석됨으로써 전쟁의 고통에 관한 향후 연구의 길이 열렸다.[16]

아무튼 외국 군대가 자행했던 무자비한 폭력에 직면한 조선 백성이 기대할 수 있는 공시적 보호망은 자국 정부와 군대다. 그러나 당시 조선 정부나 군대는 외국 군대에 유린당하는 백성을 위해 아무런 보호조치도 수행할 수 없었다. 오히려 정부는 '한·일의정서'(1904. 2. 23)를 체결함으로써, 비록 비자발적인 조약이긴 하지만, 일본의 군대 폭력을 법적으로 정당화해준 셈이 되었다. 이것은 대중(민)의 입장에서 '군君-신臣-민民'의 관계에 관한 조선의 공간적(공시적)인 해석체계가 심각하게 훼손

15 김진호, "한국 개신교, 자리찾기와 자리잡기," 『한국종교를 컨설팅하다』(서울: 도서출판 모시는사람들, 2010). 이 글에서는 이러한 제한적 자료들을 찾아냄으로써 전쟁 당시 대중의 고통에 관한 상상을 펴야 했다.

16 차경애, "러일전쟁 당시의 전쟁견문록을 통해서 본 전쟁지역 민중의 삶," 『중국근현대사연구』 제48집 (2010 겨울), 1-30.

되었음을 의미한다.

한편 위기에 직면한 대중에게 또 다른 일상의 보호망은 통시적인 것인데, 망자가 된 조상과 조상의 수호신이 시간 속으로 개입해 들어옴으로써 제공되는 구원이다. 하지만 러 · 일 양국군의 가공할 폭력 앞에서 이것 역시 철저히 무력했다. 하여 '조상-후손'의 관계에 관한 조선의 시간적(통시적)인 해석체계 역시 훼손되지 않을 수 없었다. 요컨대 러 · 일 전쟁을 거치면서 조선 대중이 위기를 해석할 수 있는 안보의 시 · 공간적인 커뮤니케이션 공론장의 구조가 붕괴된 것이다.

이런 상황에서 서북지방, 특히 평양지역에서 많은 이들이 교회로 몰려들었다. 이 지역은 미국 정부와 가장 밀접한 연계망을 갖고 있던 미국 북장로회의 선교 영토였기에 이곳의 교회는 사실상 미국의 영토인 셈이다. 당시 미국에게 있어 조선은 경제적으로나 외교적으로 그다지 중요한 나라가 아니었다. 하여 미국의 관료나 사업가들 중 조선으로 들어온 이들은 극히 일부였다. 반면 미국의 나이아가라 전도대회를 매개로 시카고로 몰려든 근본주의적 개신교 지도자들은 열렬히 아시아 선교를 외쳤고, 특히 조선 선교의 비전을 불러일으켰다. 그 결과 1889~1923년까지 나이아가라 무디 선교집회 출신 해외선교사 818명 중 31명이 조선으로 들어왔다.[17] 이들은 조선에 들어온 미국인 가운데 가장 많은 비중을 차지한다. 하여 조선 주재 미국 공사관의 주요 업무는 선교사들의 활동을 지원하는 데 있다고 해도 과언이 아니었다.[18] 아울러 서북지역에 집중되어

17 이재근, "매코믹 선교사와 한국 장로교회 - 기원과 영향," 『한국기독교역사연구소소식』 95 (2011. 7), 9.

있는 미국 선교사들이 당시 미국에서 가장 강력한 종파인 북장로회 소속이었다는 점을 감안하면, 미국에 대해 비대칭적 관계에 있던 일본이 조선의 개신교, 특히 서북계 개신교 선교사와 그들의 교회에 대해 얼마나 조심스럽게 행동했을지에 대한 추정을 가능하게 한다. 조선이 일본의 식민지가 된 이후 미국의 주일 선교사인 조지 풀턴George Fulton이 평양을 둘러보고 난 뒤 이곳을 '제국 속의 제국' 이라고 표현한 것[19]은 일본에게 있어 미국 기독교의 장소가 일종의 치외법권적 성격을 지니고 있었음을 시사한다. 실제로 그 교회들은 십자가와 함께 성조기를 달아 놓음으로써 일본군이 침입할 수 없는 곳임을 분명히 했다. 하여 교회로 피신해 들어온 대중은 자신과 가족의 안전을 보장받는 데 있어 결정적으로 유리했다.

한데 전쟁이 끝나고, 사람들은 전쟁의 상흔을 몸과 영혼 속에 가득 안고 일상으로 돌아간다. 조선 시대의 공간적이고 시간적인 일상의 보호와 관련된 해석체계가 심각하게 훼손된 채 살아가야 하는 일상이다. 그런

18 류대영, "한말 미국의 대한 정책과 선교사업," 『한국기독교와 역사』 9 (1998. 9), 198. 한편 『미국사학』(*The Journal of American History*) 77 (Jun 1990)의 특집 주제인 '미국 국제관계사 해설' (Explaining the History of American Foreign Relations) 아래 미국 외교사 연구에 관한 일종의 문화사적 시도가 새롭게 모색되었는데, 이후 기독교와 미국의 국제정치에 관한 논의가 본격화되었고, 그중에는 미국 대외정책에서 해외 선교의 역할에 관한 주제도 다루어졌다. 이런 논의들에 따르면, 당시 미국의 국제정치적 정책 형성에서 선교사의 역할이 매우 중요했다. 선교사 가운데는 미국의 특사 역할을 하는 이들이 있었다. 또한 여러 선교사들로부터 보내진 피선교지의 정보는 그 지역에 대한 미국 시민사회의 이미지를 형성하고, 이는 여론으로 번안되어 정치인들에 의해 정책화되었다. 그런 점에서 피선교지인 조선의 교회는 조선의 미국 외교공관이나 다름없었다.

19 안종철, "종교와 국가의례 사이 - 1920~30년대 일본 신도를 둘러싼 조선 내 갈등과 서구인들의 인식," 『한국학연구』 22 (2010. 6), 25-47.

상황에서 도둑질, 간음, 분쟁과 폭력, 살인 등, 상호간 폭력이 난무했다.[20] 붕괴된 커뮤니케이션 공론장은 이렇게 사람들 간의 친밀성을 갈가리 찢어놓았다.

교회 당국은 당황했다. 갑자기 불어난 신자를 감당할 준비도 안 된 이들에게, 그들이 마주한 새 신자들의 심성은 전쟁으로 난도질된 상황이었다. 선교사들을 포함한 교회 당국자들은 그러한 대중의 행위를 그들의 상처 난 경험과 연관시켜 해석할 수 있는 이들이 아니었다. 교회 당국자들은 '근본주의자들'로서, 현실의 경험보다는 근본 원리를 중요시하는 신앙체계에 몰입돼 있는 자들이다. 이 근본 원리란 19세기 말과 20세기 초의 미국 사회에서 유래한 신앙적 해석의 한 양상이다. 그런데 특정 시기의 미국적 경험이 보편화되고 절대화되며, 다른 경험은 부차적인 것, 불필요한 것으로 착시하는 현상, 그것이 근본주의 신앙이었다. 이때 그들이 생각했던 근본적인 것은 종교개혁의 초석적 신앙의 요소였다. 그들은 이것을 그리스도교 신앙의 본래적인 것으로 오인했다. 아무튼 근본주의에 충실했던 선교사들은 러 · 일전쟁의 와중에서 교회로 몰려든 이들, 그리고 그 전쟁의 상흔으로 정신적 · 육체적 파산상태로 내던져진 이들의 행동을 도무지 이해할 수 없었다.

하여 선교사들은, 마을 곳곳에서 사람들의 경험을 살피고 그 기억의 파괴적 잔상들을 조사하는 것이 아니라, 골방으로 들어가 세상과 단절하

20 미국 북감리교 선교회 감독 해리스의 총회 보고서(1908)에는 당시 교회 대중의 상황에 대한 다음과 같은 묘사가 들어 있다. "술주정꾼, 도박꾼, 도적놈, 오입쟁이, 살인, 도박, 광신적 유학자들, 구태의연한 불교 신도들, 수천 명의 잡신을 섬기던 사람들…." 박용규, 『평양대부흥운동』(서울: 생명의말씀사, 2008), 462에서 재인용.

고 열렬히 기도했다. 그리고 공교롭게도 기도하는 중에 이들은 신비 체험을 하게 되고, 그 체험에 동화된 이들이 차츰 기도회에 동참함으로써, 신비 체험의 대열에 들어선 이들은 몸과 영혼을 난도질했던 그 잔혹한 기억을, 그 위태로운 잔상들을 봉합할 수 있게 된다. 이 신비 체험은 전통 종교가 아닌, 이식된 종교의 신적 시간이 현재의 시간으로 개입해 들어옴으로써 탈전통적인 시간적 해석의 문이 개방되는 기억의 사건이다. 새로운 시간적 해석, 탈전통적인 해석의 사건이 위기의 사람들을 안정되게 하고 그러한 안정감을 선사한 교회에 귀속되게 하는 것, 여기까지가 이른바 평양대부흥운동의 제1단계다. 요컨대 선교사들 중심의 기억의 정치가 대중의 기억과 체험을 배제하면서 식민주의적으로 관철되는 새로운 커뮤니케이션 공론장이 구축된 것이다.

이제 교회로 통합된 이들의 기억을 통제하는 권력의 제도화가 구현되는 다음 단계가 이어진다. 즉 선교사 중심의 대안적인 커뮤니케이션 공론장이 그 성공적인 부흥회로 인한 일시적인 담론 현상을 넘어서 일상적인 기억의 장치로 강제되는 과정이 시작된 것이다. 이것이 평양대부흥운동의 제2단계다.

선교사들은 서북지역에서 목사후보생의 양성과 목사 임명에 관한 일체의 권리를 장악하였고, 이것은 교회 대중에게 가르치는 내용에 관한 독점력을 더욱 확고히 했다는 것을 의미한다. 이로써 예배와 성서 공부 등 각종 교회 활동을 통해 선교사적 가르침이 대중에게 이식된다. 이것은 전통적인 기억의 잔흔들을 억제하는 교회의 규율장치가 구축되었음을 뜻한다.

여기서 대부흥운동의 진원지인 장대현교회를 중심으로 방사된 선교사들의 영향망이 매코믹 출신 네트워크의 확대 과정과 맞물려 있다는 점을 주지할 필요가 있다.[21] 시카고의 매코믹 신학대학은 1878년 나이아가라 성서대회 이후 미국 근본주의 신학의 중심지 중 하나로 부상하였고, 특히 이 학교 출신자들이 서북지역의 선교사로 자원하여 세계에서 가장 근본주의적인, 조선의 매코믹 네트워크를 형성한 것이다.

이들은 조선의 신자 대중을 그들 자신의 문화적 토양으로부터 단절시키고자 했다. 하여 대중의 삶을 탈문화적 해석의 지평으로 초대하려 했다. 성서는 그러한 탈문화적인 공간성의 새로운 토양이었다. 이때 그 성서는, 말할 것도 없이, 근본주의적으로 해석된 성서다. 선교사들은 그러한 성서의 독법을 '축자영감의 원칙'으로 규정하였다. '문자 그대로의 해석'이다.

그 문자는 고대 그리스어와 고대 히브리어/아람어로 쓰인 문자지만, 선교사들에게 그것은 영어 문자로 대체된다. 왜냐면 그 해석의 원리인 근본주의는 영어 사용자들의 경험으로 환원되기 때문이다. 이때 영어 사용자들의 경험은 성서 텍스트 속의 주인공들의 경험과 동일시된다. 이러한 기원의 망상은 영어 성서의 원본성을 주장하는 셈이 된다.

조선의 신자 대중은 한글로 번역된 성서를 읽는다. 번역이란 타자의 기억을 내재화하는 과정incarnation, 곧 타자의 것을 자신의 신체 속에 용해시키는 과정이다. 하지만 평양대부흥운동을 거치면서 조선의 신자 대중은 자기들의 경험 밖에서 성서를 읽어야 하며, 타인의 경험을 경유해서만 성서를 읽을 수 있다. 선교사들의 헤게모니하에서 수행되는 근본주

21 이재근, "매코믹 선교사와 한국 장로교회 – 기원과 영향," 9.

의적 신앙화는 영어 문자 속에 내재된 타자의 경험을 기계적으로 수용(이식)하는 것을 복음화로 오인하는 과정에 다름 아닌 것이다. 요컨대 신앙화는 신앙적 재주체화가 아니라 근본주의적 타자화이자 식민화인 셈이다.

이러한 평양대부흥운동의 식민주의적 신앙 양식은 이후 점점 더 확고하게 정착하여, 한국 장로교, 나아가 개신교 일반의 신앙 양식이 되었다. 비록 선교사의 직접적인 검열은 사라졌지만, 근본주의는 신자들의 영혼 속으로 내재화되어 검열 행위를 계속하고 있다. 하여 한국 개신교는 대중의 식민주의적 탈주체화의 종교적 장치이며, 그 장치 안에 포섭된 대중은 식민화된 여러 커뮤니케이션 공론장을 마치 자발적이며 자존적인 것인 양 만들어내고 그 안에서 담론 행위를 수행하고 있다.

4. '뉴-뉴미디어'적 청산 담론과 한국 교회

이상에서 나는 유럽 종교개혁기의 초석적 제도가 1907년 평양대부흥운동을 계기로 하는 식민주의적 변용을 통해 한국 개신교의 신앙제도로 번안되었음을 이야기했다. 구텐베르크 은하계의 형성과 맞물리며 해석의 담지자로 부상한 대중은 개신교의 초석적 제도의 주요 구성 주체가 되었다. 하지만 개신교 교회에서 실질적인 해석 주체는 목사다. 대중은 목사의 시선에 규율됨으로써만 주체가 될 수 있다. 대중은 성서를 읽고 해석하지만, 그 해석의 올바름은 목사의 시선이 대중에게 내면화됨으로써 관철된다. 그런 점에서 개신교에서 교회 대중은 성직자가 대변하는 규범적 질서에 규율된 하위주체에 다름 아니다.

그런데 한국 개신교의 초석적 제도는 신과 교회 대중 사이를 매개하는 '목사의 시선'이 위치하는 자리를 선교사가 차지한다. 이때 '선교사의 눈'은 미국적 근본주의의 눈이기도 하다. 그런 점에서 한국의 교회 대중의 하위주체화는 미국 근본주의적인 기독교의 식민화를 의미한다.

이와 같이 개신교의 초석적 제도가 통제하는 커뮤니케이션 공론장은 '소통의 수직적 일방향성'을 통해 관철된다. 즉 '신 → 교회 대중'으로 표현될 수 있는 비가역적 소통irreversible communication이다. 물론 여기에는 중계자가 개입된다. 목사/성직자/선교사로 표상되는 매개자의 시선이다.

한데 이 매개자의 시선은 거의 모든 그리스도인들의 심성 속으로 내면화된다. 물론 그 과정이 기계적이고 획일적이라고 단언할 수는 없지만, 한국 그리스도교가 전반적으로 근본주의적인 신앙 형태를 가지고 있다는 점은 시선의 주체인 매개자의 관점이 수동적 수용자인 교회 대중에게 과도하게 이식되었음을 뜻한다. 또한 수많은 교파들로 분화되었음에도 교파 간 신앙이 크게 다르지 않은 것은 교파들을 아우르는 거대한 공론장이 '수평적으로 획일화'되었음을 의미한다.

그런데 한국 그리스도교의 수직적 일방향성과 수평적 획일성을 띠는 커뮤니케이션 공론장이 최근 붕괴 조짐을 보이고 있다. 이미 1962년 마샬 맥루한이 자신의 책 『구텐베르크 은하계』에서 획일화되고 선형적인 사고체계를 조직해내는 '구텐베르크 은하계'가 20세기 초 전신telegraph의 등장과 더불어 시작되는 전자미디어에 의한 '새로운 은하계new galaxy'로 대체되고 있다는 것을 말한 바 있다.[22] 또한 월터 옹Walter J.

Ong은 『구술문화와 문자문화』(1982)에서 라디오나 TV 같은 전자미디어의 등장이 구텐베르크 은하계의 문자성을 해체하고 두 번째 구술성의 시대를 도래하게 하는 계기임을 주장하였다.[23] 닐 포스트만Neil Postman도 마찬가지로 '설명의 시대age of exposition'와 '쇼비지니스의 시대age of show business'로 나누어 TV의 등장을 결정적인 전환기로 보았다.[24]

하지만 미디어 상황의 변화와 맞물리는 커뮤니케이션 공론장의 '결정적인' 변화는, 폴 레빈슨Paul Levinson이 말한 '뉴-뉴미디어New New Media'의 등장, 곧 블로그, 유튜브, 위키피디아, 페이스북, 팟캐스트 등의 등장과 맞물려 있다.[25] 이는 일반적으로 인터넷을 기반으로 하여 재구성되는 미디어 상황을 지칭하는 '뉴미디어'와 차별화하기 위한 레빈슨의 개념인데, 뉴미디어가 기존의 인쇄미디어나, TV 같은 전자미디어를 대체하여 새로운 커뮤니케이션 공론장을 창출할 때 기존 미디어의 요소와 갈등하면서도 포함하는 이른바 '잔여residue'의 특성을 지니는 데 반해, 레빈슨의 '뉴-뉴미디어'는 인터넷 미디어의 특성을 극대화하여 기존의 미디어적 요소의 많은 부분을 새롭게 재구성하는 특성을 지닌다는 것이다.[26] 특히 저자와 독자, 발화자와 수용자, 생산자와 소비자의 경계를 기

22 마샬 맥루한, 『구텐베르크 은하계』, 474.

23 월터 옹, 『구술문화와 문자문화』, 이기우 · 임명진 옮김 (서울: 문예출판사, 1995), 11-12.

24 닐 포스트만, 『죽도록 즐기기』 참조.

25 Paul Levinson, "The Long Story about the Short Medium," 『언론정보연구』 48/1 (2011. 2), 11 이하.

26 이동후, "제3구술성 - '뉴 뉴미디어' 시대 말의 현존 및 이용 양식," 『언론정보연구』 47/1 (2010), 56.

반으로 하여 구현되었던 기존의 커뮤니케이션 공론장의 특징과는 달리 뉴-뉴미디어적 커뮤니케이션 공론장은 저자가 독자이며 독자가 저자인 담론의 장, 생산자와 소비자가 융합되는 담론의 장을 구현하면서 작동된다는 점에서, 뉴-뉴미디어의 활성화는 기존의 커뮤니케이션 공론장을 기반으로 하는 제도의 존속에 위기를 초래한다.

최근 한국에서 뉴-뉴미디어적 커뮤니케이션 공론장의 급격한 확산은 대단히 눈부시다. 촛불집회, 황우석 현상, 최근의 나꼼수 현상에 이르기까지 뉴-뉴미디어적 공론장들은 한국 주류사회의 의제 형성 능력을 농락하며 전통적 권위에 대한 존경의 체계를 뿌리부터 뒤흔들어놓았다.

한데 전통적 권위 가운데 지속성이 가장 강하고 도전에 대해 가장 폐쇄적인 대표적 범주에 속하며, 성장주의적인 동시에 식민주의적인 근대의 청산 담론의 표적이 되는 종교는 다름 아닌 개신교다. 그런 점에서 뉴-뉴미디어적 커뮤니케이션 공론장이 개신교를 표적 삼고 있는 것은 자연스런 현상이라 할 수 있다.

가장 치명적인 위상의 실추를 경험한 것은 개신교 성직자의 권위다. 특히 설교는 성직자의 권위를 과대표하는 표상인데, 그것에 대한 사회적 신뢰가 붕괴하였다. 설교는 원초적 육성에서 시작하여, 교회 규모가 일정 정도를 넘어서면 음향미디어인 마이크를 사용하게 되고, 대형화되면 TV 모니터 같은 영상미디어를 활용하게 된다. 나아가 인터넷을 통해 동영상으로 유포되기까지 한다. 또 설교 원고가 주보 형식으로 인쇄되었다가 책으로 출간되기도 하며, 혹은 인터넷을 통해 문서텍스트로 유포되기도 한다. 즉 설교는 한 미디어에서 다른 미디어로 수없이 옮겨 다닌다.

텍스트가 다른 미디어를 통해 매개되는 현상을 볼터Jay David Bolter와 그루신Richard Grusin은 '재매개remediacy' 라고 말했는데, 그 텍스트를 통해 커뮤니케이션하는 이들은 그 텍스트의 본래적 의미를 접하고 있다는 기대를 가지고 있지만(immediacy), 실상은 수없이 다양한 의미로 번안되는 상황에 놓인다는 것이다(hypermediacy).[27] 이것은 미디어를 통해 커뮤니케이션하는 이들은 원본적 진실을 향한 욕망 속에 있지만, 다층적 시선으로 그 텍스트를 재현한다는 것을 뜻한다.

그런데 설교는 일방적인 발화자와 수동적인 수신자를 가정하는 커뮤니케이션 양식이다. 또한 설교는 발화자 자신의 말이 아니라 신의 말이 설교자에 의해 대리된 것이라는 신화적 확신 속에 수행된다. 그렇기에 설교는 확고부동한 위로부터의 배타적 진리를 내포한다. 그것은 마치 성서와도 같다. 특히 근본주의자들의 성서처럼, 일점일획도 가감 첨삭할 수 없는 글과 같다.

하지만 성서의 한 텍스트가 그림이 되고 소설이 되며 영화가 되는, 미디어 이동을 통한 재매개 과정 속에 놓이는 것처럼 설교도 그러한 재매개를 통해 원본적 의미는 신화적 확신으로만 존재하며 실상은 다중적인 의미망 속에 놓인다. 즉 설교자와 청중은 하나의 투명한 진리를 수직적 일방향성과 수평적 획일성을 띠는 커뮤니케이션 공론장 속에서 소통하고 있는 듯이 보이지만, 재매개 과정 속에서 청중은 설교자의 시선으로 텍스트를 읽고 세상을 사는 수동적 주체로만 존재하는 것이 아니다. 청중은 설교자와는 다른 방식의 응시를 통해 적극적인 이해의 주체가 될

27 제이 데이비드 볼터 & 리처드 그루신, 『재매개 - 뉴미디어의 계보학』, 이재현 옮김 (서울: 커뮤니케이션북스, 2006), 제1장 참조.

수 있는 것이다. 재매개 과정은 그러한 가능성 앞에 청중을 놓이게 한다. 하여 외부는 말할 것도 없고, 교회 대중조차도 설교의 수용 과정에서 설교자에 의해 일방적으로 규정되는 존재가 아닌 자율적 주체가 되곤 한다. 즉 교회의 규모가 커지면서 설교가 미디어 사이를 옮겨 다니며 소비되는 과정은 목사의 시선으로 주체화하는 것이 아닌, 다른 방식으로 주체화된 청중을 양산하며, 이것은 목사가 더 이상 수직적 권위의 상징으로만 존속할 수 없음을 의미한다.

더욱이 폴 레빈슨의 뉴-뉴미디어적 현상에 이르면, 커뮤니케이션 공론장은 폭력적으로 설교 텍스트를 해체한다. 그것은 설교의 원본성을 욕망하는 비매개성(immediacy) 자체가 붕괴되고, 종종 텍스트가 패러디되기도 하고 전도되기도 한다(be inverted). 하여 이른바 안티 담론이 소통되는 공론장들이 대두하기도 한다.

이러한 상황은 교회로 하여금 성찰보다는 과잉 반응을 야기하곤 한다. 한기총이나 기독교 뉴라이트의 위악적 말과 행동은 그러한 무성찰의 대표적인 사례다. 하지만 이런 과잉 반응들이 나타날수록 점점 더 한국 교회는 그런 무성찰의 표상처럼 간주되며 교회 안팎에 귀속된 시민사회의 커뮤니케이션 공론장에서 청산의 대상으로 낙인찍히게 된다. 하여 한국 교회는 위기의 악순환 속으로 휘말려들고 있는 것이다.

5. 나오는 말

주류 교회의 위악성으로 인해 시야에서 가려져 있지만 한국 교회의 다른 한편에는 사회의 뉴미디어적 변동이 내포하고 있는 '제도적 성찰성institutional reflexibility'을 통해 자기개혁의 여정에 들어선 이들이 적지 않다. 특히 뉴-뉴미디어의 폭발적 등장은 그러한 성찰의 지평을 극대화 했다. 곧 많은 이들의 생각의 이반이 행동의 이반으로 나타나는 현상이 크게 강화되었다. 가령 수직적인 차원의 영성적 깊이를 탐구하고 수평적 차원의 탈권위적이고 탈중심적인 대화에 대해 열린 신앙을 제도화하려는 다층적 모색이 도처에서 시도되고 있다. 나는 그것을 '작은 교회 운동'과 '타자적 신앙운동'에서 주목하였는데,[28] 크기나 배타적 주체성을 욕망하지 않고 탈중심적이고 타자 중심적인 깊이와 폭을 열망하는 커뮤니케이션 공론장을 구현하려는 신앙적 시도를 가리킨다.

신학적 · 신앙적인 다양한 층위에서, 하나의 연대망 아래서 모색되고 있는 것이 아니라, 서로 별개로 서로 다른 방식의 실험을 통해 다양한 '작은 교회'들이 나타났다. 어떤 것은 제도교회 내에서, 또 어떤 것은 기독교적인 실험적 교회로서, 나아가 어떤 것은 탈기독교적인 신앙적 실험으로서(흩어지는 교회로서), 새로운 시도들이 모색되고 있다. 나는 여기서 뉴-뉴미디어적 맥락에서 거칠게 확산되는 안티 기독교 현상에 직면한 교회가 여전히 사람들에게 의미 있는 공간임을 이야기할 수 있는 가능성을 발견할 수 있다고 믿는다.

28 김진호, "작은 자들의 반란 '작은 종교'의 탄생," 『한겨레21』 880 (2011. 10. 10)과 "그리하여 도래한 신들의 사회," 『한겨레21』 884 (2011. 11. 07). 이 글들에서 한국 교회의 대안적 행위들은 각각 '작은 교회'와 '신앙의 타자성'으로 해석되었다.

소셜 네트워크 서비스 진화의 신학적 함의

전철(한신대학교, 조직신학)

1. 들어가는 말

21세기가 빚어낸 중요한 성과는 소셜 네트워크Social Network라는 새로운 시대정신의 구현이다. 약자로 SNS(Social Network Service)로 사용하기도 하는 소셜 네트워크 서비스는 웹상에서 인적 네트워크와 소통을 긴밀하게 지원해주는 서비스이며 대표적으로 트위터, 페이스북 등이 있다. SNS 환경은 모바일 통신 기술의 급속한 진화 속에서 매우 빠른 속도로 확대되어가고 있으며, 이러한 새로운 존재 양식은 오늘날 현대인의 삶의 소통 방식에 강력한 영향력을 행사하고 있다. 한국 교회 또한 소셜 네트워크 서비스라는 새로운 존재 양식을 나름의 교회적 · 선교적 방식으로 수용하고 체화해 나아가고 있다.

그렇다면 교회의 존재 방식은 무엇일까. 교회는 세계 안에 존재하지만 동시에 세계를 넘어서고, 세계의 갱신을 촉구하는 하나님의 공적 기관이다. 물리적 세계의 본성은 분화differentiation와 발생development을 그 특징으로 한다. 그에 비해 교회의 본성은 이 물리적 세계의 본성을 바탕으로 분화를 넘어서는 현실세계의 통전integration과 수렴convergence을 그 특징으로 한다. 교회는 오늘날 현존하는 물리적 세계와 문화의 본성을 받아 안고 새로운 방식의 세계상을 제공하는 것을 과제로 한다. 이럴 경우 오늘날 이러한 시대정신의 변화를 교회가 진단하고 성찰하는 것은 시대와 호흡하는 교회의 핵심 과제가 된다.

여기에서는 21세기 기술 문명과 문화가 구체화한 중요한 특징인 '소셜 네트워크social network'의 구체적인 층위들을 신학적으로 다양하게 검토하고자 한다. 특히 이 연구는 소셜 네트워크 서비스의 진화가 지닌 신학적 함의를 살펴보고자 한다. 이를 위하여 첫째, 소셜 네트워크 서비스의 핵심을 웹 2.0과 웹 3.0에 대한 유형적 구분을 통하여 시도할 것이다(2). 두 번째, 소셜 네트워크 서비스의 기능과 본질을 간략하게 성찰할 것이다(3). 세 번째 이러한 정보 소통의 기술적 변화를 설명하는 방법론적 고민을 창발성의 존재론의 관점에서 다룰 것이다(4). 네 번째, 소셜 네트워크 서비스의 신학적 분석과 그 의미를 다룰 것이다(5). 마지막으로 소셜 네트워크 미디어가 우리에게 던져주는 신학적인 함의와 전망을 결론으로 제시하고자 한다(6).

2. 웹 2.0시대와 웹 3.0시대

구분	Web 1.0	Web 2.0	Web 3.0
의사소통	일방적	고정된 공간(포털)에서 양방향	자유로움
콘텐츠	콘텐츠 생산 주체가 사용자에게 일방적으로 제공	사용자 스스로 참여	웹 자체가 지능화돼 사용자가 원하는 정보를 제공
검색	검색 엔진 내부에서만 가능	여러 사이트에 있는 자료의 개방(Open API)	사용자 맞춤형 검색

웹 1.0, 2.0, 3.0의 구분은 정보 생산자와 소비자의 관계에서 다음과 같이 이해될 수 있다. 웹 1.0은 인터넷상에서 주체가 정보 콘텐츠를 일방적으로 소비자에게 제공하는 특성을 지닌다. 그러나 웹 2.0은 정보의 일방적 생산자와 소비자의 일방적 관계가 깨지면서 양자가 손쉽게 인터넷을 통하여 공유할 수 있도록 하는 환경을 뜻한다. 이러한 기술은 예를 들어 블로그를 연결해주는 트랙백track back, 블로그의 정보를 한꺼번에 받는 RSS(Really Simple Syndication) 등등을 통하여 구현된다. 웹 3.0은 2.0보다 훨씬 효과적으로 사용자를 향한 디지털 인터페이스를 구현한다. 이러한 웹의 양상에 대하여 넥플릭스의 설립자 리드 헤스팅스는 다음과 같은 정의를 하였다: "웹 1.0은 전화 접속에 5.0K 평균 대역이고, 웹 2.0은 평균 1메가비트의 대역이며 웹 3.0은 언제나 10메가비트의 대역이 될 것이다. 웹 3.0의 대역은 완전한 동영상으로 이루어진 웹이 될 것이며 이것이 바로 웹 3.0의 느낌과 비슷할 것이다."[01]

01 위키백과, "웹 3.0" 참조.

2007년 5월에 열린 서울 디지털 포럼에서 구글의 CEO 에릭 슈미트는 웹 3.0에 대하여 다음과 같이 설명한다: "웹 3.0이 무엇인지 추측할 때, 여러분에게 이는 응용 프로그램을 만드는 다른 방식이라고 말하고 싶다. 웹 3.0이 궁극적으로 함께 결합된 응용 프로그램으로 보일 것이라는 게 나의 추측이다. 수많은 특성이 있다: 응용 프로그램들은 상대적으로 작고 데이터는 그 무리들 안에 있으며 그 응용 프로그램들은 아무 장치나 PC, 휴대 전화를 통해 실행할 수 있다. 응용 프로그램들은 매우 빠르며 사용자 맞춤식으로 이러한 프로그램들을 변경할 수 있다. 게다가 이러한 응용 프로그램들은 바이러스가 전염되는 것처럼 소셜 네트워크, 전자 우편을 통해 배포된다. 가게에 가서 물건을 구입하지 않아도 된다. 우리가 컴퓨팅에서 볼 수 있었던 응용 모델과는 매우 다르다."[02]

3. Social Network Service(SNS)

소셜 네트워크 서비스는 언어적 지역적 한계를 벗어난 글로벌한 소통 및 인맥 형성 시스템이다. 특히 전통적인 통신망이 아니라 인터넷망을 기반으로 하는 네트워크 서비스들은 기존의 전통적인 네트워크 서비스가 보여주고 있는 지역적이며 언어적 한계를 완전히 탈피한 방식을 제공한다. SNS를 통하여 타 문화와 타 언어와 타 국가에 있는 인간과 소식과 정보를 매우 효과적으로, 그리고 매우 빠르게 접할 수 있다. 또 다른 특

02 *Ibid*.

징으로 이 서비스는 한 사용자의 정보 취향을 바탕으로 또 다른 사용자와의 연결고리를 끊임없이 발산적으로 제공해준다는 점에 있다. 즉 서로 만나고 소통해야 할 사람들은 특별히 사용자가 노력하지 않아도 시스템적으로 필연적으로 만나게 해준다는 장점을 효과적으로 지원하고 있다.

이 소셜 네트워크 서비스에서는 현실적인 소통의 복잡성complexity이 완화되고 감축된다. 예를 들어 페이스북에서는 서로가 '친구Friend' 로서 명명된다. 이를 통하여 상호 소통과 대화와 사귐이 최소한 형식적으로는 민주적이며 평등하고 친근하게 이루어지는 측면이 있다. SNS 서비스 자체가 낯선 타자들과의 현실적 관계의 단절을 넘어서서 새로운 방식의 만남과 연결을 지원하는 기술적인 장치가 많이 매복되어 있다. 스승과 제자가, 외국의 대통령과 한국의 시민이 페이스북에서는 친구와의 만남처럼 수평적 관계와 소통과 인격적 교류를 수행할 수 있다. 그렇다면 이러한 소셜 네트워크 현상에 대한 인식론적 분석은 어떻게 가능할까.

4. 정보, 창조, 창발성의 디지털 시대

1) 다자[Many], 일자[One], 창조성[Creativity]

물리적 세계와 문화의 본성을 해명하는 여러 가설들이 존재한다. 그 여러 가설 가운데 오늘날의 현실을 가장 세련된 방식으로 해명한 가설 가운데 하나를 꼽는다면 영국의 수학자와 형이상학자인 알프레드 노스 화이트헤드Alfred North Whitehead(1861-1947)가 제시한 '다자'〔many〕, '일자'〔one〕, '창조성'〔creativity〕의 가설이라고 할 수 있을 것이다. 다자, 일자, 창조성은 화이트헤드의 주저인 『과정과 실재*Process and Reality*』(1929)에서 구상한, 우리의 경험세계를 설명하는 수십 개의 범주 가운데 하나이면서 동시에 모든 범주를 작동하게 하는 '궁극자의 범주the category of the ultimate'의 범주이다.[03] 이것은 존재이기보다는 모든 존재의 생성과 변화와 소멸을 설명하는 진술이며 모든 진술의 근거가 되는 진술로서 기능한다.[04]

요는 우리의 현실세계는 철저하게 다자성disjunction의 세계이며, 이러한 다자성에서 특정한 방식으로 일자적인 가치conjunction가 출현한다고 보는 것이며, 이러한 다자에서 출현한 일자는 어떠한 다자적 지평으로 환원될 수 없는 독특한 가치이기에 전적인 새로움novelty으로 불리는 것들이라고 말한다. 모든 세계는 바로 이러한 다자적 존재 양상 속에서 일자적 새로움이 출현하며 다자에서 일자의 새로운 출현의 과정을 창조적 과정creative process이라고 그는 지적하고 있다. 이 개념은 이후 새롭게 논의되는 창발성 이론theory of emergence과 구조화된 다원주의structural pluralism, 그리고 구성주의constructivism와 이를 기반으로 한 인식론의 주요한 이론적 기초로 기여된다.

03 Alfred North Whitehead, *Process and Reality: An Essay in Cosmology. The Gifford Lectures of the University of Edinburgh*, Corrected edition von David Ray Griffin und Donald W. Sherburne (New York: The Free Press, 1978), 20-22.

04 Chul Chun, *Kreativität und Relativität der Welt beim frühen Whitehead. Alfred North Whiteheads frühe Naturphilosophie (1915-1922)- eine Rekonstruktion* (Neukirchen-Vluyn: Neukirchener Verlag, 2010), 22.

2) 체계, 환경, 아우토포에시스

20세기 중반에 등장하는 창조성의 존재론ontology of creativity 혹은 창발성의 존재론ontology of emergence이 문명의 변화를 진술하는 새로운 방식의 가설들이라고 한다면, 20세기 후반부터는 시스템 이론system theory이 더욱 구체적으로 사회와 인간 인지 시스템의 작동 방식을 조명하고 가설화한다. 그 여러 가설 가운데 하나가 바로 독일의 사회학자이자 시스템 이론가인 니클라스 루만Niklas Luhmann(1927-1998)의 체계이론Systemtheorie이다. 니클라스 루만의 체계이론은 화이트헤드가 독특하게 구상하였던 '사회society' 라는 형이상학적 개념을 인간 삶과 사회의 현실적 지평에 적용하고 확대하여, 경험세계를 설명하는 가설의 영역으로 일반화한다. 그의 이론은 사회체계이론으로 불리며 특히 물리적 세계의 정보 발생의 패턴에 대한 분석의 관점에서 '체계System' 와 '환경Umwelt', 그리고 '아우토포에시스autopoiesis' 라는 세 개념을 제시한다.[05]

체계이론에 따르면 모든 시스템은 그 자체로 환경과의 관계에서 존재하고 생존한다. 여기에서 생존한다는 것은 그저 환경에 의해 수동적인 양상을 반영한다는 차원을 넘어선다. 오히려 체계는 환경과는 무관한 자족성을 지니며, 체계는 환경을 자신의 고유한 방식으로 특정하게 구축하고 체계화시킨다는 것이다. 그렇다면 체계는 어떠한 방식으로 환경을 자기화할 것인가가 문제가 된다. 체계이론에 의하면 모든 체계는 그 자체로서 자신의 내적인 역사에 의거하여 환경을 특정한 방식으로 감축

05 Niklas Luhmann, *Soziale Systeme. Grundriβ einer allgemeine Theorie* (Frankfurt am Mein: Suhrkamp, 1984), 242-248.

Reduktion한다. 즉 체계의 환경에 대한 태도는 감축의 양식이다. 바로 여기에서 체계와 환경의 심연, 그리고 체계의 환경에 대한 자기 생성autopoiesis의 특징이 구현된다. 그렇다면 감축은 어떠한 의미를 지니는가. 감축은 외부의 무한한 정보를 내부의 체계적 완결성에 의거하여 단순히 정보를 특정하게 추상화시킨다는 차원을 넘어서 전적으로 새로운 정보를 체계의 역사에 의거하여 창출해낸다는 것이 우리가 주목해야 할 점이다. 즉 감축은 새로운 정보의 창출과 연결되는 과정이다. 이러한 체계와 개체와 시스템의 자족성과 그를 바탕으로 하여 서로가 각자의 환경을 자기 방식으로 합리화하는 과정은 우리가 오늘 목도하고 있는 다원주의적 존재론과 가치 발현의 급속한 현상을 적절하게 설명한다.

전통적인 방식으로 정보는 특정한 소수의 미디어를 통하여 정보 소비자에게 전달되고 일방적인 생산과 소비의 비대칭적 관계로만 존재하였을 뿐이다. 그것이 웹 1.0의 특징이다. 그러나 이제는 생산과 소비의 비대칭성이 웹이라는 공적 플랫폼의 확보를 통해서 정보의 소비자이면서 또한 정보의 생산자로 병행하여 존재한다. 전통적인 미디어의 존재 양식에 저항하는 개인적 미디어(홈페이지, 블로그)의 확산은 전통적인 웹 1.0의 특징이 현실을 더 이상 반영할 수 없음을 증명한다. 이렇게 웹 2.0은 쌍방향적인 정보의 송수신을 통하여 새로운 층위의 정보 범주를 심화하고 확대하는 기여를 한다. 즉 모든 각자의 개별적 시스템은 그 자체의 정당성을 지니며 환경에 대한 감축/해석의 과정 속에서 각각이 미디어 주체자로서의 역할을 수행한다. 웹 3.0은 각자의 개별적인 정보들을 특정한 방식으로 효과적으로 묶어내는 플랫폼이 교차crossover된다는 점이 웹 2.0과는 다른 독특한 지점이다. 즉 인터넷 블로그의 개별적 정보 생산/

소비 시스템과 이동통신 SMS의 개별적인 정보 생산/소비 시스템의 두 접점을 하나로 융합한 것이 웹 3.0 미디어의 특징이다. 웹과 이동통신〔many〕은 각자의 두 개별적인 범주가 아니라 하나의 체계〔one〕 안에서 세련되게 창조적으로 융합〔creativity〕된다.

5. 소셜 네트워크 서비스 진화의 신학적 함의

소셜 네트워크 서비스(SNS)는 베이트슨Gregory Bateson(1904-1980), 마투라나Humberto R. Maturana(1928-), 바렐라Francisco Varela(1946-2001)의 네트워크 이론에 이미 포착된 것들로 보인다. 단지 그 개념concept이 어떻게 기술technique로 구현될 수 있는가가 문제였을 것이다. 언제나 이론은 기술을 앞선다. 그렇다면 소셜 네트워크 서비스의 신학적 의미는 무엇인가? 이 문제에 대한 신학적 접근의 고리는 소셜 네트워크 서비스에 관한 기술적 이해에 있는 것이 아니라 바로 다음과 같은 것들에 있다. 즉 소셜 네트워크 서비스 시대라는 시스템system과 종교적 가치religious value가 어떻게 연결되어 작동하는가의 문제다. 전자가 에너지의 세계라면 후자는 정보의 세계다. 전자가 사실의 세계라면 후자는 가치의 세계다. 이 둘이 어떻게 서로 작동하는지를 해명하는 것이 SNS 시대에 대한 신학적 성찰의 핵심 실마리일 것이다.

이러한 이유로 여기에서는 첫째, 소위 소통의 관점에서 현실을 이해하는 세 가지 범주, 곧 에너지, 패턴, 정보를 고찰할 것이다. 둘째, 소셜 네트워크 환경의 정치 · 사회적 명함에 대한 고찰을 수행할 것이다. 셋째, 디지털 문명에서의 종교적 감수성의 의미를 성찰할 것이다. 넷째, 소셜 네트워크 환경에서의 교회의 과제를 신학적으로 성찰할 것이다. 마지막으로 이 연구를 정리하며 종합적으로 네 가지 결론을 제시하고자 한다.

1) 에너지, 패턴, 정보

정보 제공과 수용의 관점에서 소셜 네트워크 서비스(SNS)는 정보 생산자와 정보 소비자의 비대칭성을 파괴한다. 페이스북은 내 삶의 사소한 정보가 타자에 의하여 공유되고 급속도로 전파, 확장된다. 나는 타자에게 정보를 제공하고, 타자는 나의 정보를 소비하며, 동시에 나 또한 타자의 정보를 소비한다. 이러한 점에서 적어도 전통적인 정보 생산과 정보 소비의 비대칭적 관계asymmetric relation는 소셜 네트워크 서비스가 제공하는 정보의 긴밀한 그물망 속에서 잠식된다.

그러나 소셜 네트워크 서비스라는 새로운 디지털 환경은 정보 전달과 증폭의 효율성을 극대화한 측면이 있지만 그 서비스 자체가 특정한 정보를 창출하지는 않는다. 이러한 정보 소통의 관점에서 현실을 조명한다면 정보information/패턴pattern/에너지energy라는 세 가지 범주를 우리는 구분할 수 있을 것이다. 소셜 네트워크는 그 자체로 특정한 정보를 생산하는 거점이라고 하기보다는 정보의 효과적인 소통을 가능하게 하는 일종의 '에너지 계energetic system'를 새롭게 구축한 네트워크 패러다임이다.

바로 여기에서 우리는 베이트슨의 통찰을 주목할 필요가 이다. 그는 "양은 패턴을 결정하지 않는다"[06]라는 흥미로운 명제를 제시하였다. 즉 양이 아무리 높은 밀도와 복잡성을 확보한다 하더라도 그것 자체는 패턴의 형성에 영향을 미치거나 특정한 변화를 동반할 수 없다는 것을 베이트슨은 지적하였다. 오히려 역이 가능할 뿐이다. 다시 말하여 아무리 소셜 네트워크 서비스가 새로운 존재 방식으로 우리의 삶에 침투해 들어온다 하더라도 그것은 소위 양의 세계와 관련되지 그것 자체가 패턴과 정보의 영역 자체를 대체할 수 없다는 점을 뜻한다. 특정한 사건에 관한 정보가 엄청난 개체적 그물망을 통하 여 빛의 속도로 '소통' 되어도 그것 자체를 새로운 정보의 근본적 '탄생' 이라고 정의하기는 어렵다. 소셜 네트워크 서비스 안에 우리가 있다고 하여 정보 자체가 새롭게 혁신적으로 형성되지는 않는다. 오히려 이 서비스는 새로운 소통과 정보의 공유와 혁신을 위한 수단으로서 매우 효율적인 장점을 제공한다.

2) 소셜 네트워크 환경의 정치-사회적 명암

요즈음 흔히 회자되는 세대인 '88만원 세대' 만큼 SNS를 격렬하게 사용하는 계급도 없을 것이다. 소셜 네트워크는 분명 젊은이들의 감각과 친화력이 있다. 그러나 세련된 SNS가 88만 원짜리 청춘들의 감옥을 깨는 망치가 될 수 있을까를 우리는 질문해야 할 것이다. 소셜 네트워크를 장악하는 심급의 자본과 권력의 네트워크는 엄연히 존재한다. 시대가 소셜 네트워크 안에서 방랑하지만 그 네트워크를 일정 정도 직조한 계급, 자본, 권력이 있다. 이러한 점에서 정치성의 빛에서 소셜 네트워크가 함의하는 바를 민감하게 검토해야 할 것이다. 만약 SNS가 진정 88만원 세

06 Gregory Bateson, *Geist und Natur. Eine notwendige Einheit* (Frankfurt: Suhrkamp, 1982), 71-72.

대를 억누르는 감옥을 파괴하거나 대적할 수 없다면 SNS는 그 얼마나 슬픈 환영일 것인가. 하물며 아무리 몸부림쳐도 그 감옥은 쉽게 깨질 수 없는 공고한 덫이라는 냉정한 현실을 SNS를 통하여 눈치 채고 오히려 청춘들이 절망한다면, 정말 심각하게 SNS의 미덕이 무엇인지를 고민해 볼 필요가 있다.

중국은 정치체제로서의 공산당과 경제체제로서의 자본주의가 습합되어 있으나 소셜 네트워크는 철저하게 봉쇄하였다. 예를 들어 중국은 페이스북을 통제한다. 즉 중국은 페이스북이라는 정치적 공간을 자국 내에 허용하지 않는다. 많은 정치인들은 그들의 이해관계에 따라서 트위터를 폴리터Politter로 활용한다. 소셜 네트워크 서비스는 중앙 서버 중심에서 개별 클라이언트 중심으로 정보 소통이 활성화되고 정보 마당이 이동된다는 장점이 있다. 개인이 정보 권력을 중심으로 자행되는 정보 독점의 구속에서 벗어날 수 있다는 장점이 어느 정도 있다. 이러한 점에서 소셜 네트워크 서비스는 링컨의 통찰을 잘 관철시킬 수 있는 진보적인 네트워크 환경이다: "한 사람을 오래 속일 수는 있다. 많은 사람을 잠깐 속일 수는 있다. 그러나 많은 사람을 오랫동안 속일 수는 없다."

그러나 사실상 소셜 네트워크 서비스가 구현되는 국내 모바일 통신 환경에 지불하는 개인의 사회적 비용이 오히려 증가되었다는 현실은 우리에게 많은 것을 생각하게 해준다. SNS로 인하여 개인의 '정보구속성'은 극복되었으나 개인의 '경제구속성'은 오히려 더욱 강화된 측면을 우리는 당혹스럽게 대면한다. 소위 소셜 네트워크 서비스 자체는 언제든지 자본과 기업 이익 극대화의 콘텐츠로 악용될 수 있다. 구글은 개별자들 간의 정보를 효과적으로 전달하지만 동시에 개별자의 정보들을 구글에

수집하고 축적한다. 소셜 네트워크는 이러한 점에서 심급 네트워크를 반영하는 유령의 운명과, 심급 네트워크를 해체할 수 있는 창조적 파괴의 운명 사이에서 아직은 방황하고 있다. 오늘날 많은 이들은 소셜 네트워크를 진보와 해방의 물리적 미디어로 진단하곤 한다. SNS는 중동의 민주주의 혁명인 재스민 혁명의 동력이었다. 그러나 SNS를 통한 사생활 노출 및 정보의 복잡한 왜곡으로 인하여 미국의 대학생 클레멘티는 스스로 목숨을 끊었다. 실로 소셜 네트워크 서비스의 정치 · 경제 · 사회적 수행에 관한 분석은 보다 비판적으로 이루어져야 한다.

분명 미디어 그 자체는 메시지다. 소셜 미디어는 소위 정보 집중화와 권력화를 파괴하는 방사적이며 유기적 정보소통의 그물망을 확보한다. 이러한 그물망 속에서 시민사회와 네티즌은 더욱더 정보의 비대칭성을 파괴하고 신속하고 분명하게 권력의 본질을 통찰한다. 그러나 여전히 SNS 미디어 그 자체는 '소극적인' 메시지다. 왜냐하면 궁극적으로 미디어는 '특정한' 메시지의 변환과 전송의 과제를 수행하기 때문이다. 즉 이 지점에서의 핵심 문제는 '어떠한 정보'가 소셜 미디어를 통하여 생산되고 유통되며 소비되느냐는 것이다. 바로 여기에서 신학적 문제 지평이 연결된다. 특히 물리적 세계와 연결되어 있는 핵심적인 로고스logos, 세계의 물리적 질료로 구현되며 세계를 구현해내는 소위 형상과 로고스의 문제를 신학은 고민해왔고 SNS의 환경을 바탕으로 이제 새롭게 고민해야 할 필요가 있다.

3) 디지털 문명과 종교적 감수성

소셜 네트워크 서비스를 통하여 인간과 세계가 서로 그물망처럼 연결되며 발현되는 다양한 사회문화적 가치와 의미는 분명 존재하지만 그 현상에 대한 과잉의 의미 부여는 아직은 섣부르다. 그러나 정작 중요한 질문이 부각된다. 소셜 네트워크 서비스가 사람들 사이의 삶의 공간을 링크하고 중층적으로 묶고 교차하게 하는 환경이라고 한다면, 도대체 이러한 새로운 디지털 환경에서 교회, 기독교적 사유, 종교적 메시지는 어떠한 지위를 차지하는가? 라는 신학적 질문이다. 소위 소셜 네트워크의 디지털 환경은 기독교를 포괄한 종교적 담론 환경과 어디에서 어떻게 정확하게 교차할 수 있는가의 문제다.

유형적으로 이 양자의 관계, 즉 '디지털' 문명과 '고태적' 종교체계를 접목시키는 분석은 다음과 같이 몇 가지 유형으로 열거될 수 있다: (1) 디지털 문명의 변화 앞에서 종교는 그 존재 양식을 새롭게 수정하고 시대에 적응adapt해나가야 한다. (2) 디지털 문명의 변화 앞에서 종교는 그 변화의 방향성을 제시suggest할 수 있어야 한다. (3) 시대의 변화에 대한 민감한 의식만큼 중요한 것은 종교적 메시지의 현실적 구현re-ligare이다.

그러나 실질적으로 이 세 가지 태도는 그렇게 섬세하게 분화될 필요가 없는 종교의 원형적 요소들이다. 적응이 세속화의 태도라면 제시는 구도적 태도이며 종교는 성과 속을 끊임없이 잇대는(re-ligare) 요소이기 때문이다. 오히려 여기에서는 위와 같은 총론의 문제를 다루기보다는 소셜 네트워크 서비스의 변화를 각론적으로 접근하여 신학적 성찰을 수행하고자 한다.

소셜 네트워크 서비스에 의하여 주체는 환경의 정보를 자신만의 고유한 정보그물망을 통하여 포착하고 형성한다. 이는 매우 큰 신학적 도전이다. 소셜 네트워크 서비스가 고립된 개인을 사회적으로 묶어주는 역할을 수행하지만 정보는 철저하게 개인적인 감각의 영역을 통하여 포착된다. 타자와의 리얼한 소통의 자리는 타자에 대한 버추얼한 정보로 교체된다. 타자라는 물리적 존재감은 타자에 대한 기호로 인지된다. 타자에 관한 수많은 정보들은 소셜 네트워크를 통해서 유입되지만, 타자와의 물리적 교감은 개인의 모니터individual window 속에서 디지털 기호로 탈락되고 붕괴된다. 이러한 점에서 소셜 네트워크 시스템은 우리 문명의 그늘이기도 한 소외된 개인의 외로운 존재 양식을 더욱더 가속화할 수 있음을 자각해야 한다.

사실 여기에는 인간의 본성에 대한 매우 민감하고 복잡한 종교적 인간론의 문제가 매복되어 있다. 인간이란 무엇인가? 인간의 정신과 신체의 영역과 결부된 수많은 디지털 정보의 영역을 선명하게 구분할 수 있는가? 분명 신학적 인간론은 휴먼human을 넘어 사이버휴먼cyber-human, 디지털휴먼digital-human의 범주와 어떻게 연관되는지를 절실하게 다룰 필요는 없을 것이다. 그러나 타인의 장기가 장착된 나의 몸을 나라고 자명하게 인식하듯, 수많은 디지털 정보가 나를 구성하여도 그것은 여전히 나로 인식될 수밖에 없을 것이다. 인간은 아날로그적 생명이기도 하지만 생명을 지탱하는 수많은 디지털적인 기계와 함께 더불어 살아간다. 안경, 인공 관절, 인공 심박동기 등등은 우리의 확장된 신체다. 뜨거운 세포와 차가운 기계는 몸이라는 추상적 범주하에서 동일한 지위를 차지한다. 크건 작건 우리의 시대는 사이보그의 시대인 것이다.

특히 소셜 네트워크에 관하여 개인의 삶의 양식을 성찰할 때 생활세계와 정보세계의 긴밀한 융합은 극도로 진화할 것이다. 이러한 현실 속에서 우리는 휴먼 존재 방식과 디지털 존재 양식의 공존과 융합의 현상

속에서 신학적 인간론의 정당성을 더욱더 혼돈스럽게 물을 수밖에 없는 상황을 대면한다. 몸을 지닌 존재의 감각적 소통의 관점에서 소셜 네트워크에 의거하여 생존하는 존재는 몸이 없는 디지털 영혼digital soul처럼 보이지만 인간이 물리적 에너지와 정신적 정보의 결합체라는 관점에서 그들은 디지털 생활세계의 새로운 확장일 수도 있다. 분명 몸의 관점에서 인간을 정의하는 태도와, 정보의 관점에서 인간을 정의하는 태도 사이의 긴장은 쉽게 수그러지지 않을 것이다.

그러나 우리는 흥미로운 경험을 가지고 있다. 20세기 말 디지털 문명의 새로운 도약으로 인하여 인터넷이 출현하였을 때 몇몇 신학자들과 미래학자들은 소위 가상교회cyber church를 필두로 한 디지털 종교 환경에 대해 큰 기대감과 신학적 전망을 쏟아내었다. 그리고 물리적 감각과 정서적 교감을 나누는 종교적 공간은 급속도로 축소될 것이라고 예견했던 것을 기억한다. 그러나 지금 돌이켜보면 이는 디지털 격변에 대한 과잉해석이었다. 오히려 기독교인이 교회의 헌금을 빛의 속도로 디지털 인터넷 뱅킹을 통하여 입금한다 하더라도 모니터 앞에 기쁘게 앉아서 성도들의 교재를 수행하는 것을 선호하는 이는 그리 많지 않을 것이다. 이러한 점에서 종교는 디지털 '정보'에 집중하지 결코 '디지털' 정보에 집중하는 감수성은 아니다. 오히려 디지털 '정보'를 돌파하는 참 생명과 참 휴먼 '정보'를 접한다면 분명 인간의 심원한 종교적이며 심미적인 감수성은 후자를 강하게 선호할 것이다. 디지털의 미덕은 광범위한 소통을 위한 압축, 표준화, 감축이라는 의미가 매복되어 있다는 점이다. 그러므로 심미적 감수성과 종교적 심연이 쉽게 탈각될 수 있는 디지털 세계는 양각의 정보가 있을지언정 음각의 울림이 없을 수 있다. 디지털 세계화로의 증폭과 파고 앞에서도 인간은 그들을 둘러싼 메마른 기호들을 넘어 심미적이며, 종교적 감수성을 오히려 역설적으로 갈망하고 사유할 것이다.

4) 소셜 네트워크 환경과 교회의 과제

첫째, 교회는 '공공적 정보'가 중첩되는 공간이며 공공적 아젠다를 제공해야 하는 공간이다. 교회는 어떠한 특화된 이해관계와 사적인 원리의 한계를 넘어서 존재하는 '공적 조직'이다. 그러므로 적어도 교회는 물리적 세계의 특성이라고 할 수 있는 발생과 발산의 존재 양상을 그 기초로 삼아야 한다. 다시 말하여 교회는 적어도 현실과 인간의 삶의 정보 제공/소비의 과정을 충실하게 기술적으로 지원하고 보완해야 하는 기초적 과제를 망각하지 말아야 한다. 교회는 결코 현실과 사회의 개별적이며 다원적 정보들을 배제한 채 외삽적으로 부여되는 정보를 강요하는 조직이 되어서는 안 된다. 그러므로 교회는 사회와 문화와 교회 공동체의 정보 생산과 정보 소비의 존재 양식을 매우 강력하게 활성화해야 할 과제가 있다.

둘째, 이러한 바탕 위에서 교회는 모든 사회와 문화와 인간의 개별적인 정보의 발산bottom-up을 특정한 방식으로 성찰하고 수렴하여 하나의 공공적 정보를 제공top-down해야 할 과제가 있다. 교회는 21세기 소셜 네트워크 서비스를 통하여 교회의 아젠다를 홍보하는 수단으로 삼는 과정 이전에, 그를 통하여 세상의 흐름을 읽고 세상과 교회 '사이'의 심연을 자각하는 계기로 삼아야 할 것이다. 유감스럽게도 교회는 SNS의 존재 방식을 세계와 문화가 반영된 하나의 현실성으로 인식하지 않고, 교회의 메시지를 홍보하는 수단으로서 '만' 인식하는 경향성이 보인다. SNS가 오늘의 문명에 주는 공공성의 감각, 신뢰, 소통이라는 화두를 오히려 교회가 음미해야 할 필요가 있을 것이다. 분명 종교적 정보는 세계 내의 정보가 아니라 세계 전체를 유인하고 건들지만 세계에 의하여 내재화되지 않는 미증유의 요소다. 그 미증유의 정보를 제공하기 위해서라도, 교회는 세계 안에서 매 순간마다 펼쳐지는 유리알 유희의 사건을 응시해야 할 것이다.

셋째, 신학적으로 기독교적 정보가 어떻게 현실이라는 복잡다단한 네트워크의 그물망을 통해 긴밀하게 소통될 수 있는지를 고민해야 할 것이다. 실로 신학의 핵심 공리는 창조주와 피조물의 존재론적 관계, 로고스와 사르크스의 존재론적 관계의 성찰에 있다. 로고스가 진정 로고스(정보)라면 그것은 우리와 이 땅과 세계를 살리는 생명의 정보이다. 이러한 정보가 일방적인 유통 경로를 거쳐서 거칠게 소비되는 것을 넘어서서 이제는 개인들이 소유한 스마트한 모바일 미디어로 직접 전송되고 전유될 수 있다면 새로운 미디어 존재 방식에 걸맞게 생명의 정보를 효과적으로 전송할 수 있는 문화적이며 기술적인 감각이 요구된다. 수백 년 전에 라틴어 미사가 성당에서 사라졌다면, 이젠 성경책이 교회에서 사라지며 종국에는 모바일 기기의 모니터에 편입되어 구현될 수도 있다. 포스트 디지털 시대의 미디어 진화에 걸맞게 한국 교회는 교회의 정보 소통과 정보 제공의 존재 방식을 혁신적으로 사유하고 고안해야 할 필요가 있다.

6. 결론

(1) 소셜 네트워크 서비스는 물리적 세계의 본성인 분화differentiation와 발생development을 효과적으로 촉진하고 그를 바탕으로 새로운 정보를 창발emergence하도록 촉진하는 미디어이다. 그것은 새로운 정보를 창출하지는 않으나 정보의 효과적인 체현, 공적이며 체계적 차원에서 정보의 질적 의미를 수렴하고 평가하게 하는 미디어다. 소셜 네트워크 미디어 자체가 새로운 메시지인 것이다. 소셜 네트워크 시대가 요구하는 인간론과 삶의 태도는 개방형, 소통형, 사귐의 존재 방식이다. SNS가 자본주의와 기술이 세련되게 결합되어 등장한 정보 집약적인 상품으로 보이기도 한다. 그러나 또 다른 한편으로는 개방성에 의거한 생명의 소통방식과 인간의 감정과 정서의 지속적인 연결, 사귐, 연대의 방식을 아주 세련되게 반영한 미디어로 보이기도 한다.

흥미롭게도 전 세계적으로 선한 일을 수행하는 기관이나 단체가 이 SNS를 적극적으로 활용한다고 한다. 예를 들어 미국 주요 자선단체의 93%가 페이스북을, 87%는 트위터를, 65%는 블로그를 운영하고 있다. 분명 SNS 그 자체는 우리에게 독이 될지 약이 될지를 직접 말해주지는 않는다. 오히려 우리 자신이 SNS를 잘 활용해야 한다. 가면 갈수록 이러한 정보융합 미디어, 1인 미디어, 쌍방향적 소통을 위한 기술혁신의 경향은 더욱 가속화될 것으로 보인다. 기술의 혁신이 창발적 메시지의 산출을 효과적으로 구현한다면 역설적으로 그 메시지는 이제 기술이 통제하는 정치 · 문화 · 사회적 임계점을 넘어서서 전혀 새로운 문명과 정신을 창조할 수도 있다. 창발성의 존재론의 빛에서 볼 때 SNS 기술의 혁명성은 바로 거기에 있다.

(2) 폐쇄적 일원성이 아닌 개방적 다원성에 의거하여 방사형으로 긴밀하게 움직이는 서비스 환경을 교회적으로 어떻게 활용하느냐를 기획하는 것은 매우 기술적인 접근이다. 오히려 오늘날의 환경에서 에너지 · 패턴 · 정보의 규준과 모델에 대한 세심한 신학적 정립을 통하여 도대체 이 시대에서 종교적 메시지가 역동적인 문화현실 속에서 어떠한 의미를 차지하는지를 정확하고 심도 있게 포착해야 한다. 소셜 네트워크 서비스는 교회적이며 신학적 아젠다를 전달하는 수단이 아니라 하나의 내재적이며 자기성찰적인 도전과 질문이라는 자각을 가지고 이 문제를 성찰하는 태도가 필요할 것이다.

(3) 소셜 미디어와 그 감성이 현실을 어떻게 변화시키는지를 주목하는 것이 필요하다. 소셜 미디어는 현재진행형이다. 소셜 네트워크는 그것 자체가 휴먼 감성을 연결하고 제어하는 디지털 기술이다. 문제는 기술이 아니라 휴먼이다. 인간이 그 환경을 어떻게 사용하느냐에 따라 소셜 네트워크 환경의 가치와 의미가 드러난다. 아무리 좋은 환경이 인간에 영향을 미쳐도 인간은 환경을 자신의 방식으로 규율하고 조탁할 수 있다. 소셜 네트워크 개념의 개방성에도 불구하고 그것은 그 배후의 심급 정치/경제 헤게모니의 숙주로 얼마든지 퇴락할 수 있다.

현재 소셜 네트워크는 모든 폐쇄적인 네트워크와 조용하지만 치밀한 내전을 펼치고 있다. 오프라인은 온라인을 가상이라고 비난한다. 온라인은 오프라인을 허위의식이라고 비판한다. 아직 이 둘은 공고하게 어울리지 못한다. 소위 개방성과 소통을 지향하는 SNS 정신과 인프라에 관한 현실적 중층의 구조를 면밀하게 해명할 때에만 소셜 네트워크가 지니는 창발적 소통 담론 메커니즘의 의미와 한계는 더욱 선명하게 드러날 수 있다. 세상의 상태는 변화된다(*status mundi renovabitur*). 그렇다면 소셜 마인드는 궁극적으로는 어디에 서 있는 것일까. 실로 신학의 기술 비판과, 문명 비판, 인간 비판의 과제는 이 상황에서 더욱 절실하게 요구된다.

(4) 그리스도인은 고백한다: "그리스도는 우주적 실존이며 교회는 우주적 공동체이다." 우리가 낯선, 혹은 낯익은 타인의 작은 이야기들을 접하는 것은 그저 쓸모없는 정보를 받아들이는 경험이 아니다. 오히려 나와 너 사이between에 있지만, 우리 사이를 넘어beyond 관통하는 더 큰 마음과 생명에 대한 감수성, 서로 간의 사귐과 대화와 소통을 통하여 우주적 공동체로서 한 몸을 이루고자 하는 흐름에 우리가 편입되어가고 있는 과정이라는 생각도 든다. 테이야르 드 샤르뎅Pierre Teilhard de Chardin (1881-1955)은 의식복잡화의 법칙Law of Complexity-Consciousness을 말하였다. 오늘날의 언어로 바꾸어 표현하자면 물리적 네트워크가 복잡화고 심화될수록 그에 상응하여 우리의 의식과 마음과 정신도 심화될 것이라는 말이다.

이러한 점에서 단지 SNS를 교회 선교의 일방적인 수단이나 도구로 생각하는 것은 소셜 네트워크 서비스가 우리와, 교회와, 신학에게 던져주는 도전에 대한 수동적이고 폐쇄적인 반응일 뿐이다. 오히려 나에게 말 걸어오는 타인의 작은 목소리들, 교회에게 걸어오는 피조세계의 다채로운 소리들, 피조세계의 아픔들, 신음들, 요구들을 민감하게 받아들이는 피조세계의 "창window"으로 이해할 필요가 있다. 1517년 10월 31일 당시 교황청의 면죄부 판매에 반대하여 95개조 반박문을 비텐베르크 성 교회의 문 앞에 붙임으로써 종교개혁의 문명사적 전환점을 마련하였던 마르틴 루터 시대에, 당대의 '소셜 미디어' 인 '인쇄술' 이 없었다면 종교개혁과 개신교의 탄생은 이렇게 전개되지 않았을 수도 있었을 것이다.

(5) 중심이 분화되고 다양성의 파고 속에서 자유롭게 흩어지며 해체되어도 중심성은 남을 것이다. 아무리 정보의 패턴이 다양하게 혼재하고 변화되고 소통되어도 생명의 정보 그 자체는 여전히 유효함과 정당성을 지닐 것이다. 어떠한 시스템의 발산의 존재 방식 안에서도 그 시스템은 거시적으로는 수렴점을 갈망한다. 이러한 갈망은 오늘날에도 마찬가지다. 실로 생명의 정보, 생명의 로고스를 변화하는 21세기 소셜 네트워크 서비스 환경이라는 분화된 세계상 속에서 효과적으로 연결 · 소통시키는 과제, 그것이 우리 교회와 신학의 시대적 과제일 것이다.

(6) 소셜 네트워크 서비스는 인간이 끊임없이 인간을 그리워하며 그를 만나고자 하는 열망의 존재라는 메시지를 세련되게 보여준다. 그리고 이러한 인간의 깊은 열망에 대하여 SNS는 어떻게how 우리가 만날 수 있는가에 대한 기술적 환경을 효과적으로 제공해주었다. 그에 비해 신학은 우리 인간이 도대체 왜why 그리고 무엇을what 만나는지/만나려는지를 진지하게 대답하고 그를 신실하게 전해주어야 할 것이다. 실로 SNS 안에서 일사분란하게 움직이는 "타자에 대한 열망"이 진정 "타자를 위한 존재"로까지 확대될 수 있도록 성찰하고 헌신하고 조력하는 것이 소셜 네트워크 서비스 시대에 우리 신학의 책임적 태도가 될 것이다.

제2부

대중매체와 여성신학

대중매체에 대한 기독교 윤리적 성찰
– 서바이벌 방식의 TV 공개오디션 프로그램을 중심으로

이인경(계명대학교, 교양교육대학 교수)

1. 한국 사회, '서바이벌 오디션 광풍의 시대'를 살다

2011년 5월 현재,[01] 공중파 TV방송과 케이블 TV방송을 망라하여 진행되고 있는 서바이벌 방식의 공개오디션 프로그램이 세간의 이목을 집중시키고 있다. 한국 사회는 가히 '서바이벌 오디션 광풍의 시대'[02]를 살고 있다 하겠다. 월요일 아침, 직장인들과 학생들 사이에 단연 최고의 화젯거리는 지난 주말에 있었던 각종 TV 오디션 프로그램이다. 필자의 지인 중 한 사람은 "금요일 밤 〈위대한 탄생〉으로 시작하여, 토요일 밤 〈오

01 이 글은 한국여성신학회 정기학술제(2011년 5월 28일)에서 발표한 것을 수정 · 보완하였기에, 기준 시점이 2011년 5월이다. 참고로 이 글의 수정 · 보완 시점은 2012년 1월이다.
02 정여울, "오디션의 시대… '자기내면'을 돌아보자," 〈한겨레신문〉(2011. 3. 19).

페라스타〉를 거쳐, 일요일 밤 〈나는 가수다〉로 마무리하는 것이 주말의 큰 즐거움"이라고 말할 정도다. 인터넷 포털사이트의 검색어 상위 순위를 장식하는 것도 이들 프로그램과 관련된 것들이다. 이른바 '쏠림'과 '소용돌이' 현상이라 하겠다.[03] 강준만에 따르면, 이 현상은 한국 사회가 '대중매체 사회'[04]라는 것과 한국 대중매체의 수용자가 중앙 집중적이고 동질적이라는 것을 시사한다.[05]

필자는 한국 사회를 '대중매체 사회'라고 진단한 강준만의 주장을 매우 설득력 있다고 생각한다. 강준만의 표현대로 한국 사회는 "대중매체가 사회 진로와 대중의 일상적 삶에 큰 영향을 미치는" 사회이기 때문이다. '대중매체 사회'에서 대중매체는 여러 가지 기능을 수행함으로써 사회에 많은 영향을 미치고 있다. 대중매체의 기능은 대체로 다섯 가지로 요약된다.[06] 첫째, 환경 감시 기능이다. 대중매체는 사회 각 부문의 정보를 제공함으로써 사회 구성원들로 하여금 자신들의 환경을 감시하고 위험에 대처하여 생존하도록 돕는다. 그러나 그 정보가 허위 정보, 조작된 정보일 경우에는 사람들을 기만하기도 하고, 무의미하고 무익한 정보일 경우에는 사람들의 시간을 빼앗으며, 과도한 양의 정보는 오히려 세상사에 무관심하게 만들기도 한다. 둘째, 사회적 조정 기능이다. 대중매체는

03 강준만, 『대중매체 이론과 사상(개정판)』(서울: 개마고원, 2009), 6.

04 '대중매체 사회'란 "대중매체가 사회 진로와 대중의 일상적 삶에 큰 영향을 미치는" 사회라는 뜻이다. 강준만은 한국 사회를 세계에서 독보적인 '대중매체 사회'라고 진단한다. 강준만, 위의 책, 6.

05 강준만, 위의 책, 6-7.

06 이효성, "현대 사회와 대중 매체," 강상현 · 채백 엮음, 『대중 매체의 이해와 활용』(서울: 한나래, 1993), 43-45; 강준만, 『대중매체 이론과 사상(개정판)』, 34-35.

사건과 정보를 설명하고 해석하며 평가함으로써 사회적 조정 역할을 한다. 이를 통해 합의를 도출하고 여론을 형성하며 갈등을 해소한다. 그러나 강자를 위한 여론 조작의 가능성이 있기에 기존 질서에 대한 비판보다는 그것을 유지, 강화하기도 한다. 셋째, 사회적 유산 전수 기능이다. 대중매체는 교육 또는 사회화를 통해 사회의 전통과 규범 같은 사회적 유산을 전수한다. 이러한 기능은 사회 공동체의 통합에 기여하는 반면, 문화적 다양성과 창의성을 저해하고 사회적 악습을 존속케 한다. 넷째, 오락 기능이다. 대중매체는 오락을 제공함으로써 대중의 유쾌한 삶에 기여하는 반면, 대중들로 하여금 현실을 도피하게 만든다. 다섯째, 동원 기능이다. 대중매체는 어떤 국가적 이익에 기여하거나 특정한 사회적 가치와 행동 유형을 택하도록 사람들에게 촉구하는 동원 기능을 수행한다. 이러한 기능은 대중매체가 아니었으면 할 수 없는 큰일을 하게 하는 반면, 독재정권 유지와 같은 부당한 목적에 이용되기도 한다.

한편, 한국 대중매체의 수용자가 중앙 집중적이고 동질적이라는 강준만의 평가는, 다른 TV 프로그램은 차치하고 서바이벌 방식의 TV 공개오디션 프로그램만을 놓고 보더라도 반론의 여지가 있다. 방송사들은 성공한 프로그램을 경쟁적으로 모방하고 유사 프로그램을 동일 시간대에 배치함으로써, 시청자들에게 선택권을 거의 주지 않기 때문이다. 그러므로 한국 대중매체의 수용자가 중앙 집중적이고 동질적이라는 강준만의 지적은, 방송사의 안이한 프로그램 제작 관행보다는 시청자의 수용 태도를 비난하는 뉘앙스를 풍긴다는 점에서 정당하지 못하다.

필자는 '대중매체 사회'인 한국 사회에서 돌풍 또는 광풍을 일으키고 있는 서바이벌 방식의 TV 공개오디션 프로그램에 주목하여 이에 대해 윤리적 성찰을 하고자 한다. 이 글은 다음과 같은 두 가지 주된 작업으로 구성된다. 첫째, 서바이벌 방식의 TV 공개오디션 프로그램이 명시적으로 표방하는 가치와 내재된 가치에 대해 윤리적 분석을 할 것이다. 둘째, 시청자 참여 과정과 결과의 함의를 윤리적 관점에서 읽어낼 것이다. 필자가 분석 대상으로 삼은 프로그램은 〈슈퍼스타케이2〉,[07] 〈스타오디션 위대한 탄생 시즌1〉,[08] 〈나는 가수다〉,[09] 〈오페라스타〉,[10] 〈프로젝트 런웨이 코리아 시즌3〉,[11] 〈아나운서 공개채용 신입사원〉[12]이다. 그중에서도 특히 〈슈퍼스타케이2〉와 〈스타오디션 위대한 탄생 시즌1〉을 중점적으로 다룰 것이다. 이 프로그램들을 선정한 이유는, 〈슈퍼스타케이2〉 이전에도 서바이벌 방식의 오디션 프로그램이 없었던 건 아니지만, 이 프로그램들이 〈슈퍼스타케이2〉 이후에 급격하게 신설되거나 강화되었으며 한국 사회가 '대중매체 사회'라는 것을 더욱더 부각시켰기 때문이다. 각 프로그램은 분야, 출전자/출연자, 심사 방식 등의 차이가 있지만, 서바이벌 방식을 채택한다는 공통점이 있다.

07 Mnet TV(2010. 7. 23 - 2010. 10. 22 종영)
08 MBC TV(2010. 11. 5 - 2011. 6. 3 종영)
09 MBC TV(2011. 3. 6 - 2012. 1월 현재)
10 tvN(2011. 3. 26 - 2011. 5. 7 종영)
11 On Style(2011. 1. 29 - 2011. 4. 16 종영)
12 MBC TV(2011. 3. 6 - 2011. 6. 26 종영)

2. 서바이벌 오디션 프로그램, '공정성으로서의 정의'를 말하다!?

〈슈퍼스타케이2〉의 성공은 '오디션 신드롬'[13]을 불러일으켰다고 해도 과언이 아니다. 〈슈퍼스타케이2〉 이후, 공중파 방송과 케이블 방송을 막론하고 앞 다투어 서바이벌 방식의 오디션 프로그램을 신설 또는 강화하고 있기 때문이다. 경쟁 방송사가 새 프로그램 틀을 개발하여 인기를 끌었을 때 그에 대처하는 최선의 방법은 그 틀보다 더 좋은 틀을 개발하여 방송하는 것이지만, 많은 시간과 노력이 필요할 뿐만 아니라 성공 확률도 그리 높지 않다고 한다. 대중문화에는 나름의 유행 주기가 있어서 새 아이템이 기존 아이템의 인기를 단기간에 앞지를 수 없기 때문이다. 이때 최선의 선택은 경쟁 방송사의 기본 틀을 모방하여 유사한 프로그램을 제작 방영함으로써 경쟁 방송사가 누리고 있는 선발 주자로서의 이점을 최대한 중화시키는 것이라고 한다.[14]

이 서바이벌 오디션 프로그램들 중 〈슈퍼스타케이2〉, 〈스타오디션 위대한 탄생 시즌1〉, 〈프로젝트 런웨이 코리아 시즌3〉, 〈아나운서 공개채용 신입사원〉은 상업주의와 기성 틀에 물들지 않은 '원석'을 발굴하겠다는 기획 의도를 공통으로 내어놓는다. 〈나는 가수다〉와 〈오페라스타〉는 가창력이 뛰어난 소위 실력파 기성 가수들에게 색다른 미션을 부여하고 수행하도록 함으로써 아이돌 가수 일색인 대중가요계에 새바람을 불러

13 강혜란, "서바이벌 오디션 프로그램," http://article.joinsmsn.com/news/article/article.asp?total_id=5167972

14 정준영, 『텔레비전 보기 - 시청에서 비평으로』(서울: 책세상, 2005), 114.

일으키겠다는 기획 의도를 내세운다.

이러한 기획 의도하에 이 프로그램들은 시청자의 '참여'를 통한 '공정성'을 주된 가치로 표방한다. 신인가수 공개오디션 프로그램인 〈슈퍼스타케이2〉와 〈스타오디션 위대한 탄생 시즌1〉은, 전문가로 구성된 심사위원뿐만 아니라 시청자들도 심사 과정에 참여하도록 하였으며, 시청자들의 심사 점수 반영 비율을 전문가 심사보다 월등하게 높게 책정함으로써,[15] 시청자들의 적극적인 참여를 이끌어내었다.[16] 〈나는 가수다〉와 〈오페라스타〉는 기성가수들이 출연하여 미션 수행을 통해 경연을 펼치는 프로그램으로서, 심사 방식이 〈슈퍼스타케이2〉와 〈스타오디션 위대한 탄생 시즌1〉과 다르지만[17] 시청자 참여 방식을 채택한다는 공통점이 있다. 신인 패션디자이너 선발 프로그램인 〈프로젝트 런웨이 코리아 시즌3〉과 MBC 아나운서 공개채용 프로그램인 〈신입사원〉은 각각 패션업계 전문가와 방송계 전문가로 이루어진 심사위원들의 평가만을 통해 당락이 결정되는 심사 방식을 채택한다는 점에서 앞에 언급한 4개의 프로그램과 다르지만, 프로그램 홈페이지에 시청자로 하여금 예상 우승자 후보

15 〈슈퍼스타케이2〉의 경우 사전 인터넷 투표(10%)와 대국민 문자 투표(60%)를 합하면 시청자 심사 반영 비율이 무려 70%이고, 〈스타오디션 위대한 탄생 시즌1〉도 대국민 문자 투표로만 이루어지는 시청자 심사의 반영 비율이 〈슈퍼스타케이2〉와 마찬가지로 70%이다.

16 이에 대해 "쌍방향 미디어를 실현"했다고 평가한다. 강혜란, "서바이벌 오디션 프로그램".

17 〈나는 가수다〉에서는 세대별 100명씩으로 구성된 500명의 현장 청중평가단의 심사를 통해 최하위를 차지한 가수는 탈락하고 그를 대신해 새로운 가수가 합류한다. 시청자는 문자 투표를 통해 1위 가수를 맞힐 수 있다. 〈오페라스타〉는 100% 대국민 문자 투표로 탈락자와 우승자가 결정된다. 전문가 심사위원이 있기는 하지만 그들의 역할은 심사평을 하는 것이며 최하위 동점자가 발생할 경우에만 당락 결정을 내릴 뿐이다.

를 선택할 수 있게 하는 참여 방식을 두고 있다. 그리고 그 참여 결과를 기초로 하여 시청자들의 관심을 받는 출전자/출연자를 중심으로 편집한 선별적 영상을 보여준다.[18]

이렇듯 이 프로그램들은 어떤 형태로든 시청자의 '참여' 라는 방식을 채택하여, 그것을 심사 결과에 전폭적으로 반영하거나 영상 편집에 적용함으로써, 제한적이나마 '참여' 를 실현하고 있다. '제한적' 이라는 표현을 쓴 이유는, 비록 이 프로그램들이 '대국민 문자 투표' 또는 '위대한 국민 문자 투표' 라는 표현을 사용했지만 시청자 참여가 특정 연령층에 편중되어 있다는 점[19]과 시청자의 현실세계가 아닌 가상세계에의 참여에 한정된다는 점 때문이다. 시청자 참여가 특정 세대에 편중되어 있다는 점[20]은 이들 프로그램이 내세운 '공정성' 이라는 가치를 약화시킨다. 공정성은 정의justice를 개념화하고 정의 담론을 전개하는 데에 중요하게 다루어지는 구성 원리 중 하나다.[21] 이 프로그램들이 절차와 과정의 공

18 비록 이 프로그램들이 '리얼리티 쇼' 라는 장르에 속하지만, 모든 출전자/출연자들의 리얼한 모습을 보여주지는 않는다. TV는 "현실을 방영하지 않는" "하나의 인위적 구성물"이기 때문이다. 정준영, 36.

19 한 인터넷 자료에 의하면, 〈슈퍼스타케이2〉의 대국민 문자 투표 참여자의 연령별 비율은 10대 60%, 20대 30%, 30대 이상 10%라고 한다. 또한 〈오페라스타〉의 출연자 중의 한 사람인 문희옥은 자신의 팬들이 문자 투표에 익숙하지 않은 연령층이어서 문자 투표 방식이 자신에게 불리하고 공평하지 못하다는 것을 에둘러 표현한 바 있다.

20 〈나는 가수다〉는 세대별 100명씩으로 구성된 500명의 현장 청중평가단의 심사 방식을 채택하기에, 이런 비판의 대상에서 제외된다.

21 장동진은 '공평성' 과 '공동선' 을 정의 담론 구성의 두 가지 실체적 원리로 간주한다. '공평성' 은 다시 '절차적 공평성' 과 '결과적 공평성' 으로 나누어진다. '공정성으로서의 정의' 는 '절차적 공평성' 의 영역에 속한다. 장동진, 『현대자유주의 정치철학의 이해』(서울: 동명사, 2001), 228-230.

정성을 강조하지만, 참여의 구체적 방법이 주로 문자 투표와 인터넷 투표이기에 이러한 방법에 익숙하지 못한 시청자는 참여가 제한적일 수밖에 없다. 즉, 문자 투표와 인터넷 투표의 집계 과정과 절차 자체에는 문제가 없을지 모르겠으나, 그 방법 자체가 공정하지 못하다는 것이다.[22] 그럼에도 불구하고, 이 프로그램들은 투표의 집계 과정과 절차의 공정성을 표방함으로써 암묵적으로 정의를 말한다. 즉, '공정성으로서의 정의'를 말하는 것이다. 공정성으로서의 정의가 실현되지 못하는 현실세계의 갈증을 마치 이 프로그램을 통해 해소시켜줄 듯이.

또한 그 정의는 '서바이벌 방식' 으로 인해 빛이 바랜다. 서바이벌 방식은 신자유주의의 무한경쟁 논리를 가감 없이 재현한다. '일등만 기억하는 더러운 세상' 을 반영한다. 서바이벌 방식이라는 원천적인 한계를 지닌 틀 내에서 이루어지는 과정과 절차의 공정성만을 강조하는 정의는, 반쪽짜리 정의일 뿐이다. 앞에서 언급했듯이, '공정성으로서의 정의' 는, 정의 담론을 구성하는 실체적 원리인 '공평성' 과 연관되며 공평성 중에서도 '절차적 공평성' 의 영역에 속한다. 과정과 절차의 공정성을 강조하는 공정성으로서의 정의는 공평성의 또 다른 영역인 '결과적 공평성' 과 조화를 이룰 때 비로소 온전한 정의라 할 것이다. 결과적 공평성은 특정 가치의 분배 결과가 공평한지를 다루는 영역인데, 비록 분배 결과가 불평등하다 할지라도 이 불평등이 합리적 원칙과 그 원칙의 공정한 시행의 결과라면 정당화될 수 있다.[23] 그러나 서바이벌 오디션 프로그램들은 분

22 장동진, 『현대자유주의 정치철학의 이해』, 230.
23 장동진, 『현대자유주의 정치철학의 이해』, 232.

배 결과도 불평등할 뿐만 아니라 원칙도 불합리하며 그 원칙의 시행도 공정하지 않기 때문에, 결과적 공평성을 충족시키지 못한다.

서바이벌 방식은 전형적인 '승자독식구조'[24]에 다름 아니다. 그런데도 이 프로그램들은 서바이벌 방식의 비정함을 희석시키기 위해 '휴머니티'라는 양념을 가미한다. 출전자/출연자들 간의 휴머니티를 부각시킴으로써 시청자로 하여금 서바이벌 프로그램임을 망각하게 만든다. 서바이벌 방식임에도 불구하고, 출전자/출연자들이 승부욕을 노골적으로 드러내는 것을 부정적으로 비춘다. 어쩌면 서바이벌 방식은 시청자들에게 익숙한 방식일지도 모르겠다. 무한경쟁을 부추기는 신자유주의를 비판하지만 이미 무한경쟁 논리는 우리 시대의 주된 풍조가 되어버렸기 때문이다. TV는 한 사회의 문화에서 가장 중심적인 것을 반영한다. TV는 우리 사회의 가장 핵심적인 가치 체계를 반영하여 제작한 프로그램을 방영한다.[25] 그렇기에 우리 시대, 우리 사회의 주된 가치인 무한경쟁 논리를 반영한 서바이벌 프로그램이 시청자들에게 낯설지 않았던 것이다.

이 프로그램들의 기본 포맷이 서바이벌임에도 불구하고 그 방식 자체에 대한 부정적인 비판은 거의 없는 것으로 보인다.[26] 그보다는 그 틀 안

24 〈슈퍼스타케이2〉의 경우 우승자에게 2억 원의 상금과 QM5 차량 1대를 부상으로 주었으며, 〈스타오디션 위대한 탄생 시즌1〉의 경우 우승자에게는 상금 3억 원과 부상으로 K7 차량 1대를, 준우승자에게는 부상으로 K5 차량 1대를 주었다.

25 정준영, 『텔레비전 보기 - 시청에서 비평으로』, 41, 49.

26 오히려 최창민은 "이 방식의 특징은 객관적이고 공정한 방식의 경쟁을 통해 '가치 있는 어떤 것'을 이끌어내는 것이다"라는 긍정적인 평가를 내린다. 최창민, "진부함을 넘어 살가운 상상력으로 돌파하라," http://www.igoodnews.net/news/articleView.html?idxno=30781(2011. 5. 20); 임영주는 "바라기는, 이 프로그램들이 심사의 공정성을 굳건히 지켰으면 좋겠다는 것이다. 그렇기에 심사단은 엄정한 기준을 가지고 있어야 하며,

에서의 룰을 지키지 않았다는 이유로 논란이 야기된다.[27] 이러한 상황을 어떻게 해석할 수 있을까? 서동진에 따르면, 무한경쟁 논리를 강요하는 신자유주의라 하더라도 변화된 자본주의 사회에서 자신을 보완할 윤리로 '정의의 윤리'를 말한다고 한다. 이러한 윤리를 대표하는 것으로 '감사audit 사회'를 꼽을 수 있는데, 감사 사회란 "단적으로 책무성accountability이라는 윤리적 규범을 통해 개인이나 기업, 공공부문 혹은 사회운동 단체에 이르는 다양한 행위자들의 행동방식 혹은 행태conduct를 관찰·측정·평가하고 그 결과에 기반하여 그들을 규제하고 관리하는 것이다." '감사'란, "책무성이라는 윤리를 따르면서 수행되는 실천"이다. 이때 '책무성'이란 사회의 어떤 직업을 가진 사람이든 "자신의 행위를 과연 공정한가, 형평성이 있는가, 투명한가와 같은 다양한 정의의 규범에 따라 스스로 되돌아보고 평가하며 점검하는 것"을 의미한다.[28] 요컨

시청자 참여 투표는 단순한 인기투표를 넘어서서 실력에 대한 평가를 담보해야 한다"라며 서바이벌 방식 내에서의 공정성을 주문한다. 임영주, "다시보기 - TV 〈위대한 탄생〉 외," 『새가정』(2011. 6); 한편 김원태는 "나날이 도가 심해져 가는 무한경쟁과 줄 세우기가 방송 프로그램에까지 반영돼 탈락자와 패배자를 비참하게 만들기보다는 연민의 정을 느끼게 하는 프로그램이 되었으면 한다. 살벌한 오디션 프로그램이 살인적 경쟁을 멈추고 진정성을 회복하기를 진심으로 바라마지 않는다"라며 서바이벌 방식을 부정적으로 평가하는 듯하지만, 실은 그 방식 자체에 대한 비판이라기보다는 인간적인 운영의 묘를 발휘해달라는 요구를 할 뿐이다. 김원태, "비정한 오디션 프로그램들," 〈한겨레신문〉(2011. 5. 14).

27 〈나는 가수다〉의 경우, 7명의 출연자 중 최하위를 한 가수를 탈락시킨다는 룰을 김건모에게 적용하지 않았다는 이유로 시청자들의 항의가 빗발치고 논란이 일자, 방송이 일정 기간 중단되었으며 담당 피디가 교체되기까지 하였다.

28 서동진, "이 윤리적인 사회를 보라: 신자유주의적 윤리로서의 정의," 이택광 외 10명, 『무엇이 정의인가? - 한국 사회, 〈정의란 무엇인가〉에 답하다』(서울: 마티, 2011), 296-299.

대, 〈나는 가수다〉를 포함한 서바이벌 오디션 프로그램들은 신자유주의의 무한경쟁 논리를 반영한 서바이벌 방식을 채택했음에도 불구하고, '공정성', '형평성', '투명성'이라는 정의의 규범에 따라 프로그램 자체를 평가하고 점검함으로써 '감사'하겠다고 했던 것이다. 즉, '신자유주의적 윤리로서의 정의'[29]를 말했던 것이다.

3. 서바이벌 오디션 프로그램의 시청자, 새로운 세상을 꿈꾸다!?

'참여'는 '쿨 미디어'에 속하는 TV의 특징을 반영한다. 마샬 맥루한 Marshall McLuhan에 따르면, 미디어는 '핫 미디어'와 '쿨 미디어'로 분류된다.[30] 핫 미디어는 '고선명도'와 '저참여'의 특징을 가지며, 쿨 미디어는 '저선명도'와 '고참여'라는 특징을 띤다. '선명도'란 어떤 메시지의 정보가 분명한 정도를 의미하며, '참여'는 수용자의 개입 정도를 뜻한다. 그러므로 쿨 미디어에 해당하는 TV는 선명도가 떨어지기에 수용자가 개입할 여지가 높다고 하겠다.[31] TV의 수용자인 시청자의 취향이 프

29 서동진, "이 윤리적인 사회를 보라," 287-309.

30 마샬 맥루한, 『미디어의 이해 - 인간의 확장』, 박정규 옮김 (서울: 커뮤니케이션북스, 1997), 47-62.

31 이러한 분류에 따르면 TV는 쿨 미디어이지만, 정준영에 의하면 이 글에서 다루고 있는 TV 프로그램들은 예능 프로그램이라는 장르에 속하므로 핫 미디어로 분류된다. 보도 프로그램은 시청자들의 많은 참여를 요구하는 쿨 미디어에 해당하는 반면, 자체 완결적인 구조를 지닌 드라마와 예능 프로그램은 시청자가 가만히 보고 있기만 해도 모든 것을 이

로그램 제작 과정에서 고려되고, 프로그램의 내용과 구조가 시청자의 요구에 의해 변경되는 것이 그 예가 될 수 있다.[32]

서바이벌 오디션 프로그램의 시청자 심사에 가장 적극적으로 참여한 연령층은, 입시 경쟁과 취업 전쟁의 형태로 무한경쟁을 가장 직접적으로 요구받는 10대와 20대다. 그들은 잠재적 '88만원 세대'[33]와 현재의 '88만원 세대'라고 불리며, 자신들이 동의했건 동의하지 않았건 서바이벌 구조에 가장 익숙한 세대라고 평가된다.[34] 또한 전자 매체 친화적인 그들은 이 프로그램들이 시청자 참여 방식으로 사용한 문자 투표와 인터넷 투표에 익숙하다. 이런 요인들이 10대와 20대를 이 프로그램들의 가장 열렬한 시청자와 참여자가 되도록 하였다고 볼 수 있다.

이러한 10대와 20대 시청자가 참여하여 나온 결과를 놓고 볼 때 주목할 점은, 비록 이 프로그램들, 특히 〈슈퍼스타케이2〉와 〈스타오디션 위대한 탄생 시즌1〉이 서바이벌 경쟁을 통해 최후의 우승자 1인을 가려내지만 단지 가창력이라는 실력만으로 순위가 결정되지 않았다는 점이다. 프로그램 제작자의 치밀한 기획 의도(서바이벌 방식의 냉혹함을 희석시키기 위한)에 따라 출연자의 출신 배경, 가족 관계, 직업/신분 등이 공개되면

해시키기 때문에 핫 미디어라는 것이다. 정준영, 119.

32 "그러나 시청자의 선택이 작용하는 것은 거기까지일 뿐이다. 어떤 유형의 프로그램이 어떤 시각에서 어떤 시간대에 방영될지에 대해 시청자들은 아무런 영향력을 미치지 못하는 위치에 있다." 정준영, 144.

33 우석훈 · 박권일, 『88만원 세대』(서울: 레디앙, 2007). '88만원 세대'란, 꾸준히 일할 수 없는 비정규직으로 평균임금 액수도 88만 원에 불과해서 안정된 삶을 살 수 없는 청년 노동자들의 현실을 비판한 말이다.

34 강혜란, "서바이벌 오디션 프로그램".

서, 시청자들은 단지 노래 실력[35]만으로 출연자들을 평가하지 않았다. 비주얼한 요소에 따른 호감도가 순위에 영향을 미치기는 했지만, 〈슈퍼스타케이2〉와 〈스타오디션 위대한 탄생 시즌1〉의 경우 흥미로운 현상이 나타났다. 〈슈퍼스타케이2〉의 시청자들은, 비주얼도 괜찮고 남들이 부러워할 만한 스펙까지 갖춘 소위 '엄친아' 존박이 아니라 환풍기 수리공이며 평탄치 못한 가정환경 출신인데다가 비주얼도 별로라고 평가되는 허각을 우승자로 선택했다. 〈스타오디션 위대한 탄생 시즌1〉에서도 시청자들은 소위 '엄친딸'/'엄친아'에 해당하는 출연자들보다는 내세울 스펙도 별로 없고 가정형편도 어려운 백청강과 손진영을 선호했다.[36]

이 결과를 어떻게 보아야 할까? 두 가지 해석이 가능하다. 첫째, '이웃 효과neighbors effect 내면화'[37] 현상으로 해석할 수 있다. '이웃 효과'라는 말은 본래 윌리엄 번스타인William Bernstein이 명명한 개념으로서 "부를 지각하는 상대적 본성"을 뜻하는데,[38] 필자는 이 개념을 '이웃과 비교하는 사회적 본성'이라는 의미로 사용하고자 한다. 강준만은 이웃 효과를 '비교강박증'이라고 본다. 강준만에 따르면, 한국과 같은 고밀집 사회는 사회 구성원들로 하여금 이웃과의 비교를 강요하여 '집단적 강박과 굴레'에 얽매이게 한다며, 그 대표적인 예로 '엄친아'(엄마 친구 아들), '엄친딸'(엄마 친구 딸), '아친남'(아내 친구 남편), '딸친아'(딸 친구 아

35 결승 무대에 진출한 출연자들은 이미 예심을 통해 일정 수준의 가창력을 인정받은 상태였다.

36 이런 결과가 나오기까지의 과정은 프로그램 제작자의 기획 의도와 전혀 무관하다고 볼 수 없겠지만, 결과 자체는 시청자에 의해 산출된 것이다.

37 강준만, 『대중매체 이론과 사상』, 364-368.

38 윌리엄 번스타인, 『부의 탄생』, 김현구 옮김 (서울: 시아, 2008), 467.

빠) 등을 말한다.[39] 그러므로 이웃 효과 내면화란 모든 이웃을 넘어서거나 격파해야 할 적으로 본다는 것을 의미한다. 이런 관점에서 볼 때, 〈슈퍼스타케이2〉와 〈스타오디션 위대한 탄생 시즌1〉의 시청자들이 허각, 백청강, 손진영을 선택한 이유는, 이웃 효과를 불러일으키는 엄친딸/엄친아 출연자들을 거부한 데에 있지 않을까?

둘째, 양극화의 벽을 넘고 싶은 열망의 표출이라고 볼 수 있다. 한국 사회는 '20대 80의 사회'[40] 아니, '10대 90의 사회'로 급격하게 양극화되고 있을 뿐만 아니라, 80 또는 90의 그룹에 속하는 구성원이 20 또는 10의 그룹으로 상향 이동할 가능성은 희박한 사회라고 진단된다. 국민의 대다수가 80 또는 90의 그룹에 속해 있다면 이 프로그램들의 주된 시청자인 10대와 20대도 그렇다고 추정해도 큰 무리가 없을 것이다.[41] 시청자들은 자신들처럼 80 또는 90의 그룹에 속하는 것으로 보이는 허각, 백청강, 손진영을 선택함으로써 현실세계의 높고 견고한 벽을 가상세계

39 강준만, 『대중매체 이론과 사상』, 364-368.

40 한스 피터 마르틴 · 하랄드 슈만, 『세계화의 덫: 민주주의와 삶의 질에 대한 공격』, 강수돌 옮김 (서울: 영림카디널, 1997). '20대 80의 사회'란, 노동 가능한 인구 중 20%만 있어도 세계 경제를 유지하는 데에 별 문제가 없으므로 나머지 80%는 실업자 상태 또는 불안정한 일자리와 티티테인먼트의 위안 속에서 그럭저럭 살아야 하는 사회를 가리킨다.

41 통계청이 발표한 '2011년 사회조사 결과'는 이러한 진단과 추정을 수치로 확인시켜준다. "일생 동안 노력한다면 본인의 사회 · 경제적 지위가 높아질 가능성이 있느냐"라는 질문에 대해 "가능성이 높다"라고 응답한 가구주의 비율은 28.8%에 불과했는데 이는 2년 전 조사 때의 35.7%보다 6.9%나 줄어든 것이다. 한편 "상승 가능성이 낮다"라고 응답한 가구주의 비율은 2009년에 비해 10.7%나 증가한 58.8%였다. 또한 다음 세대의 계층 상향 이동 가능성에 대해서도 이와 유사한 양상의 응답 비율이었다. "높다"라는 응답 비율은 48.4%(2009년)에서 41.7%로 감소했고, "낮다"라고 응답한 비율은 2009년의 30.8%에서 12.2%나 증가한 43.0%였다. 최현준, "국민 58% '평생 노력해도 제자리'…절망하는 대한민국," 〈한겨레신문〉(2011. 12. 16).

에서나마 넘으려 한 것이 아닐까? 허각, 백청강, 손진영에게 시청자 자신들의 열망을 투사하여 대리 만족을 얻으려 한 것은 아닐까?

필자는 이 프로그램들의 시청자 참여 과정과 결과에 대한 두 번째 해석에서 기독교윤리/윤리의 가능성을 발견한다. 왜냐하면 기독교윤리/윤리는 "현실에 기반을 두기는 하지만 현실을 넘어서는, 즉 새로운 세상을 향한 비전"[42]이기 때문이다. "새로운 세상을 향한 비전으로서의 윤리는, 기존 가치체계 또는 규범체계를 절대화하지 않는다. 윤리는 주어진 규범이나 규칙의 준수에 머무는 것이 아니라, 그 규범과 규칙이 새로운 세상을 위해 적합한 것인지 의문을 제기한다."[43] 기독교윤리도 이와 다르지 않다. 다만, 현실에 매몰되지 않고 현실을 넘어서는 그 무엇을 정당화시켜주는 근거를 하나님께 둔다는 점이, 기독교윤리와 윤리를 구분하는 기준일 뿐이다. 새로운 세상을 향한 비전이란, "존재to be와 당위ought to be를 혼동하여 현실을 당연한 것으로 받아들이는 것이 아니라, 상대적일 수밖에 없는 도덕규범을 절대적인 것인 양 문자적으로, 관습적으로 고수하고 강요하는 것이 아니라, 현실의 정당성을 되물으며 현실을 넘어서는 새로운 세상을 말하는 것이다."[44] 이 프로그램들의 시청자들은 비록 무한경쟁을 강요하는 현실에 살지만 그래서 그 방식에 익숙하지만, 그러한 현실이 과연 정당한가에 대해서 의문을 제기하고 새로운 세상에 대한 비전을 보여주었다.

42 이인경, 『에큐메니칼 페미니스트 윤리』(서울: 한들출판사, 2005), 124.

43 이인경, "새로운 세상을 향한 비전," 기독교의 이해 교재편찬위원회 편, 『기독교의 이해』(대구: 계명대학교출판부, 2009), 97.

44 이인경, "새로운 세상을 향한 비전," 97.

그러나 필자는, 참여를 통해 결과가 좌우된다는 것을 경험한 시청자들이 자신의 삶의 중요한 의제를 다루는 현실 세계의 여타 분야에서도 역량을 발휘할 수 있을지에 대해서는 회의적이다. 회의적이라고 생각하는 이유는, 이미 TV는 일상적인 대중매체가 되었으며 그렇기에 TV의 가상세계가 현실세계를 잠식하기 때문이다.[45] 즉, TV가 만든 가상세계 속에 현실세계가 매몰되어서 현실세계는 온데간데없이 사라지고 가상세계가 곧 현실세계가 되었기 때문이다. 가상세계가 현실세계화되었을 때, 시청자들은 가상세계에서 이미 행한 일을 굳이 현실세계에서도 할 필요를 느끼지 못한다. 회의적이라고 보는 또 다른 까닭은, 한국 사회가 '각개약진'을 기본적인 삶의 패턴으로 삼는 사회라는 점 때문이다.[46] 강준만에 따르면, 한국 사회는 "공적 영역과 공인에 대한 불신이 워낙 강해 사회적 문제조차 혼자 또는 가족 단위로 돌파하려는 경향이 매우 강하다"[47]고 한다. 사회적 안전망이 미비하기에 개인 또는 가족이 거의 모든 문제를 해결해야 하고 그 와중에 지쳐버린 개인/가족이, 사회를 변화시키기 위해, 과연 그 힘든 현실세계에 뛰어들려 할까?[48]

45 이혁배, "텔레비전에 대한 기독교 윤리적 성찰," 『한국기독교신학논총』 56집, 221. TV 연구자들에 따르면, TV는 생활공간에 일상적으로 놓여 있기에 TV를 보는 행위는, 영화를 보는 것과 달리, 의도적인 행위라 말하기 어렵다고 한다. 영화를 보기 위해서는 영화관과 영화의 장르, 시간 등을 선택하는 '의식적' 활동을 해야 하는 반면, TV는 '그냥' 보면 되기 때문이다. 또한 "영화의 세계가 '그때 그곳'의 세계라면 텔레비전의 세계는 '지금 여기'의 세계이다. 영화의 세계는 현실과 구분된 어떤 다른 세계라는 인식이 강하지만 텔레비전의 세계는 우리의 일상적 현실과 같은 지금 여기에 있는 세계처럼 인식된다." 주형일, 『영상매체와 사회』(서울: 한울아카데미, 2004), 138.

46 강준만, 『대중매체 이론과 사상』, 580.

47 강준만, 『대중매체 이론과 사상』, 580.

4. 서바이벌 오디션 프로그램, 현상 유지의 기제인가? 변화의 동력인가?

TV 프로그램은 세 가지 요소가 개입하여 그 의미가 결정된다.[49] 첫째, 프로그램을 둘러싸고 있는 맥락이다. 가장 광범위한 것인 문화를 비롯하여 방송 산업의 구조, 방송사의 위치, 제작진의 특성 등이 여기에 속한다. 이 글의 집중 분석 대상인 〈슈퍼스타케이2〉와 〈스타오디션 위대한 탄생 시즌1〉은 신자유주의 시대의 무한경쟁 논리를 반영한 서바이벌 방식을 채택하여 그 한계 내에서 '공정성', '형평성', '투명성'과 같은 정의의 규범을 내세움으로써, 이른바 '신자유주의적 윤리로서의 정의'를 말하였다. 둘째, 프로그램 자체의 내적 구조다. 이것은 프로그램의 소재와 주제, 플롯, 형상화 방식 등과 같은 것이다. 〈슈퍼스타케이2〉와 〈스타오디션 위대한 탄생 시즌1〉은 출전자/출연자의 휴머니티를 인위적으로 재구성하여 그에 대한 시청자의 관심과 반응에 따라 선택적으로 편집하였다. 셋째, 시청자의 특성이다. 이것은 시청자 개인의 심리적 특성과 어떤 시청자 집단이 집합적으로 공유하는 사회적 특성 등을 가리킨다. 〈슈퍼스타케이2〉와 〈스타오디션 위대한 탄생 시즌1〉은 인터넷 투표와 문자투표라는 시청자 참여 방식을 채택하여 우승자를 선정하였는데, 이 과정과 결과에서 시청자들은 '비교강박증'을 불러일으키지 않는 출전자/출

48 이 글을 수정 · 보완하는 시점인 2012년 1월 현재, 필자의 회의적 태도의 강도는 이 글을 발표한 시점인 2011년 5월보다 상대적으로 낮아졌다. 그 이유를 언급하는 것은 이 글의 논지에서 벗어나는 것이기에 생략하기로 하겠다.

49 정준영, 『텔레비전 보기 - 시청에서 비평으로』, 51-52.

연자를 선호하였으며 가상세계에서나마 양극화의 벽을 넘고 싶은 열망을 표출하였다. 이처럼 필자는 세 가지 요소가 만들어내는 TV 프로그램의 의미를 윤리적으로 분석하고 성찰하였다.

허각, 백청강, 손진영처럼 내세울 만한 스펙을 갖추지 못한 출연자들이 우승하거나 주목을 받았다는 점에서 〈슈퍼스타케이2〉와 〈스타오디션 위대한 탄생 시즌1〉은 시청자들에게 언뜻 '열린 사회의 친구들' 로 보일 수 있겠다. 그러나 좀 더 들여다보면 '닫힌 사회의 친구들' 이 아닐까라는 의문이 든다.[50] 서바이벌 방식이라는 자체가 이미 '닫힌 사회' 를 반영하며, 참여를 통한 '공정성' 이라는 가치를 내세웠지만 인터넷 투표와 문자 투표 같은 참여의 방법 자체가 공정하지 않았기 때문이다. 참여의 구체적인 방법을 잘 모르거나 익숙하지 않은 시청자에게 참여가 원천적으로 제한되었다는 점은 이 프로그램들이 '닫힌 사회의 친구들' 임을 나타낸다. 또한 이 프로그램들은 승자가 모든 것을 차지하는 승자독식 구조를 당연시한다는 점에서 기존의 주어진 조건으로 현 사회질서를 유지하려는 '닫힌 사회의 친구들' 이라 하겠다. 하지만 프로그램 그 자체로는 '닫힌 사회의 친구들' 인 이 프로그램들을 '열린 사회의 친구들' 로 볼 수 있는 가능성을 제공한 것은, 시청자 참여 과정과 결과에 나타난 시청자들의 선택이었다. 비록 가상세계에서라는 한계는 있을지언정.

50 김용석, "같음만 껴안는 '열림' 은 '닫힘' 이 아닐까?" 『철학 정원』(서울: 한겨레출판사, 2007), 24-29. 김용석은 '미운 오리새끼' 를 성공담으로 해석하는 기존의 관점에 이의를 제기하고, 새로운 해석을 제안한다. '다름' 을 수용하지 못하고 자기 동일성의 조건에 맞는 자들끼리만 어울리는 닫힌 사회의 모델들을 보여주는 이야기로 재해석한다. '닫힌 사회' 란 "그 안에서 기존의 '주어진 조건' 으로 조화와 안정 그리고 질서를 유지하려는 사회이다."

대중적 신앙 서적과 성별화된 자기계발 담론

이숙진(성공회대 초빙교수)

1. 글로벌 시대의 우울과 자기계발의 열기

신자유주의의 거센 파고는 IMF 관리체제를 거치면서 경제 영역만이 아니라 정치, 종교, 개인의 일상까지 위협하고 있다. 그 여파로 산업사회의 특징이었던 안정된 가족 공동체와 평생직장의 개념이 급속히 해체되고 우리네 삶은 점점 벼랑 끝으로 몰리고 있다. 이러한 분위기를 반영하듯 우울증 환자가 급증하고 자살 문화가 전염병처럼 퍼지고 있다. 그 원인에 대해서는 다양한 층위의 정치한 분석이 행해져야 하겠지만, 교육과 취업을 비롯한 사회 전 영역에 확산된 무한경쟁의 풍조도 큰 일조를 하고 있다는 것에 공감대가 형성되고 있다. '대박', '쪽박', '무한경쟁', '승자독식' 등 범상치 않은 단어들이 일상어가 된 우리 사회의 한편에서는 몇 십 억대의 높은 연봉이나 물질적인 성공을 이룬 이들에 대한 선망

문화가, 또 다른 한편에서는 실직 위험 속에서 언제든 누구든 사회적 열패자로 전락할지 모른다는 공포 문화가 조성되고 있다. 바로 신자유주의가 낳은 새로운 사회문화적 풍속도다.

그간 가족이나 국가 등 공동체가 담당해왔던 것들이 점차 개인의 책임으로 이관되면서, 성공과 실패의 교차로에서 어느 길을 걷게 될 것인지는 '오직 스스로에게 달려 있다'는 믿음이 공고화되고 있다. 청년은 물론이고 어린이들까지 이른바 '스펙'으로 지칭되는 외국어, 외모, 출신, 경력 등 경쟁의 무기를 얻기 위해, 자신의 부족한 부분을 진단하고 자신을 통제하며 자기를 재창조하기 위해 부단한 노력을 기울이고 있다. 끝없는 자기계발의 강박에 사로잡힌 시대가 된 것이다.

근래 자기계발 컨설팅/클리닉 등의 산업은 날로 성장하고, 자기계발 서적들은 베스트/스테디셀러의 자리를 차지하고 있다. 한 일간지 조사에 따르면 2006년 이래 자기 관리 분야의 도서 판매량은 90% 이상 증가했다. 종교서적 코너 역시 예외는 아니다. 『긍정의 힘』, 『목적이 이끄는 삶』, 『다니엘 학습법』, 『최고경영자 예수』, 『성공코칭 온바이블』 등과 같은 다양한 종류의 대중적인 신앙서적들은 한국 사회의 대표적인 자기계발서로 자리매김하고 있다. 우리는 이러한 현상을 통해 자신의 경쟁력을 높여 위기를 극복하려는 개인들의 욕망을 읽을 수 있다. 과열된 자기계발의 열기는 신자유주의 시대를 독해하는 데 매우 중요한 지표다.

신자유주의 사회가 조장하는 자기계발에의 욕망과 기독교 복음은 과연 조응할 수 있는가? 몇 년째 종교 관련 서적 판매량의 수위를 차지하고 있는 『긍정의 힘』의 핵심 메시지를 압축적으로 소개한 글을 통해 이 둘의 상관성을 짐작할 수 있다. "그(책 저자)는 죄인더러 회개하라고 닦

달하거나 소리치지 않는다. 정치와 주요정책 이슈보다 철저히 성경 중심으로 돌아가 희망과 자기계발에 관한 참신하고도 설득력 있는 복음을 전하고 있다"는 이 신앙서적에 따르면 '자기계발'이 곧 이 시대의 '복음'인 셈이다.

이 글의 궁극적 관심은 신자유주의의 자기계발이라는 신화가 어떠한 방식으로 신앙적 언어로 번안되고 있으며, 어떠한 장치를 통해 교회 공간에서 유통되고 있는지, 그 내용은 무엇인지를 규명하는 것에 있다. 이를 위해 최근 폭발적인 인기를 얻고 있는 대중적인 신앙서적이 생산하고 있는 자기계발 담론에 주목한다. 오늘날 한국 교회에서 신앙교재로 자리잡은 대중적인 신앙서적들은 신자유주의시대의 신앙적 주체를 생산하는 주요한 담론적 장치의 하나이기 때문이다. 특히 이 글에서는 여신도 대상의 신앙서적에는 어떠한 성별화된 특성이 내포되어 있는지를 분석하는 데 집중하겠다. 이러한 작업은 신자유주의 시대의 한국 기독교가 생산하는 여성 주체의 특징과 그 형성 과정을 구명하는 데 지렛대가 될 것이다.

2. 신자유주의 통치성의 시선으로 본 자기계발의 주체의 특성

자기를 계발하고자 하는 욕망은 보다 나은 삶을 추구하는 인간의 원초적 심성일 수 있다. 인간이 생존과 행복을 추구하는 사회적 동물이라면, 더 잘살고 더 나은 자신이 되기 위해 노력하는 행위는 어쩌면 본능일 수도 있다. 그런데 이 시대의 자기계발에 관한 유별난 열풍은 더 나은 미래에 대한 인간의 소박한 욕망이나 본능으로만 단순하게 설명될 수 없다. 여기에는 개인의 욕망을 추동하고 활용하는 모종의 권력이 개입되어 있기 때문이다.

최근 자기계발 담론과 자기계발적 주체를 바라보는 다양한 시선이 교차하고 있지만 이 글에서는 '통치성governmentality' 개념에 주목한다. 통치성이란 서구 근대의 권력 행사 방식을 설명하기 위하여 푸코가 후기 저작에서 도입한 개념이다. 통치govern와 사고 양식mentality을 결합한 신조어로서, "특정한 사고 양식을 통한 통치"라는 함의를 지니고 있다. 푸코는 서구 근대사회의 통치성의 특징을 '정치적 합리성'이라는 권력의 새로운 테크놀로지에서 찾았다. 근대적 통치성에서는 권력의 작동이 초월적 원리나 임의적 의지가 아닌 '합리적 지식'에 의해 이루어지며, 합리적인 지식권력이 작동하기 위해서는 그에 적합한 주체를 필요로 한다는 것이다.

푸코의 통치성 개념을 수용한 이른바 '통치성 학파'의 관점으로 서구 근대사를 보면, 19세기는 자유주의 통치성이 작동되면서 '자유롭고 정상적 개인 주체'가 형성되었다. 근대 이전 사회의 지나친 통치 권력을 제한하기 위해 등장한 것이 자유주의 통치성이다. 그러나 19세기 말부터 20세기 초의 전쟁과 공황, 사회주의, 개인주의의 확산 등 자유주의 통치성이 야기한 문제들을 극복하기 위해 새로운 통치성이 등장하였다. 반자유주의적 합리성, 곧 복지주의 통치성이 그것이다. 이의 특징은 '사회를 통한 통치'다. 복지주의 통치성에 조응하면서 등장한 주체는 공동의 운명을 짊어지고 동일한 목표를 향해 의무와 책임을 나눠갖는 '사회적 인간social person'이다. 여기서의 '사회적 인간'이란 사회적 보호와 교육의 권리를 지니면서 사회적 의무와 책임을 지는 국민/시민을 의미한다. 요컨대 자유주의 통치성의 한계가 노골화되었던 20세기 초중반에는 복지주의 통치성이 작동하였고, 이에 적합한 '사회적 인간/국민 주체'가 형성되었다.

그렇다면 신자유주의 통치성이 작동하는 오늘날 사회에서 형성되고 있는 주체의 특성은 무엇일까? 이를 추적하기 위해 신자유주의 통치성의 등장과 성격을 살펴볼 필요가 있다. 1970년대를 전후하여 포디즘에 기반을 둔 서구 자본주의가 경제적 불황으로 자본 축적의 위기에 봉착하게 되자 그 타개책으로 자유를 좀 더 적극적인 삶의 조직 원리로 삼는 새로운 통치성, 곧 "자유를 통한 통치governing through freedom"가 등장하였다.[01] 지난 30년간 글로벌 정치경제 질서의 중심이 된 신자유주의는 어떤 조건에도 구애받지 않고 스스로가 설정한 목표를 추구할 '개인의 자유'를 강조해왔다.

언뜻 자유주의 통치성과 신자유주의 통치성이 유사하게 보일 수도 있겠다. 그러나 근대 초기의 자유 개념에는 봉건적 신분관계로부터의 자유 곧 만민 '평등'의 의미가 강하고, 신자유주의의 자유는 '능력', '유연성', '경쟁'의 의미가 한층 부각된다. 그러하기에 경쟁적 자본주의가 정치적 자유를 촉진한다는 주장은 신자유주의 이념의 근본으로 볼 수 있다. 여기에서의 '경쟁'은 삶의 모든 영역에서 최대의 효용을 산출하기

01 Nicholas Rose, "Governing 'advanced' liberal democracies," in A Barry, T. Osborne and N. Rose, eds, *Foucault and Political Reason* (London: UCL Press, 1996), 37-64.

위한 필수불가결한 덕목이자, 체제의 발전과 인간의 자유를 보장하기 위해 요청되는 미덕이다. 그런데 경쟁이 일어나려면 자율적 행위자가 전제되어야 한다. 자율적 행위자란 자기 삶의 기획과 관리의 책임이 철저히 자기 자신에게 달려 있음을 자각하는 자이다. 자신의 목표와 수단을 자율적으로 관리하고, 자유롭게 수정할 수 있는 행위자가 전제되지 않고서는 경쟁적 상황이 조성될 수 없다. 경쟁이란 누가 강제해서 일어나는 것이 아니며, 설령 강제적으로 경쟁을 촉발시킨다 하더라도 경쟁의 본래적인 목표인 최고의 효율을 얻을 수 없기 때문이다. 그러하기에 "사람들로 하여금 자기 행복을 스스로 북돋워야 하는 개별화되고 능동적인 주체로 바라보도록 고무"[02]하는 신자유주의 지배 전략은, 자아실현을 향한 개인들의 열망과 선택을 유도하는 방식으로 행사된다. 통치성의 관점으로 볼 때, 시장의 원리를 경쟁에 두는 신자유주의 통치성과 자율적인 주체 형성은 불가분의 관계다.

자율성과 능동성을 특징으로 하는 신자유주의적 주체의 대표적인 표상은 '기업가적 자아'다.[03] 이때 기업가란 기업조직에서 독립한 자영업자를 지칭하는 것이 아니다. '자신이라는 사업'을 경영하고 '자기 인생을 사업으로 다루는' 기업가로 자신을 인식하는 주체를 의미한다. 이러한 기업가적 주체는 신자유주의 통치성이 작동하기 위한 전제이자 결과다. 그리하여 경제적 차원은 물론이고 "교육, 보건, 복지와 같은 종래 사

02 Wendy Larner, "Neo-liberalism: Policy, Ideology, Governmentality," *Studies in Political Economy*, vol. 63, no. 5 (2000), 13.

03 최근의 자기계발 담론을 통하여 변화된 자아를 '개조되는 자아'(맥기), '기업가적 자아'(로즈), '치유적 자아'(일루즈) 등 다양한 용어로 표현하지만 그 함의는 유사하다.

회적 삶의 영역을 모두 기업화하는 것, 그리고 그 안에서 활동하고 살아가는 주체를 기업가적 주체로, 혹은 기업가적 정신에 따라 살아가는 개인, 집단, 조직, 사회체로 주체화"[04]한다.

결국 기업가적 주체/자아란 자기 삶의 의미와 가치를 스스로 부여하면서 선택 행위를 통해 삶의 질을 극대화하려 노력하고 그 결과에 대해 능동적으로 책임지는 자아를 의미한다. '능동적인' 인간은 자신이 무엇을 욕망하는지를 스스로 해석하고, 자신의 목표를 '자율적으로' 정하고, 목표에 가장 효율적으로 도달하기 위해 여러 방법을 '자유로이' 선택/활용하며, 그 결과에 대한 책임은 온전히 자신에게 있음을 자각하는 존재로 표상된다. 이렇듯 개성 있는 삶의 방식을 추구하는 삶의 기획은 주체의 자유와 자율성을 보장하는 방식으로 정치적 · 사회적 · 제도적 목표를 달성하는 신자유주의 통치성과 조응한다.

능동성, 자유, 자율성으로 표상되는 신자유주의의 자기계발적 주체는 진정 자유롭고 자율적인 생활을 영위하는가에 대한 물음이 제기될 수 있다. 이에 대해 통치성 학파의 대표적 이론가인 니콜라스 로즈는 부정적인 견해를 표명한다. 신자유주의 통치성이 작동하는 사회에서 개인은 표면적으로는 자유롭고 자율적으로 선택하는 것 같지만, 실상은 삶을 영위하는 방식에 있어서 전문가의 지식과 권위에 점점 의존하게 된다는 것이다. 뿐만 아니라 개인의 자유 실현이라는 기획 역시 실상은 시장의 논리, 자본의 작동방식에 크게 좌우된다고 보았다. 이러한 점들은 자기계발 담론이 생산한 주체의 자유성/능동성에 대한 의문을 갖게 한다.

04 서동진, 『자유의 의지 자기계발의 의지』(파주: 돌베개, 2009), 298, 300.

무엇보다도 자기계발에 몰두하는 주체의 치명적인 약점은 극단적 개인화다. 신자유주의적 자기계발 담론은 무한경쟁에서 살아남는 것도, 탈락되는 것도, 위기에 대처하는 것도 모두 개인의 소관임을 끊임없이 유포하고 있다. 자기 스스로의 계발 · 관리 · 경영이라는 담론적 실천을 강조함으로써 결과적으로 개인을 능력의 최종 단위로 만들고 있다. 그 결과 동일한 목표를 향해 책임과 의무를 함께 나누었던 '사회적 시민/국민' 은 자기 자신을 적극적으로 책임지는 '자율적 개인' 으로, 더 나아가 '오직 자신만' 을 관심하는 개인으로 주체화되는 효과를 산출하고 있다. 피에르 부르디외Pierre Bourdieu는 신자유주의의 속성을 "개인의 자유의 소망 아래 세워진 경제질서" 로 보았다. 그리고 이러한 "신자유주의적 경제질서의 궁극적 토대는 사실상 실업, 불안정한 취업, 해고 위협에 의한 공포 등 구조적 폭력"[05]이라고 지적한다. 그간 공공의 영역에서 관리되던 위험과 위기까지도 모두 개인의 책임으로 돌리는 신자유주의 사회는 구조적으로 폭력성을 배태하고 있다. 자유롭고 능동적인 개인의 의지가 강조되면 될수록 구조적 폭력성은 은폐되기 쉽다. 요컨대 신자유주의 시대의 자기계발 담론은 자신에 대한 배려와 자신의 능력에 집중하도록 유도하면서 동시에 삶의 전 영역에 걸친 시장원리의 확대라는 사회구조적 측면과 조응하고 있는 셈이다.

05 피에르 부르디외, 『맞불』, 현택수 옮김 (서울: 동문선, 2004), 141

3. 주체화 테크놀로지와 기독교 자기계발 담론

1) 주체화 양식인 타자 지배/자기 지배의 테크놀로지

푸코는 주체 연구를 "주체가 자신을 주체로 구성하고 인식하는 자기와의 관계의 형식과 양태들"에 대한 연구로 이해했다. 주체는 하나의 실체로 파악될 수 없는 특정한 자기와의 관계 형태이기 때문에, 주체를 파악하려면 특정한 기술적 · 제도적 조건 속에서 형성되는 주체화 과정을 분석해야 한다는 것이다.[06] 주체 형성의 문제를 태도나 행위 양식의 차원으로 파악하는 푸코의 관점은, 자기의 형성이나 변형의 지침을 제공하는 자기계발 담론을 분석하는 데 유용하다.

푸코는 주체화 양식인 통치성을 권력(타자 지배) 테크놀로지와 자기(자기 지배) 테크놀로지 사이의 연결로 보았다. 타자 지배/자기 지배의 테크놀로지는 주체 형성에 개입 혹은 작동하는 일종의 테크닉인데 푸코는 이를 네 가지 유형으로 분류한다. 즉, 사물을 생산 · 변형 · 조작할 수 있게 하는 테크닉(생산의 테크닉), 기호체계를 사용할 수 있게 하는 테크닉(기호 또는 커뮤니케이션의 테크닉), 개인의 행위를 규정하고 특정한 목적이나 지배에 종속시켜 주체의 객체화를 꾀하는 테크닉(권력의 테크닉), 자기 자신을 이용하거나 타인의 도움을 받아 자기 자신을 효과적으로 조정할 수 있도록 해주는 테크닉(자기의 테크놀로지)이다.[07]

이러한 테크놀로지들은 항상 특정한 종류의 지배와 결합되어 있으며

06 미셸 푸코, 『자기의 테크놀로지』, 이희원 옮김 (서울: 동문선, 1997), 290.
07 푸코, 『자기의 테크놀로지』, 3.

각각의 유형은 일정한 기능과 일정한 태도를 획득하기에 일정 양식의 개인 훈련과 변용을 함축하고 있다. 푸코는 네 가지 테크놀로지가 각기 지니고 있는 특정한 성질과 이들 사이의 영속적인 상호작용에 주목하면서 광기, (근대)의학, 감옥, 성에 관한 역사적 성찰을 통해 근대 주체 탄생의 계보학을 추적하였다. 고전시대의 근대 주체 형성에 관한 연구에서는 주로 '권력과 지배의 테크놀로지'에 집중하였으나, 후기 작업에서는 "개인이 얼마나 자기 자신에게 작용하는가에 대한 역사", 즉 자기 테크놀로지에 주목한다.

자기의 테크놀로지란 자기 해석 또는 자기 관리를 통해 어떤 일련의 목적에 도달하기 위하여 스스로의 존재 양식을 형성하고 유지하며 변형하는 절차들을 일컫는다.[08] 요컨대 개인들에게 "스스로의 힘으로 자신의 몸과 영혼 · 생각 · 행위 · 존재 방법을 일련의 작전을 통해 효과적으로 조정할 수 있도록 하는" 테크닉으로서, 이를 통해 개인은 "행복 · 순결 · 지혜 · 완전무결 · 초자연적인 힘"과 같은 일정 상태에 도달하기 위하여 자기 자신을 변화시킬 수 있는 힘을 갖추게 된다.[09] 이러한 의미에서 자기 테크놀로지는 일종의 '자기 추동 메커니즘'이라 할 수 있다.

통치성 학파는 자기계발 테크놀로지를 심리에 관한 '외부적인 권위들을 통해' 개인의 자기 관리 방법을 규정하는 통치 장치로 파악한다.[10] 자

08 푸코, 『자기의 테크놀로지』, 87.

09 푸코, 『자기의 테크놀로지』, 36.

10 자기 테크놀로지에 대한 학자들의 평가는 분분하다. 기든스는 자신의 삶에 대해 능력 있는 개인을 만드는 자기계발의 실천들은 외부에서 부과하는 강압적인 윤리에 의해서가 아니라 능동적 수행자가 자기 테크놀로지를 통해 스스로 실천하는 윤리라는 점에 주목한다. 자기 테크놀로지의 작동을 개인들이 자율성의 윤리 안에서 자기정체성 기획을 추구하고,

기 테크놀로지는 일종의 정치적 프로그램의 일환임을 부각한다. 앞서 살펴본 것처럼, 개인들이 선택하는 그 자유는 신자유주의 통치전략의 핵심이다. 신자유주의 통치성이 작동하는 곳에서의 자기 테크놀로지는 지배 테크놀로지의 작동과 긴밀하게 연동되어 있는 말이다. 그러하기에 자기계발에 스스로 열중하도록 이끄는 지배 테크놀로지의 작동을 간과할 수 없다.

이처럼 주체화 과정에 있어서 타자 지배/자기 지배의 테크놀로지는 상호보완적이고 때로는 갈등적 관계로 작용하기 때문에 이 두 테크닉을 동시적으로 고려해야 주체의 특성이 드러난다. 마찬가지로 한국 교회 여성의 주체화 양식을 이해하기 위해서는 신자유주의 이념과 공명하면서 생산된 기독교 자기계발 담론이 어떠한 신앙적 여성 주체를 주조하는지, 그리고 교회 여성들은 어떠한 자기 테크놀로지를 통해 '자기'를 형성하는지를 동시에 고려해야 한다. 요컨대 타자 지배의 테크놀로지와 자기 지배의 테크놀로지가 교회 여성 주체 형성에 어떠한 방식으로 상호작용하는지에 초점을 두어야 할 것이다.

2) 기독교 자기계발 담론과 자기 테크놀로지

어떤 의미에서 모든 종교는 자기계발 담론의 자장 속에 있다. 고대에서 현대에 이르기까지 동·서양의 종교는 척박한 현실이 야기하는 심신

자신의 삶의 스타일을 찾아 자기 존재를 매일 새롭게 하는 일종의 자기 실천으로 보고 있다. 이 관점을 따르면 자기계발 담론은 어느 측면에서 개인의 자아에 대한 성찰적 기획에 도움을 주고, 자율적 발전을 방해하는 요인으로부터 벗어나는 데 기여한다.

의 고통을 해소하고 영적인 각성, 평정심의 고양, 정신적인 충만함을 얻기 위하여 자기의 테크닉을 발전시켜왔기 때문이다.

기독교 역시 영적 구원을 위해 자신의 내면을 관찰하고 해석하도록 고무하며, 자기 내면의 욕망을 효과적으로 제어하기 위하여 다양한 종류의 자기 관리 테크닉을 발달시켜왔다. 중세 수도원에서는 고백성사, 금욕, 고행의 실천처럼 자신의 원초적 욕망이나 감정을 통제하기 위한 체계적인 자기 제어의 테크닉을 구사하였으며, 개신교 역시 욕망을 죄악의 근원으로 이해하여 늘 자신의 내면을 감시하고 마음의 변화를 종교일기에 기록하는 방식으로 일상의 행위를 면밀한 방식으로 통제하도록 이끌었다. 푸코는 기독교의 이러한 주체화 양식을 율법에 대한 '주체의 복종과 욕망의 해석학'으로 보았다. 성서와 교회 전통을 통해 주조된 도덕적 코드에 따라 신자들 행위의 잘잘못을 판가름하고, 사목 권력이라는 제도적 장치를 통해 강제해왔다고 보았기 때문이다. 신자라면 누구나 이러한 도덕적 코드를 준수하고 절대적으로 복종해야 한다는 점에서 종교적 차원의 자기의 테크닉은 '자율적' 윤리 주체의 형성 장치와는 사뭇 거리가 있다.

세속적 의미의 자기계발과 자조self-help 담론이 종교와 결부된 대표적인 사례는 18세기의 미국 청교도 사회에서 발견할 수 있다. "하늘은 스스로 돕는 자를 돕는다"는 잠언이 연상되는 자조 담론에는 세속적 성공과 종교적 영성/실천이 연동되어 있다. 초기 자조 담론의 생산과 유통에 큰 공헌을 했던 벤저민 프랭클린은 물질적인 축적과 세속적 성공을 이루기 위한 합리적인 노력을 자기 수양의 한 과정으로 이해하였다. 이를 주목한 막스 베버는 개혁주의 신학의 직업소명설과 금욕적 에토스가 경제

활동에 윤리적 의미를 부여하고 있음을 지적한 바 있다.

산업화와 관료화의 폐해가 점증하던 20세기 중반의 미국 사회에서는 "사회적 성공은 적극적 사고방식과 마음에 달려 있다"는 메시지를 담은 일련의 자기계발 서적들이 큰 반향을 일으켰다. 이러한 서적들은 대개 기독교 신앙과 접목되어 있었는데 산업화 사회 속에서 상실감과 소외감으로 표류하던 개인들에게 정서적 안정감을 제공하고 현실 적응력을 함양시키는 데 큰 역할을 하였다. 이러한 경향의 자기계발 서적은 미국뿐만 아니라 '선교 기적'을 만든 대다수의 한국 교회에도 지대한 영향을 끼쳤다.

주지하다시피 한국 교회는 현세 중심의 기복신앙이 산업화 시대의 돌진적 경제 성장주의와 짝을 이뤄 교회의 급속한 양적 성장을 이루었다. 당시 미국의 대표적 자기계발서 저술가이자 신학자였던 노먼 빈센트 필Norman Vincent Peale과 자기계발의 메시지를 신앙적 언어로 번안했던 로버트 슐러Robert Schuller 목사의 영향을 받은 일군의 한국인 목사들은 물질적 성공을 하나님의 축복으로 해석함으로써 교회의 양적 팽창에 기여하였다. 이로써 한국 기독교는 성인들에 대한 사회교육이 부실했던 개발연대에 성공학의 세례를 베푼 공간이 되었다.[11] 이러한 분위기하에서 양적 성장을 이룬 교회는 선망의 대상이 되고, 물질적 성공은 곧 신앙심의 척도로 평가되면서 성공지상주의가 교회의 지배적인 에토스로 자리 잡았다. 그 결과 양적 확장을 열망하는 교회와 물질적 성취를 욕망하는 개인의 자연스런 결합은 산업화 시대 한국 교회와 신앙적 주체의 특성이

11 정해윤, 『성공학의 역사』(서울: 살림, 2004), 89.

된 것이다.

그러나 1980년대로 진입하면서 국가의 고도성장 경제발전론과 교회의 성장 지향적 신앙제도의 발전적 동맹관계는 위기를 겪게 된다. 민주화에 대한 열망으로 시민적 주체 담론이 활성화되고, 후기산업화 사회로의 진입으로 소비 문화가 급속히 확장되어 소비적 주체가 생산되었기 때문이다. 시민의 시장화/자본주의화 현상은 돌이킬 수 없는 대세처럼 한국의 민주화를 구성하는 요소가 되었고 이러한 일련의 사회 변동은 한국 기독교의 지형 변화에 큰 영향을 끼쳤다. 정치적 민주화, 경제적 자유화, 소비화로 요약될 수 있는 시대정신과 부합하는 새로운 대형 교회들이 등장한 것이다.

후기산업화 시대로 접어든 1990년대 이후 지속적인 성장세를 보이고 있는 대형 교회들은 산업화 시대의 대형 교회 모델과는 다른 새로운 양식을 보여주고 있다. 이들 대형 교회들은 신자유주의의 이념과 논리에 직간접적으로 조응하면서 기존의 역할을 강화하기도 하고 새로운 영역을 개척하면서 종교 지형과 행태를 새로운 방식으로 구성하고 있다. 세속화와 다원화가 진행되면서 이미 종교 공동체 사이에 선교를 둘러싼 경쟁적 관계가 조성되었고, 여기에 신자유주의적 문화가 스며들면서 교회들 사이의 경쟁이 시장 경제적 관점에서 재편되고 강화되고 있는 것이다. 그 결과 교회들 사이의 경쟁에 기업문화에서 볼 수 있는 이윤지상주의, 경쟁력, 구조조정, 효율성, 개방, 선택 등과 같은 전략들이 유입되고 있다.[12] 꾸준한 성장세를 보이는 대형 교회들은 미국 대형 교회의 경영

12 기업 내 · 외부의 환경과 역량을 감안한 'SWOT(강점 · 약점 · 기회 · 요인)' 분석을 도입

기법을 직간접적으로 도입하여 교세를 확장하고, 교인을 늘리기 위한 소규모의 셀 조직 등 마케팅 프로그램을 개발하며, 기업처럼 잠재적 교인의 선호와 수요를 예측하고 그들의 욕구에 부합하는 각종 활동 프로그램 등을 실행하고 있다. 선교에 활용되는 새로운 테크닉들은 예비 신앙인과 잠재적 선교인을 수렴하고 관리할 뿐만 아니라 새로운 신앙적 에토스를 제공하고 있다.

이 글에서 주목하는 것은 최근의 종교서적 중 베스트/스테디셀러인 대중적 신앙서적이다. 자기계발 담론의 기독교적 번역본으로 볼 수 있는 신앙서적들은 신자유주의와 공명하며 신앙적 주체를 생산하는 주요 장치로 역할하기 때문이다. 예수의 행적과 말씀을 신자유주의 시대의 어법으로 번역하여 최고 CEO 모델로서 예수상을 제시하는 존스의 『최고경영자 예수』에서처럼 신자유주의 이념을 노골적으로 드러내지 않는다 하더라도, 대개의 대중적 신앙서는 무한경쟁을 유도하는 사회에서 성공하기 위해, 자신이 원하는 사람이 되기 위해 끊임없이 자신의 역량과 능력을 향상시키도록 신앙의 이름으로 고무한다. 신자유주의가 주조하는 자율적이고 능동적으로 자기계발을 하는 주체가 신앙인이라고 해서 예외는 아닌 듯하다.

자기를 계발하고 경영하는 것은 곧 자신의 삶과 행위를 평가, 진단, 측

한다든가 세대별, 직업별 맞춤 전도는 오늘날 기업이 활용하고 있는 세부 마케팅을 활용한 사례라고 할 수 있다. 1990년대 이래 대형 교회를 선망하는 목회자들의 벤치마킹 대상이 되고 있는 온누리교회의 하용조 목사는 1996년 미국 시카고에 있는 윌로우크릭 교회를 방문한 후 윌로우크릭이 운영하는 프로그램의 많은 부분을 차용한 것으로 알려져 있다. 황일도, "황일도 기자가 지켜본 온누리교회의 겉과 속," 『신동아』(서울: 동아일보사, 2007. 10).

정, 개선, 교정하는 일련의 테크닉을 수행하는 일이다. 기독교계 자기계발 서적 역시 자신을 구원 대상으로 규정하고, 이상적 자기에 도달하기 위하여 자신의 삶과 일상을 관찰 · 측정 · 평가 · 교정하는 다양한 테크닉을 제시하고 있다.[13] 자기계발 담론에서의 '자기'는 항상 분석하고 진단하며 해독해야 할 대상이다. 모든 문제를 자기에서 출발하여 자기에게로 귀결시키는 신자유주의의 이념에 조응하는 기독교계 자기계발서 역시 자기계발의 출발점을 자기 알기/문제화에서 찾는다. "성공은 무엇을 이루느냐가 아니라 '내가 누구인지' 아는 것에서 비롯된다"는 릭 워렌 목사의 지적이나, 하나님의 시선으로 나를 관찰하라는 오스틴 목사의 권고는 자기계발 담론의 자기 알기/문제화의 신앙적 번역이라 할 수 있다.

그뿐만 아니라 성공과 성장, 향상을 꾀하기 위한 자기 관리/제어 테크닉 역시 기독교계 자기계발 서적에서 강조되고 있다. 오스틴 목사가 제안하는 구체적인 자기 통제의 테크닉은 "아침에 일어나자마자 책을 펼친다. 좋은 문장에 줄을 친다. 마음속으로 크게 5번 외친다. 열정적으로 소리 내어 5번 반복한다"[14]로 요약할 수 있다. 믿음, 소명, 헌신, 축복, 제

13 정용택, "자기계발담론을 넘어, 88만원 세대를 위한 구원론의 모색," 「심원청년신학포럼: 청년을 위한 신학은 없다」, 미간행자료집 (2009. 6) 참조. 『목적이 이끄는 삶』에는 성공적인 신앙생활의 방법이 제시되어 있다. 자신을 관찰하여 현재의 자기 상태에 대한 목록을 작성하고, 행동 계획을 기록하면서 매일 자기 삶을 돌아보고 묵상하고 자기의 발전 과정을 일기처럼 기록하기를 권장한다. 자신의 모습을 이해하기 위한 방법으로 "SHAPE"를 제시한다. SHAPE란 Spiritual Gifts, Heart, Abilities, Personality, Experiences 라고 하는 여섯 가지 맞춤형 능력의 조합이다. 워렌은 이 여섯 자기 능력을 기준으로 "하나님이 내게 주신 어떤 능력 또는 어떤 개인적인 경험을 교회를 위해 사용할 수 있을까"를 진단할 것을 독자들에게 권고한다. 릭 워렌, 『목적이 이끄는 삶』(서울: 디모데, 2004), 401.

자도 등을 전통적인 기독교 신앙의 언어로 구사하고 있지만 매일 반복된 실천으로 만들어지는 자기는 신자유주의의 이념인 변화와 혁신, 자유, 능력, 책임, 자기 배려, 능동성과 불가분의 관계를 맺고 있다. 대표적인 자기계발서인 『성공하는 사람들의 7가지 습관』에서 말하는 성공적인 삶의 지침들과 흡사한 오스틴 목사의 『긍정의 힘』에서 제안하는 7가지 지침[15]은 자아에 초점이 맞춰져 있다. 국가의 통치의 장에서의 자율과 책임의 자기주도적인 시민적 주체와 일터에서의 역량 있고 유연한 노동 주체를 주조하는 신자유주의 통치성은 교회 공동체의 신앙적 주체화 과정에도 개입하고 있는 것이다. 이러한 신앙서적들이 공통적으로 전하고 있는 메시지는 물질적 성취, 건강한 삶, 취업과 승진 등 어떠한 의미의 성공이든 간에 자신이 원하는 것에 대해 큰 비전을 가지고 이미 성취되었다는 믿음으로 사는 삶이 곧 신앙인의 삶이라는 것이다. 이러한 메시지에서 우리는 기업가적 인간으로의 성공 욕망을 읽을 수 있다.

대중적 신앙서적은 하나님께 고백하는 'Prayer' 와 자신에게 말하는 'Empowering Myself' 에 집중하고 나아가 모든 문제의 실마리를 개인의 내면과 사고와 행위의 변화에 둔다. 앞서 살펴본 것처럼 이는 신자유주의 시스템에 내장되어 있는 구조적 폭력성을 자연스레 은폐시키는 효과를 발휘한다. 가령 자녀교육 지침서로 활용되는 『다니엘학습서』는 '신앙적 방법' (기도, 헌신, 자기관리)을 철저하게 수행하면 고득점을 얻어 무

14 조엘 오스틴, 『긍정의 힘: 실천편』, 정성묵 옮김 (서울: 두란노, 2005), 23.

15 일곱 가지 지침은 "비전을 키우라, 강한 자아상을 일구라, 생각과 말의 힘을 발견하라, 과거의 망령에서 벗어나라, 역경을 통해 강점을 찾으라, 베푸는 삶의 즐거움을 누리라, 행복을 선택하라" 이다.

한경쟁에서 효과적으로 승리할 수 있다는 메시지를 담고 있다. 여기에는 무한경쟁으로 몰아가는 교육제도가 비기독교적임을 드러내는 발본적 문제제기가 지워져 있다. 이러한 우리 시대의 대중적 신앙 담론에는 세속적 욕망이 신앙의 대상으로 둔갑하고, 신자유주의적 자기계발의 메시지가 시대의 복음으로 회자되고, 자기계발적 주체와 신앙적 주체가 갈등 없이 조응하고 있다.

4. 교회 여성의 주체화 양식과 신체 테크놀로지

2009년 통계청이 발표한 "생활시간 활용 조사표"에 따르면, 여성은 남성에 비해 자기계발을 하기 위해 두 배 이상의 시간을 투자한다. 취업과 자격증 획득과 관련한 자기계발 비율도 여성이 두 배 이상, 컴퓨터 관련 학습 비율도 여성이 4배 이상이 더 높다.[16]

왜 여성은 이토록 자기계발에 혼신의 힘을 기울이는 것인가? 일차적인 원인은 노동시장 내부에서 찾을 수 있다. IMF 이후 심화된 구조조정의 여파로 고용 불안과 극심한 취업난은 남녀노소 모두의 당면 문제가 되었다. 그러나 노동시장 안팎에서 작동하는 성차별적 장치로 인하여 여성들은 이중의 고통을 겪고 있다. 여성노동자의 비정규직화 급증 현상은 노동시장의 젠더화를 보여주는 대표적인 사례다.[17] 노동시장에 온존하

16 통계청, www.kostat.go.kr, 2009 생활시간조사표 참조.

17 통계청의 「경제활동인구조사」를 보면 취업자중 여성비율은 1996년의 38.6%에서 2008년

고 있는 구조적인 성적 불평등은 단기간에 극복될 수 없기에, 여성들은 불안한 현재와 미래의 문제를 해결하기 위한 방편으로 자기계발에 더 몰두하고 있는 듯하다.

여성의 자기계발 붐은 노동시장 외부에서 특히 가족제도의 변동에서도 그 원인을 찾을 수 있다. 출산율 급락과 이혼율의 급증, 점점 높아지는 초혼 연령, 그리고 여성의 비혼 비율의 급증[18]으로 인해 여성들은 가부장적 가족의 구속으로부터 상대적으로 자유로이 사는 기간이 갈수록 길어지고 있다. 이러한 결혼과 가족의 변동은 출산에 귀속되어 있던 성性이 보다 자유로워지는 데 결정적인 영향을 끼쳤다. 성이 출산에서 자유로워진다면 기존의 섹슈얼리티 체계는 젠더 체계와 분리되어 독자적 영역을 가지게 된다. 울리히 벡이나 기든스가 진단했듯이, 물적 심적으로 확실한 보호막 역할을 해왔던 가족제도가 느슨해지는 후기산업화 사회에서의 개인들은 사랑, 친밀성, 섹슈얼리티에 대해 더욱 집착하게 된다.[19] 이러한 추세가 심화될수록 섹슈얼리티가 발현되는 '몸'은 '인적

에는 42.4%로 증가하고 있다. 노동시장에서 여성들의 양극화가 점차 강화되고 있는 추세이다. 전문관리직의 경우는 11.7% (1996년)에서 19.8%(2008년)로 8%증가했으나 비정규직의 비율은 18.5%(여성전문관리직)와 66.3% (여성미숙련노동자군)으로 압도적인 증가 추세에 있다.

18 2010년에 발표된 한국보건사회연구원의 「결혼과 출산율보고서」에 따르면 25~29세 여성의 비혼율은 1975년 11.8%에서 2005년 59.1%로 크게 높아졌다. 30대 초반(30~34세) 역시 2.1%에서 19%로 높아졌다. 그 결과 평균 초혼 연령도 늦어져 81년에 여성 23.2세였던 것이 2008년에는 28.3세로 다섯 살 많아졌다. www.kihasa.re.kr 〈중앙일보〉 2010. 7. 29일자 참고.

19 엘리자베스 벡 · 울리히 벡, 『위험에 처한 세계와 가족의 미래』, 심영희 · 한상진 옮김 (서울: 새물결, 2010) ; 『사랑은 지독한, 그러나 너무나 정상적인 혼란』, 강수영 · 권기돈 · 배은경 옮김 (서울: 새물결, 1999), 참조.

자본'으로 전환될 가능성이 매우 높아진다.

이처럼 노동시장 안팎에서 남성에 비해 불리한 위치에 있는 여성들에게 신체 관리는 자신의 가치를 높이는 방편 혹은 자기계발의 동의어로 자리 잡았다. 최근 젊은 여성들 사이에서 대단한 인기를 누리고 있는 자기계발 서적들은 이러한 현상을 적나라하게 보여준다. 여성 독자를 대상으로 하는 자기계발서의 핵심 메시지는 '외모 관리,' '고급 소비취향 함양,' '전략적 결혼'으로 요약 가능하다.[20] 여성들의 자기계발에의 욕구가 온갖 자격증을 구비하고 환상적인 토플/토익 점수를 획득하는 것과 같은 화려한 스펙[21] 쌓기에 그치지 않고, '여성성의 자원화'를 꾀하는 방향으로 확장되는 것은 이러한 세태를 반영하고 있다. 신체 관리를 통한 여성성의 자원화는 보다 나은 자기를 향한 개인들의 열망과 선택을 유도하는 신자유주의의 지배 전략과 공명하면서 여성들에게 크게 어필하고 있다.

이 글에서는 여성성의 자원화를 목적으로 끊임없이 자신의 외모/신체를 향상시키는 타자 지배/자기 지배의 테크놀로지를 분석함으로써 교회여성들이 어떠한 방식으로 주체화되는지 살펴볼 것이다. 교회여성들에게 여성성의 자원화가 어떠한 방식으로 제안되고 있는지, 어떠한 신앙적

20 남인숙, 『여자의 모든 인생은 20대에 결정된다』(서울: 랜덤하우스, 2004); 안은영, 『여자생활백서』(파주: 해냄, 2008); 이재연, 『여자라이프사전』(서울: 책비, 2010); 이상화, 『나쁜여자백서』(서울: 머니플러스, 2009) 참조

21 스펙은 제품설명서, 명세서로 번역되는 스페시피케이션(specification)을 줄인 말이지만 최근 취업시장에서 "개인을 상품가치로 환산할 수 있는 각종 자격과 조건"의 의미로 유통되고 있다. 스펙에는 각종 자격증과 학력, 학점, 어학시험 점수뿐만 아니라 인맥, 외모, 긍정적 정서 능력 등이 포함된다.

언어로 번역되어 신앙적 주체 형성 장치로 기능하는지를 파악할 것이다. 신체의 테크놀로지를 분석 대상으로 삼은 것은 성별화된 주체 형성 과정을 좀 더 선명하게 드러낼 수 있기 때문이다. 여기에서는 자기계발하는 주체가 구사하는 자기 테크놀로지 중에서 '자기 알기/자기 문제화' 와 '자기 관리' 에 초점을 맞추어 신앙인 여성 주체 형성 과정을 분석한다.[22]

1) 자기 알기/ 자기 문제화

범람하는 자기계발서들은 한결같이 무한경쟁의 신자유주의 사회에서 개인은 어떠한 방식으로든 변화하지 않으면 살아남을 수 없다고 주장한다. "독자들을 불완전한 존재로, 미, 건강, 부, 취업, 애정, 혹은 특정 분야의 기술적 지식 등 어떤 근본적 요소가 결여된 존재로 정의하"[23]는 자기계발서들은 '자기 알기' 를 자기 변화의 첫 출발점으로 삼는다. 자기 알기란 곧 자신을 교정 대상으로 상정하고 자기와 대면하는 일이다. 교정해야 할 부분은 영성, 신체, 습관, 태도, 재정 상태, 관계 맺는 방식 혹은 그 모든 것이 될 수도 있다. '계발' 하고 '향상' 시키며 '개조' 해야 할 대상으로서의 자기를 철저하게 파악하는 작업은 자기계발의 핵심적 테크놀로지이다. 자기를 앎의 대상으로 구성하고 그것을 분석 파악하며 평가하는 테크놀로지라 하겠다. 결국 자기 알기란 "자기 점검", "자기 검사"라고 할 수 있다.[24]

22 자기 테크놀로지에는 다양한 요소가 있다. 채팰은 자기 알기, 자기 통제, 자기 배려, 자기 재창조의 틀을 사용하고, 림케는 자기 감시, 자기 지식, 고백, 자기 규율, 자기 검사의 항목을 중시 여긴다.

23 미키 맥기, 『자기계발의 덫』, 김상화 옮김 (서울: 모요사, 2011), 30

교회 여성을 대상으로 하는 대표적인 자기계발서인 『목적이 이끄는 삶: 여성들의 기도』에는 다양한 내용의 질문서가 첨부되어 있다. 삶의 목적을 잠재적으로 방해하는 것들은 무엇인지, 자신을 혼란스럽게 만드는 것들의 리스트를 작성해보라든지, 삶의 목적을 위해 하나님이 주신 선물은 무엇인지, 삶의 목적을 발견하기 위한 방법과 과정을 서술하기, 자신만의 당신만의 독특한 삶의 목적을 생각해보라는 주문들이 그것이다. 이러한 질문들에 답을 하는 과정을 통해 스스로의 성향과 욕망, 그리고 자기를 점검하게 된다. 이러한 질문 목록은 결국 "자기 알기의 테크닉"의 일종이다. 자기 알기의 수단에는 강연, 독서, 자기 고백, 설문지 등이 있다. 여신도회나 교회 여성 리더십 등의 모임에서는 이미 과학적 지식으로 자리매김된 각종 인성검사(MBTI, 애니어그램)로부터 QT노트, 매일기도 다이어리, 신앙수첩에 이르기까지 자기를 분석하고 해석하는 다양한 세부적 테크닉이 등장하고 있다.

자기 알기의 궁극적 목적은 자기 자신의 업그레이드다. 이를 위해서는 '습관화된 자기'의 객관화가 요청된다. 습관화된 현재의 자기는 개선과 교정의 대상이 된다. 따라서 교회 여성들은 매뉴얼에 따라 매일매일 자신을 들여다보면서 자신이 원하는 것을 묻고 행복에 도달하기 위한 노력을 한다. "당신의 가장 큰 소망, 가장 깊은 갈망은 무엇인가?(57일), 어떤 일에 기쁨을 느끼는가? 어떤 일에 즐거워하는가?(54일), 원하지 않는 짐은 무엇인가?(48일), 역할과 목표의 우선순위를 어떻게 정하는가?(51일) 인생에서 가장 이루고 싶은 일은 무엇인가?(21일)" 심지어 "당신이

24 서동진, 『자유의 의지 자기계발의 의지』, 311.

자백해야 할 죄는 무엇인가?"(24일)[25]에 이르기까지 스스로에게 답하도록 고백의 테크놀로지를 사용해 자신이 누구인지에 관한 언어를 끌어낸다. 이처럼 자기 알기 테크닉은 "나는 무엇인가, 나의 깊은 갈망은 무엇인가, 성공과 행복이란 무엇인가, 이를 위해 내가 할 수 있는 것은 무엇인가"에 관한 다양한 지식을 생산하고 전달한다.

이러한 자기계발 담론의 '자기 알기 테크닉'은 교회 여성들의 능동적 주체 형성에 긍정적 영향을 미칠 수 있다. 그간의 한국 교회는 서구 기독교 전통에 내재해 있던 가부장적 요소를 근간으로 하면서 여기에 유교 전통, 서구 근대성에 숨어 있던 가부장적 에토스를 전유하여 강화된 가부장적 담론을 형성하여왔다. 따라서 젠더의 위계화가 작동하는 교회에서 여성은 오랫동안 '이등성도'라는 정체성 혹은 '죄인' 정체성을 강화해왔으며, 그 결과 순종적이고 소극적인 자기상을 구축해왔다.[26] 이에 반해 "긍정적 자기 인식" 혹은 "능동적 목표 설정과 창의적 달성"의 목표를 제시하고 있는 자기계발 담론은 여성을 자율적 인간, 기업가적 자아로 호명하고 있다. 교회 여성들이 즐겨 읽는 『여자의 인생은 자신감으로 결정된다』[27]나 교회의 각종 여성 리더십 훈련과 강좌에서는 그동안 여성에게 가해진 성적 예속과 불평등을 여성의 자기 주도성을 제약하는 것으로 간주한다. 자기계발 담론은 이러한 제약들을 여성 자신의 욕망을 실현할 수 있는 기회로 가시화한다. 능동적이고 자율적인 자기로 자신을

25 자기 알기의 테크닉의 대표적인 사례는 케이티 브레이즐튼, 『목적이 이끄는 삶: 여성들의 기도』, 김진선 옮김(서울: 디모데, 2005) 60일간의 기도를 참조하라.

26 이숙진, 『한국기독교와 여성정체성』(서울: 한들, 2006) 참조.

27 조이스 마이어, 『여자의 인생은 자신감으로 결정된다』, 오현미 옮김 (서울: 두란노, 2007)

인식하는 주체에게 이런 제약들은 선택의 공간을 열어주고 자신을 자유로운 주체가 되도록 이끄는 측면이 있다.

자기계발하는 주체는 자신의 효용을 극대화하는 주체이다. 그러기 위해선 우선 주어진 목표가 아닌 자신만의 목표를 세워야 한다. 만약 외부로부터 일방적으로 주어진 목표라면, 자기 만족이나 효율성을 높이기가 어려울 것이다. 그리하여 능동적인 목표 설정은 자기 만족을 높이기 위한 자기계발의 출발점이라 할 수 있다. '자신감', '담대함', '독립성', '자율성'은 능동적인 목표 설정을 하는 자기계발 주체들이 갖추어야 할 새로운 덕목이다. 기독교 자기계발서는 안정된 직장생활, 커리어 쌓기, 경제적 부의 획득에 한정된 것이 아니라 '기도를 통한 자기 관리'라는 점에서 세속적 자기계발서의 지침과는 차별화된다. 그러나 그것은 도전을 통해 주도적으로 자신을 향상시켜간다는 측면에서 포괄적 의미의 자기계발서로 볼 수 있다. 삶의 목표는 개인마다 추구하는 가치, 개인 사명과 비전에 따라 차이가 있다. 어떠한 인생의 목적을 추구한다는 것은 자기관리의 기본 요소이다. 어떤 목적이건 그 내용이 무엇이건 간에 자기계발하는 주체는 '자기'를 '스스로'가 '경영'하는 기업가적 주체로서의 의식을 가지고 스스로 책임적인 존재라는 점이 중요하다.

자기를 경영한다는 것은 자신과의 관계이기도 하지만 동시에 기존의 시대가 자신과의 관계를 규정하던 방식을 변형하는 것이기도 하다. 요컨대 여성들에게 있어 '자기 경영'의 삶을 추구한다는 것은 기존의 순종적인 여성 주체성을 넘어서는 측면이 있다. 자신이 어떻게 살아야 할지를 규정해주던 기존 지배 방식을 부정함으로써 새로운 자유의 윤리적 주체로 설 수 있다. 여기에서 우리는 교회 여성들의 자기계발 담론의 긍정적 효과를 발견한다. 강력한 가부장적 교회 문화를 내면화한 순종적 주체에서 벗어나 능동적/자율적 주체로의 전환을 볼 수 있기 때문이다.

2) 자기 관리와 신체 테크놀로지: 신자유주의 사회의 젠더 그물망

자기 관리의 테크닉은 자기 감시와 자기 규제, 그리고 자기 훈련 과정을 포괄한다. 이는 자신의 가치를 확인하고 자기 존중이나 자기 사랑의 태도를 갖는 데 목적이 있다. 개인들은 자기 교정과 변형을 통해 자신을 보다 잘 관리하고 외부의 상황과 운명을 부분적으로 통제할 수 있는 자율성을 갖게 된다. 대중적 자기계발 담론에서 중시하는 자기 관리의 테크닉은 시간 관리다. '삶의 균형 유지' 와 '자아의식과 양심의 사용' 을 강조하는 프랭클린 플래너와 '새벽형 인간' 을 둘러싼 논쟁에서 엿볼 수 있듯이, 시간을 어떻게 사용하느냐는 곧 나를 어떻게 관리하느냐의 문제이기 때문이다. 스티븐 코비는 시간 관리의 궁극적 목적을 '시간' 이 아닌 '우리 자신' 의 관리에서 찾는다. 기독교 자기계발서가 제안하는 시간 관리도 같은 맥락에 있다. 교회에서 여신도 대상의 나눔 교재로 가장 많이 쓰이는 신앙서적인 『매일 성공하는 여자』에서도 "삶을 관리하는 것은 실로 영적인 삶을 관리하는 것임을 깨달아야 한다. 그러므로 매일을 그리고 일생을 그분의 계획대로 살아가기 위해 우리를 무장하고, 우리 안에 주를 위한 열정을 불붙이도록 몇 가지 매일의 훈련을 하는 데 집중해야 한다. 목록에서 시간이 가장 중요하다"[28]며 시간 관리에 주목한다.[29]

자기 테크놀로지에서 시간 관리의 중요성에도 불구하고 이 글에서는

28 엘리자베스 조지, 『매일 성공하는 여자』, 김은희 옮김 (서울: 인피니스, 2005), 13.

신체 관리에 집중하고자 한다. 신자유주의적 주체 곧 자기 주도적인 기업가적 자아는 신체 관리 테크닉을 수행한다. 신체에 대한 관리 양식은 몸에 대한 특정한 지식과 담론이 구성되고 상호 경합을 벌이는 과정에서 나타나며, 그 과정에서 지배적인 어떠한 담론이 생산되고 유통되면서 하나의 권력이 된다. 그리고 개인들이 그것을 자신의 목표로 내면화하고 실천하면서 몸을 통한 특정한 주체가 만들어지게 된다. 따라서 자기계발 서적에서 제시된 몸에 대한 특정한 과학적 지식과 전문적 테크닉들을 이해하고, 일상생활에서 자유로운 개인들이 신체에 관련한 테크놀로지를 부단하게 실천하는 것은 자기 몸의 전문가 혹은 경영자가 되기를 꿈꾸는 기업가적 자아를 단적으로 보여준다. 그런데 이러한 신체 관리 테크닉이 수행되는 과정에 '성별 차이'가 노골적으로 드러난다. 바로 이 점 때문에 이 글에서는 신체 관리 테크닉에 주목하고자 한다. 신체 테크놀로지를 통해 자기계발 서적에 내재된 성별화의 특성을 드러낸다면 어떠한 신체의 테크놀로지를 통해 어떠한 신앙적 주체가 구성되는지가 밝혀질 수 있을 것이다.

특정 사회를 설명하는 문화 텍스트의 하나인 몸은 성별의 차이를 보여주는 가장 경험적이고 구체적인 상징이다.[30] 경제 불황에도 불구하고 7조 원 규모를 넘어서는 활황세의 화장품 산업, 성형 대용제로서 활용되

29 시간 관리의 바이블이라 할 수 있는 프랭클린 플래너는 자기계발 테크닉에 필수품이다. 최근 『크리스천을 위한 프랭클린 플래너』가 발간되어 교인들 사이에서 높은 인기를 구가하고 있다.

30 Mary Douglas, *Natural Symbols* (New York: Vintage Books, 1973).

는 보톡스 수입에만 연 700억 규모를 지출하는 국가, 아시아 최다 성형 수술 횟수 등의 지표가 보여주는 외모 산업의 과도한 확장에서 우리는 여성의 몸의 이미지에 대한 사회문화적 경향성을 짐작할 수 있다.

소비 사회에서 자아 형성의 중요한 장치는 대중매체가 생산하는 시각적 이미지다. 각종 매체를 통해 재현되는 몸의 이미지들은 현재 자신의 몸을 결함이 많고 불충분한 것으로 인식하게 한다. 게다가 소비 문화 담론은 외모를 자기 연출과 노력에 따라 개선할 수 있는 자기 결정적인 것으로 그 행위성을 개인의 몫으로 떠넘긴다. 요컨대 육체를 고정된 것이 아니라 육체 관리에 노력을 기울임으로써 각 개인들이 원하는 육체를 가질 수 있다는 몸에 대한 유연한 사고를 하게 만드는 것이다.[31] 그리하여 특정 기준에 미치지 못하는 외모의 소유자는 게으른 자로 이해되거나, '개선해야 할 몸' 을 갖고 있는데 관리 서비스를 받지 않는다면 가난하거나, '인간으로서의 의무' 를 다하지 않은 비윤리적인 행위로 간주되어 공공연한 비난 대상이 될 수 있다.

소비 문화에 부합하는 몸을 만들기 위한 여성들의 처절한 노력은 이미 한국 사회에서는 용인된 일이다. 대중화된 피트니스, 고통스런 다이어트, 과도한 성형 열풍, 심지어 종교적인 목적에 도달하기 위하여 고안된 신체 단련술인 요가까지 외모 관리의 테크닉으로 활용된다. 때론 죽음에까지 이르게 하는 가혹한 실천이 지속될 수 있는 것은 내재화된 지배 규범과 개인들의 욕망이 공명하면서 여성의 삶에 구체적인 보상을 하기 때문이다. 몸/외모에 따라서 삶의 기회가 주어지기도 하고 그 기회가

31 김은실, 『여성의 몸 몸의 문화정치학』(서울: 또하나의문화, 2001), 97.

박탈당하기도 한다는 사실은 매스컴을 통해 유포되는 성형수술과 극단적 다이어트로 취업시장이나 결혼시장에서 '성공한' 사례들이 증명한다. 바야흐로 미모가 경쟁 사회의 주요 자원인 시대가 된 것이다.

사회는 끊임없이 여성의 이상적인 몸에 관한 담론을 생산하고, 개인은 그 코드를 몸에 각인하고 내재화하면서 반복적으로 담론을 소비한다. 이러한 과정을 통해 개인들은 소비 문화의 지배적 규범에 통합되어간다. 몸을 통한 주체화 과정은 지배 테크놀로지와 자기 테크놀로지의 상호작용의 결과물이다. 개인들이 스스로 선택하고 이끌어가는 방식, 다시 말해서 자유의 통치, 자유를 통한 통치governing through freedom라는 점에서 신체 관리를 통한 여성성의 자원화는 지배의 테크놀로지와 자기에 대한 테크놀로지가 상호작용하는 접점이다. 이런 맥락에서 자발적으로 행해지는 신체 관리는 여성 주체 형성의 핵심적 장치라고 볼 수 있다.

이러한 소비 문화의 이상적인 몸 담론은 기독교 여성들을 대상으로 한 신앙서적을 통해서도 유포된다. 복음 전도 전문가들은 건강한 몸, 날씬한 몸, 육체적 웰빙을 제안하면서 그 정당성을 성서에서 찾는다. "인생에서 몸을 잘 관리하는 것이 모든 여성들에게 중요하다. 성경에는 인생에서 육체적인 부분을 관리할 것에 대한 하나님의 생각이 많이 나타나 있다"[32]면서 자신의 몸에 대한 하나님의 생각은 어떠한지를 상상하게 함으로써 신앙생활 속에서 신체에 대한 점검과 제어를 하도록 유도하고 있다. 특히 하나님의 계획을 따라 살고 싶어 하고 또 그렇게 살아야만 하는 여성들은 더 나은 태도와 활력과 생산성을 얻기 위하여 모든 삶의 영역

32 조지, 『매일 성공하는 여자』, 55, 77.

에 도미노 효과를 일으키는 육체적 삶을 관리하여야 한다고 주장한다. 이러한 방식으로 "너희 몸으로 하나님께 영광을 돌리라"[33]고 한 바울의 가르침은, 신자유주의 통치성이 작동하는 곳에서 외모 관리로 번역된다. 뿐만 아니라 구체적인 신체 제어의 테크닉을 구사하기 위해 "절제의 은사"라는 기독교의 고전적 윤리 덕목을 전유하기도 한다.

> 하나님께서 우리에게 절제의 은사를 주신 것에 대해 감사하자! 그러므로 우리는 "안 돼"라고 말할 수 있다. 해보라! 어떤 유혹적인 음식을 엄청나게 먹고 싶거나 혹은 한 그릇 더 먹고 싶을 때, 당신의 몸에 "안 돼"라고 말하고 넘어서라. 자명종이 울리고 나서도 이불 속에서 뒹굴고 싶을 때, 당신의 몸에 "안 돼"라고 말하고 일어나라. … 당신의 인생을 향한 하나님의 계획을 따라 사는 것은 당신 자신을, 자신의 몸을 훈련할 것을 요구한다. 스스로 밀고 나가라. 스스로 거절하라. 그렇게 경주를 시작하라! 경주를 해서 승리하라![34]

"우리는 더 나아보이고, 더 낫게 느끼고, 더 나은 건강과 고조된 육체적 활기를 누리게 될 것이다. … 끌고 다니는 무게가 일단 줄어들 것이고, 그렇게 되면 관절에 무리를 덜 주게 될 것이고, 인생에 더욱 적극적으로 뛰어들게 될 것"[35]이라면서 몸 관리의 하나로 제시된 다이어트는 자유롭고 나은 미래를 가져다주는 것으로 해석된다.

33 고린도전서 6장 20절
34 조지, 『매일 성공하는 여자』, 74-75.
35 조지, 『매일 성공하는 여자』, 76.

성서는 외모 가꾸기의 노하우를 신앙적 언어로 번역하는 데 중요한 근거다. 어떤 텍스트는 에스더서를 근거로 미래의 남편을 맞이하기 위해 외적인 준비도 병행했다든가, 왕비다운 풍모를 위해 6개월 미용 수업도 받았던 일을 상기시키며, 여성 교인들도 6개월의 과정을 밟는 동안 원하는 외모에 신경을 쓰게 될 것이라고 조언한다. 뿐만 아니라 "여성으로서의 '외모'가 적어도 가장 최선이 되도록 외모를 돌보는 좋은 방법이 있다. … 아름다움과 외모를 돌보는 일이 육체적인 훈련의 영역에서 한 부분을 차지하고 있다는 것은 확실하다"[36]라고 주장함으로써 외모 가꾸기가 종교적 목적을 향한 육체 단련의 한 부분임을 암시하고 있다.

대중적인 자기계발 서적들은 자기 관리와 자기실현이 일어나는 핵심적인 장소로의 몸, 그리고 그것을 자기 평가로 드러내기 위하여 외모를 세분화하여 이상적 수치를 제공하기도 한다.[37] 이와는 비교할 수는 없지만 기독교 여성들의 자기계발 서적에도 유독 미용에 관해 구체적으로 머리, 화장, 체중, 복장, 신발 등으로 세분화하여 구체적인 관리 방법에 대해 조언한다.[38] 이러한 관리 방법들은 몸을 교정 대상으로 전제하고 상세하게 분류하고 측정 가능하고 양적으로 측정할 수 있는 자료로 변형시킨다는 것이며, 그것을 통해 개인이 자기-평가를 편리하고 효율적인 방

36 필로미나 윌슨, 『백마 탄 신랑감 만나기』, 최영오 옮김 (서울: 나침반, 2006), 55.

37 성형 대상으로서 여성의 몸은 크게 몸, 얼굴, 피부로 나눠지며, 상세하게는 150가지로 분류된다. 목, 귓바퀴, 팔꿈치, 무릎, 어깨 등 드러나는 부분뿐 아니라 가슴, 등, 배꼽…까지 몸의 전 영역이 구획되고 있다. 최옥선, 「여성의 몸 담론과 성형 담론의 상호텍스트성에 관한 연구」, 성균관대학교 박사학위논문 (2005) 참조.

38 기독교 여성 신앙서적에서는 머리 관리를 청결성, 스타일, 색깔, 머릿결로 세분화하여 관리 테크닉을 제시한다. 조지, 『매일 성공하는 여자』; 윌슨, 『백마 탄 신랑감 만나기』 참조.

식으로 할 수 있게 한다는 것이다.[39]

여성들의 새로운 몸에 대한 욕망과 이의 발현의 한 형태인 몸 관리는 성별 분화된 신자유주의적 주체의 구성과 연동되어 있다. 푸코가 "주체가 스스로의 실천으로 자신을 적극적으로 구성하는 방식에 대해 내가 관심을 갖고 있다고 해도, 개인이 스스로 이런 실천을 만들어내는 것은 아니다. 그것은 그가 속한 문화 속에서 발견한 양식이며 그의 문화 그의 사회 그가 속한 사회적 집단들이 그에게 제의하고 부과한 양식들이다"[40]라고 지적했듯이 여성들의 외모 관리를 둘러싼 자기 테크닉에는 특정한 정치적 이념이 스며 있다. 외모에 대한 관심과 실천은 오로지 여성 자신의 적극적인 원함과 욕망 때문이며, '자발적'으로 선택한 일이기에 고통스런 몸 관리가 '기쁘게' 수행된다는 믿음은, "결국 모든 것이 너의 선택이며, 너의 책임"이라는 신자유주의적 자기계발 담론이 유포한 신화의 영향이기 때문이다. 그러하기에 대중적 신앙서적과 자기계발서가 섹슈얼리티를 활용하여 성공하는 비법으로 제시하는 소비/몸 만들기/전략적

39 그런데 이러한 세분화를 통한 자기 관리 방식은 비단 외모 항목에만 국한되지 않는다. 결혼 중매시장의 경우 배우자는 지수로 환산된다. 배우자의 가치는 신체 매력, 사회경제력, 가정환경 등의 항목으로 나누는데, 신체 매력의 경우는 키, 몸무게, 호감도, 사회경제적 위치는 학력, 직업, 연봉에 따라 가치가 매겨지는 등 상세 분류로는 160가지에 이른다. 그뿐만 아니라 결혼 배우자에 대해서도 같은 방식으로 세분화되어 있는데 교회 여성들은 '배우자 기도'라는 형식을 통해 자신이 원하는 배우자 '조건' 항목들을 구체화하여 백일기도 등을 통해 실천한다. 가령 결혼을 소망하는 비혼 여성 교인들이 즐겨 읽는 한 신앙서적에서는 "당신이 과연 어떤 타입의 남성을 원하는지 살펴봅시다. 남편 될 사람에게 바라는 조건을 아래에 나열해 보십시오. … 나열한 조건들을 다시 훑어보고 그중에서 무시할 수 있는 조건 옆에 별표를 하십시오"라고 구체적인 방식을 제안하기도 한다. 월슨, 『백마탄 신랑감 만나기』, 36-37.

40 미셸 푸코, 『미셸푸코의 권력이론』, 정일준 옮김 (서울: 새물결, 1994), 113.

결혼은 신자유주의 통치성이 작동하는 곳에 은밀하게 설치된 성차별적인 그물망이다. 교회 여성들이 소비하는 대중적 신앙서적들은 자신의 자산 가치를 높이고자 스스로 질주하는 자기계발적 주체를 생산하고 있으며, 자기 욕망의 실현에 자기 주도적이고 능동적인 주체를 생산하는 신자유주의 통치성에 조응한다.

5. 자기계발적 주체, 과연 해방적일까?

최근 교회 여성들이 적극 소비하고 있는 자기계발서의 키워드는 여타 대중적인 자기계발서가 그러하듯 '능동성', '주체성', '적극성', '선택', '긍정성'이다. 현재 대형 교회에 다니는 중산층 고학력의 여성들은 기존의 노골적인 성차별적 신앙 언어에 대해서는 거부감을 가지고 있는 반면 자기 결정과 책임, 주도성을 강조하는 각종 자기계발 프로그램들에 적극 참여하고 있다.[41] 오랫동안 교회 전통에서 여성의 미덕으로 간주되었던 '순종'과 '복종' 대신에 '자발성'과 '자기 주도성'이 새로운 덕목으로 부상하고 있으며, 이는 선교를 비롯한 각종 교회 활동에의 적극적인 참여와 자아실현을 추동하는 힘으로 작동하기도 한다. 신자유주의적 주체의 특성인 자기 주도성, 자발성, 적극성, 자율성은 신앙적 언어로 번안되

41 모든 여성 교인이 '성공'과 '능동적 자아'를 강조하는 자기계발서를 수용하는 것은 아니다. 성공에 이르는 성경적 비법은 성경을 왜곡한 것이라든지, 긍정적이고 낙천적인 성격을 개발하면 성공한다는 메시지나 긍정의 힘은 기독교적이지 않다고 보는 비판적 시선도 있다. 옥성호, 『심리학에 물든 부족한 기독교』(서울: 부흥과 개혁사, 2007) 참조.

어 신앙적 정체성과 충돌 없이 수용되고 있다. 결과적으로 자기계발적인 주체 양식은 그간 여성들의 삶의 기반을 제약하던 전통적인 성차별적 이데올로기의 협소함으로부터 벗어나는 데 큰 역할을 담당하고 있다.

그런데 이러한 자기계발 담론을 적극 소비하는 교회 여성들이 과연 해방적 주체가 되었는가는 의문이다. 자신의 삶을 결정하고 실천하는 자기 주도적 자율성의 주체라는 미명하에 다시 예속화되는 것은 아닐까. 자기계발의 시대정신에 합당한 주체가 되기 위해 강제된 자유를 스스로 선택한 자유로 착각하는 것은 아닐까. 사실, 비록 '하나님의 성전' 이라는 신앙적 언어로 번역되었지만 실은 소비자본주의 사회에서 가치 있는 표준화된 몸을 갖기 위해 부단히 경주해야 하는 부담은 또 다른 형태의 강제적인 규범이다. 뿐만 아니라 자기 주도성과 연결되는 자기계발의 윤리는 삶의 모든 선택을 할 자유가 각자에게 주어져 있고, 선택에 따른 결과의 책임도 자신이 진다는 것이다. 자율성을 바탕으로 선택의 자유를 지닌 자기는 스스로의 삶과 행복을 만들어야 하는 책임 또한 지닌다. 그리하여 자기계발의 윤리는 모든 문제를 개인의 책임으로 돌림으로써, 문제의 원인이 사회구조적 차원에 있는 것조차 망각하게 한다.

또한 위의 본문에서 검토한 여성을 대상으로 하는 대중적인 신앙서적들은 물론이고 교회 내의 각종 자기계발 프로그램들은 신자유주의 시대의 신앙적 언어로 변형되었으나 여전히 젠더 위계의 그물망 역할을 하고 있었다. 여전히 외모, 몸, 여자다운 태도, 여성스러움에 대한 가치화가 기존의 성차별 체제로부터 자유롭지 못하다는 말이다. 개인의 취향과 욕망에 민감한 신자유주의 사회의 소비 문화는 한편에서는 여성의 개성화와 자아실현을 제안하지만 또 다른 한편에서는 남성과 구분되는 여성의 집합적 성정체성을 차별화하는 생활양식이나 취향을 파급시키기도 하였다. 요컨대 더 여성스러운 외모와 몸을 관리하도록 부추기는 자기계발 지침들은 성별 문화의 차이를 교묘하게 포장하여 표면적으로는 개성화, 자아실현, 해방을 제시하지만 실상은 기존의 젠더 역할을 구조적으로 온존시키고 있다.

맹목적 순종, 끝없는 인내, 보조자 등 기존 성역할의 굴레에서는 벗어난 듯 보이지만 그 자리에 대신 들어선 또 다른 억압의 장치가 은밀하게 작동하고 있는 것이다. 가령 신앙인의 자녀 교육서로 활발하게 유통되고 있는 『다니엘 학습서』를 보자. 청소년 자녀를 둔 30~40대 교회 여성들이 주 구매자 층이며, 이러한 서적류를 학습교재로 활용하는 교회 독서모임 참석자 역시 비슷한 연령대의 여성들이다. 이는 자녀 교육 담당자로서의 성역할 구분을 엿볼 수 있는 사례다. 게다가 자녀의 명문대 입학은 엄마의 '무릎기도'에 달려 있다는 신앙 간증들. 자녀의 신앙심 함양을 위해서라도 끊임없이 자신의 신앙을 성찰해야 하는 엄마. 좋은 엄마가 되기 위해 각종 새로운 상품과 일상생활의 테크놀로지를 자유로이 선택하고 소비해야 하는 엄마. 하느님의 성전인 몸을 관리하기 위해 부단히 노력하는 자기 주도적인 여성 교인…… 오늘날 한국 교회에서 널리 유통되는 이러한 여성 이미지에서 우리는 가부장주의의 은밀한 통제와 작동 방식을 발견한다. 이러한 면에서 수정된 가부장적 성역할 구별의 그물 안에 포획된 '자기'를 진정한 의미에서의 해방적 주체로 보기에는 그 한계가 분명하다.

여성신학적 시각에서 본 한국 드라마*

백소영(이화여자대학교)

1. 드라마의 법칙, 올드 앤 뉴

동서고금 시공을 초월하여 사람들은 '이야기'를 즐긴다. 내러티브에는 힘이 있기 때문이다. 나와 똑같은 인간, 혹은 그다지 다르지 않은 주인공들의 고민과 갈등과 좌절, 역경의 극복을 지켜보며 함께 울고 웃는 동안 나의 삶도 위로가 되는 까닭이다. 때문에 유난히 감정이입을 잘하는 정서를 지닌 한국에서 드라마는 단연 '국민적 지지'를 받는 매체 장르로 자리매김했다. 시청률이 높은 드라마들의 경우는 대한민국 사람 반이 본다. 〈선덕여왕〉의 미실이 죽는 날은 초등학교 아이들까지 떠들썩

* 이 글은 2007년도 정부재원(교육과학기술부 학술연구조성사업)으로 학술연구재단의 지원을 받아 연구되었음(NRF-2007-361-AL0015).

거렸고, 〈제빵왕 김탁구〉는 '국민조카' 가 되어 마치 옆집에 사는 사람인 양 그의 삶에 참견을 했다.

그러나 심성적으로 이야기를 즐기는 '드라마 왕국' 대한민국에서도 소위 '먹히는' 드라마에는 법칙이 있다. 학자적 엄밀함의 눈으로 보지 않더라도 금세 파악되는 인기 드라마의 보편적 법칙들은 대략 이러하다. 가장 흔하게 등장하는 법칙은 '알고 보면 다 가족' 법칙이다. 연적은 서로 몰랐던 이복형제이거나 이복 자매, 멀어봐야 사촌지간이다. 애절하게 사랑하는 두 사람은 알고 보면 어려서 헤어진 오누이 간이거나 법적 남매가 될(혹은 된) 사이란다. 안타깝게 헤어진 커플은 하필 새로 만난 사람들의 인연으로 또 얽혀 있다. 아예 복수극에 이용하고자 짝끼리 엇갈리고 겹치는 부부의 교환, 혹은 애인의 교환도 자주 등장한다. '막장' 이라 비난하면서도 이런 코드들은 시청률이 높다는 드라마의 주요한 구성요소가 된다. 하긴 대한민국 드라마만 나무랄 일은 아니다. '첫눈에 반한 운명적 상대가 원수의 집안이거나 형제자매라서 이루어질 수 없는 상황' 이라는 극적 장치는 이른바 드라마의 '클래식' 아니겠나? "사랑에 빠진 남녀 한 쌍은 법 밖에 있고, 법은 그들에게 치명적인" 사랑의 플롯은 셰익스피어도 사용한 법칙이요[01] 프로이드도 분석한 인간 욕망이다.[02]

물론 '대한민국 인기 드라마의 보편법칙' 중에서도 으뜸가는 것을 꼽

01 줄리아 크리스테바, 『사랑의 역사』, 김인환 옮김 (서울: 민음사, 2008), 290.
02 그의 유명한 논문 "환상의 미래"를 위시하여 인간 욕망에 대한 프로이트의 해석은 문명적 금기에 대한 위반의 욕구가 주요한 주제다.

자면 그것은 단연 '인간성 빼고는 다 갖춘 왕자와 인간성과 제법 예쁜 얼굴 말고는 가진 게 없는 서민 여자'의 운명적 사랑 이야기다. 하필 내 주변에 있는 멋지고 예쁘고 똑똑하고 잘난 여자들, 무엇보다 나에게 목을 매는 그녀들을 뒤로하고 드라마의 왕자들은 하나같이 가난하고 보잘것없는 운명의 상대를 만나 진정한 사랑을 나눈다. 그 결과 왕자님은 인간미 넘치는 사람으로 거듭나고 결국 조건도 왕좌도 버릴 수 있는 지고지순 사랑의 화신으로 변한다. 이는 '낭만적 사랑 이야기'가 등장한 이래 보편성을 띤 드라마의 법칙이 되었다.[03] 합리성의 최대치에 와 있는 후기근대사회의 정점에서조차, 사랑의 관계만큼은 낭만의 영역에 두고 싶은 인간의 열망이 작용한 결과일 것이다. 현대 사회에서 유일하게 낭만화된 영역이 바로 이 사적 관계의 영역이기 때문에 오히려 이 '낭만적 사랑'의 코드는 더욱 강조되기 마련이다. 인간이 인격이 아니라 '기능'이 되어버린 현대 관료제 사회에서 공적 개인은 언제든지 대체 가능한

03 고대라고 낭만이 없진 않았겠으나 결혼으로 이어지기 힘든 안타까운 로맨스, 그 모든 것을 극복하는 낭만적 사랑의 전형은 12~13세기 유럽의 궁정 문화에서 시작되었다고들 말한다. 특히 상류사회에서 결혼이 주로 토지 재산, 상속, 귀족 가문이나 왕위의 계승을 위해 중요한 역할을 하던 중세 유럽에서 결혼은 언제나 당사자들의 개인적 취향이나 열정과는 별도로 진행되었던 배경에서, 즉 결혼과 사랑은 관계가 없던 시절에 '궁정 로맨스'로 시작되었다는 것이다. 크리스토퍼 래쉬, 『여성과 일상생활: 사랑, 결혼, 그리고 페미니즘』, 오정화 옮김 (서울: 문학과지성사, 2004), 43. 그러나 "궁정 로맨스"는 언제나 비극적 사랑이거나 비밀의 사랑이었다. 이미 결혼한 상태, 혹은 결혼이 불가능한 상태의 두 사람 사이의 사랑이었기 때문이다. 한국에서는 전통적 신분제 사회가 붕괴되면서 현대적 가치가 유입되던 1920~30년대에 이러한 사랑과 비극의 이야기들이 종종 목격되었다. 그러나 오늘날 드라마에서 차고 넘치는 낭만적 사랑은 서구의 19세기적 근대 가정관이 정착시킨 '낭만적 사랑'이다. 즉 그 행복한 결말이 진정으로 사랑하는 두 남녀의 상호 헌신의 제도화, 즉 결혼으로 끝나는 사랑 말이다. 앤소니 기든스, 『현대사회의 성 · 사랑 · 에로티시즘』, 배은경 · 황정미 옮김 (서울: 새물결, 2003), 76-79.

삶 아니던가! 더구나 21세기적 '노동의 유연성'이 불완전 고용과 구조조정을 일상화한 시점이고 보면, '대체 가능한 기계 혹은 기능'으로서의 공적 삶이 더 치열하고 각박하면 할수록, 그 반대급부로 낭만적 영역에서의 '대체 불가능성'에 대한 열망은 더욱 상승할 터이다. 더구나 현실의 사랑이 현대 자본주의의 공적 가치들에 '오염'되어 이기적이고 계산적이며 금전적이라면 '조건 없는 낭만적 사랑'에의 내면적 열망은 더욱 커져간다.

덕분에 드라마 왕국 대한민국에는 2010년 4월 동화 같은 결혼식을 올린 영국 황태자보다도 더 멋진 왕자님들이 매일(월화드라마, 수목드라마, 금요드라마, 주말드라마) 등장한다. 21세기적 옷을 입은 현대판 왕자님들은 대부분 '차도남'(차가운 도시 남자)들로서 이기적, 계산적, 합리적 성품을 지닌 전문가들이다. 그리고 대부분 회장 아드님이거나 전무, 본부장 못해야 실장님이다.〔그중 '본부장'이 최근의 대세다. 〈여인의 향기〉(2011) 〈보스를 지켜라〉(2011) 등 최근 상영하는 드라마의 남주인공들은 모두 '본부장님'이다.〕 그야말로 관료제적 전문가로서 어느 치열한 경쟁에서도 밀리지 않을 '완벽남'들이다. 그러나 공적인 일에 있어서는 피도 눈물도 없는 그들이 비합리적, 맹목적적, 무한한 사랑과 희생을 감행할 때가 있으니, 그건 그들이 운명적 사랑에 빠졌을 때다. 그리고 그들의 그 운명적 사랑의 상대는 언제나 조건이 상당히 '빠지는' 평범한 여성이다. 뛰어난 지혜도, 번쩍이는 지성도 없는 여주인공들이건만, 그녀들과 사랑에 빠진 왕자님들은 모두 인격 개조에 성공한다. 냉혈한이거나 이기적이던 그들이 마음 따듯한 진정한 인간으로 거듭나는 것이다.

〈궁〉(2006)에서는 아예 진짜 왕자님 '이신'과 평범에서 약간 모자라는

'신채경' 이란 소녀가 사랑에 빠졌다. 신이도 채경이를 만난 뒤 제대로 인간이 되었다. 〈신기생뎐〉(2011)의 '아다모' 도 착해진 회사 오너 아들의 전형이다. '단사란' 역시 신데렐라가 갖추어야 하는 그 모든 것을 갖추었다. 계모와 착하지만 무능력한 아버지, 가난한 환경과 뛰어난 미모 말이다. 최근 방영하는 〈로맨스타운〉(2011)에서는 아예 부잣집 도련님들과 가사도우미(극중 대놓고 '식모' 라 부르는)들 간의 사랑이 한 커플도 아니고 무더기로 등장했다. 이 드라마에서도 곧 개과천선하는 남주인공들을 볼 수 있을 것이다. 근간의 드라마 중 최고는 역시 대한민국을 '현빈앓이' 로 들끓게 한 〈시크릿가든〉(2010/11)이다. 극중 주인공 '김주원' 은 본디 재벌 3세로서 결혼은 "일생일대의 인수합병"이라는 계산적인 남자였다. 그러더니 달랑 스턴트우먼 출신의 고아 처녀 '길라임' 을 만나 "이 어메이징한 여자야, 이러니 내가 안 반하니?" 외쳐가며 이타적 인간으로 변모하더니, 급기야는 연인을 대신하여 목숨을 바꾸려 폭풍 속으로의 질주를 서슴지 않았다. 덕분에 눈물콧물 범벅이 되어 '닥빙모드' (닥치고 빙의 모드)가 된 주부들이 얼마나 많았으면, 그 호기를 노리고 이득을 챙긴 남편들도 있었다 한다.[04]

그러나 역사가 오래된 '낭만코드' 라 하여 '신데델라' 들이 늘 '그 밥에

04 한때 인터넷을 뜨겁게 달군 한 패러디 작가는 연말 카드 "빵꾸난" 것을 어찌 말하나 고민하다가 마침 "현빈이 의식불명 라임이를 태우고 폭풍우 몰아치는 빗속을 뚫고 들어가는 장면에서 눈물콧물 범벅이 된" 아내를 보며 그 시점이 호기임을 직감했다고 한다. 해서 제정신이 아닌 아내에게 그 모든 것을 고백했다는 것이다. 그러면서 그가 그랬다. "난 분명히 말했다. 다시 한 번 현빈 씨에게 감사한다." 아고라 인기작가 〈나야나〉의 편지글이었는데 블로거들이 담아다 나르고 급기야 1월 20, 21일에는 서울신문, 강원일보, 뉴스한국, 천지일보, 민중의 소리 등 인터넷 뉴스에까지 기사화되었다.

그 나물' 이지는 않다. 여기에 21세기적인 새 조건이 나타났다면 그것은 왕자님들의 사랑의 대상으로 '나이 많은 유부녀' 나 '이혼녀' 가 등장했다는 사실이다. '가엾기 그지없는 조건' 의 여자를 사랑하게 되는 것은 '낭만적 사랑' 의 기본 덕목이므로, 새로울 게 없다. 다만 '나쁜 조건' 에 나이 많은, 애 딸린 아줌마 코드가 더해진 것이다. 젊고 예쁘고 능력 있는 여자들이 주변에서 목을 매는데도, 드라마의 왕자님들은 하필 나이 많고 딸린 식구 많고 생활고에 시달리는 여주인공을 사랑한다. 〈역전의 여왕〉(2010/11)의 차도남 '구용식' 은 아줌마 '황태희' 가 자기 스타일이 아니라고 누누이 외쳤건만, 결국 태희를 진정으로 사랑하게 되었다. 〈조강지처클럽〉(2008)의 '나화신' 도 본부장 '구세주' 의 조건 없는 사랑을 받는 이혼녀다. 최근 방영하는 〈불굴의 며느리〉(2011) 역시 과부 여주인공에게 '올인' 한 젊은 미남 본부장님이 등장한다.

재미있는 발견은 이 왕자님들이 사랑에 빠지는 유부녀 · 이혼녀 · 과부에게는 크게 두 가지 덕목이 있다는 점이다. 첫째 나이치곤 예쁘다. 아직까지 미모를 초월한 진정한 사랑은 대한민국 드라마에 등장한 적이 없다. 〈내 이름은 김삼순〉(2005)이 딱 한 번 그 법칙을 깼다지만, 난 아무리 눈을 다시 뜨고 봐도 삼순이가 뚱뚱하고 못 생겨 보이지 않았다. 물론 이 첫 번째 조건은 나이든 여주인공에는 승산 있는 덕목은 못 되겠지만, 그래도 젊은 '본부장님' 들은 모두 '콩깍지' 라 연상의 누나들에게 반한다. 두 번째 덕목은 더 경쟁력이 있다. 즉, 넘쳐나는 모성애! 보통 '나이 많은 누나들' 을 사랑하는 연하의 왕자님들은 공통의 아픔을 지닌 이들로 그려진다. 하나같이 엄마의 부재, 혹은 왜곡된 모성의 희생양이다. '구용식' 은 혼외 자녀로서 생모를 모르고 자란 아픔이 있고 '구세주' 는 외도를 한 아버지로 인해 상심한 어머니가 자살을 하셨단다. 해서 이 왕자님들은 자신보다 아이를 챙기고 또 그 모성애로 왕자님들의 마음을 살뜰히 보듬는 여주인공들에게 넋을 놓는 것이다.

나이 들었는데도 사그라지지 않는 대한민국 여성들의 '낭만적 사랑'에의 열망은 '나를 이해해주는 연하남'을 트렌드로 만들었다. 요즘 들어 그 나이 차이를 점점 벌리게 된 데에는 시청률을 좌우하는 커다란 세력인 '대한민국 아줌마' 군단을 무시할 수 없어서일 게다. '구용식'이나 '구세주'는 기껏해야 한두 살, 많아야 서너 살 연하였다. 그러나 최근에는 20년 혹은 그 이상의 나이 차이가 나는 '아들뻘' 연하남들이 등장하기에 이르렀다. 이 새로운 트렌드의 여주인공은 대부분 남편의 잘못으로 불행한 결혼생활을 한 덕에 여자로서의 행복을 누리지 못해온 여인으로 그려진다. 그러다 어리고 순수하고 배려심 많은 연하남으로부터 절대적 사랑을 받아 잃어버린 젊은 시절을 보상받는다는 구성이다. 드라마 〈바람 불어 좋은 날〉(2010)의 여주인공 '강희'는 열아홉 살 연하의 전직 제자 출신(?) '민국'의 지고지순한 사랑을 받는다. 고등학교 1학년 때 담임 선생님이셨단다. 나이 차도 버거운데 암까지 걸렸다. 물론 그 어느 것도 민국에게는 망설임이나 주저함의 이유가 못 된다. 그런데 이 커플은 여주인공의 단아함에도 불구하고 너무나 '엄마'와 '아들' 같은 모습 때문에 시청자들의 지지를 받지는 못했다.

그러나 〈웃어요 엄마〉(2010/2011)의 '윤민주'를 향한 동조와 응원의 글들은 다른 반응을 보여준다. 이십대라도 해도 믿을 만한 여주인공의 '동안미모'와 'S라인 몸매'가 절대적인 몫을 하였다. 아들보다 더 어린 제자 '이강소'. 민주의 조교였고, 민주의 시를 사랑하다 그녀마저 사랑하게 된, 그런 사이다. 스물을 훌쩍 넘긴 나이 차이다. 나이가 아무리 어려도 흑기사의 신화는 계속된다. 이혼녀라는 편견으로 인해 승진이 안 되어 속상해진 민주가 교수로서의 행동이라고 보기 힘든 '술 먹고 행패부리기'의 일환으로 학과장실 문을 의자로 찍었다. 아침에 출근하여 열 받은 학과장 앞에 자신이 그랬다고 대신 나타난 강소! 이후 닭살 행각에 이십대 정서에나 맞을 프러포즈에, 어쩌자고 그 나이에 웨딩드레스는 또 입었는지. 그런데 그 모습이 왜 또 잘 어울리는지. 덕분에 시청자 게시판에는 '소주커플'(강소와 민주 한 자씩 따서 붙인 이름)을 응원하는 글들이 넘쳐난다: "분량 늘려주세요. 그 재미로 보는데요"(윤현주), "아, 소주커플은 왜케 안타까운지, 행복했으면 좋겠는데"(김진아), "미친 존재감 소주커플, 더 더 발전하기를"(윤경숙), "소주커플 분량이 너무 적어요"(권향순), "아 진짜 이강소 조교는 왜케 멋있는 거지"(곽연기). 극 뒷부분에서는 정리가 되었지만 사실 민주의 딸이 강소에게 호감을 갖고 있는 상황이 그려졌었다. 이제는 딸과의 경쟁에서도 당당히 승리하는 엄마가 탄생한 셈이다. 작가도 PD도 '엄마'와 '아들' 뻘 연인들의 닭살 애정행각이 부담스러웠는지 결국 민주에게 알츠하이머병을 선물했다. '자기가 딱 스물네 살인 줄 안다'는 민주에게 '닥빙'하며 사십, 오십대의 시청자 주부들은 행복에 젖는다.

〈폭풍의 연인〉(2010)에서는 일밖에 모르는 것으로도 이미 낙제감인데, 거기다 첫사랑을 잊지 못한 채 자꾸 만나는 남편을 둔 아내 '홍나림'이 연하남의 흑기사 사랑을 받는다. 영화배우란다. 한참 어린 후배 '에릭'의 사랑을 받고 있는데, 이 드라마에서도 나림의 딸인 형숙이 에릭을 좋아하고 있다. 나중에 사실을 알게 된 형숙이 "우리 엄마한테 잘 보이려고 나한테도 잘해준 거예요?" 대들며 3년만 기다리라는데도, 그 청순하고 예쁜 여학생을 마다하고 에릭은 나림을 향해 지고지순한 사랑을 보여준다. '일렉트라 콤플렉스' 라는 심리기제가 말해져왔지만, 이건 그 역의 상황이다. 엄마처럼 빨리 자라서 아빠의 사랑을 받고 싶은 딸 대신에, 딸이 가진 젊음을 다시 찾아서 젊은 애인의 사랑을 찾고 싶은 엄마들의 욕구가 드러난다. 잃어버린 청춘과 젊음을 되돌리고 싶은 주부들의 욕구가 이젠 딸마저도 내면의 경쟁자로 만들어버렸나 보다.

2. 다시 '공적 영역' 으로! '집 나가면' 둘 다 얻는다!

21세기 대한민국 드라마의 '새로운' 법칙 중 또 하나의 주제를 말한다면 이는 '공주(혹은 여왕)의 귀환' 이다. 결혼과 더불어 그녀들이 잃은 것은 일과 사랑이다. 실은 '나' 다. 현대 사회의 이분적 구조 속에서 결혼 직전까지 제도 교육과 직장 경험을 통해 '나 되기' 의 훈련을 받아온 여자들이, 아내와 엄마에 대한 이해만큼은 전근대적 가치를 벗어나지 못한 한국의 혼종적 기대 덕분에 결국 많은 수가 공적 생활을 접고 사사화privatization되기 때문이다. 물론 그녀들이 결혼 후 전업주부가 되는 데에는 근대 이후 하나의 시스템으로 형성된 현대 자본주의적 삶의 구조 자체가 이분화된 까닭이 함께 작용한다.

부르주아 산업사회의 이미지는 인간 노동력의 불완전한, 또는 좀 더 정확하게 말해서, 분리된 상업화에 기초하고 있다. 총체적 산업화, 총체적 상업화, 그리고 전통적 가족 형태 및 역할은 서로 배제적 관계다. 한편에서 임노동은 가사를 전제하고 시장을 통해 매개되는 생산은 핵가족의 형식과 귀속 역할을 전제한다. 그 점에서 산업사회는 남녀의 불평등한 지위에 의존한다. 다른 한편 이 같은 불평등은 근대성의 원리에 모순되며, 성찰적 근대화가 연속되면서 문제화되고 갈등을 빚게 된다.[05]

"의식이 객관적인 조건보다 앞서 달려 나간다"는 벡의 통찰은 정확하다.[06] 적어도 학업과 직업 영역에서는 근대성의 시간을 살았던 대한민국 여성들. '전업주부의 학력이 전 세계 최고'라는 사실은 바로 그녀들이 이 이원화된 구조의 희생양임을 증명한다. 그녀들의 의식은 그녀들이 처한 객관적 조건보다 앞서 있다. '당연'이요 '운명'으로 여기고 살기에 그녀들의 현대적 의식과 능력은 현재의 사적 자리에 만족하지 못하게 만든다. 그러나 대안이 없다. 개인기로 넘어가기에 공적 영역과 사적 영역 사이에 쳐진 '칸막이'는 너무나 높다. 졸지에 익숙지 않은, 혹은 자신의 엄마에게나 해당될 줄 알았던 전통적 성역할의 무게가 오롯이 자신에게 떨어진 오늘의 주부들. 현실은 멀어도, 아니 현실이 너무나 멀기에 오히려 드라마는 그녀들의 열망을 대신 표현해주고 있는지도 모른다. 〈조강지처 클럽〉 여주인공 '나화신'의 이름처럼 '다시 자신이 되고자 하는' 대한민국 전업주부들의 열망이 요즘 인기 드라마들에 담겨 있다.

〈나는 전설이다〉(2010)의 여주인공 '전설희'는 결혼 후 줄곧 시어머니와 남편에게 '니까짓 게, 지까짓 게' 소리만 듣고 산 상고 출신 전업주부였다. 대대로 내놓으라는 법조인 집안의 장남과 일터에서 만나 '낭만적

05 울리히 벡, 『위험사회: 새로운 근대성을 향하여』, 홍성태 옮김 (서울: 새물결, 1997), 178.
06 울리히 벡, 위의 책, 177.

사랑' 을 나눈 결과 소위 '청담동 며느리' 가 되었다. 그러나 '낭만' 은 딱 거기까지다. 집안 격조에 맞게 살아야 한다며 직장도 다니지 못하게 하고, 바쁜 남편은 볼 사이가 없더니만 이내 마음도 멀어져버렸다. 대한민국 전업주부 대부분이 설희처럼 '청담동 며느리' 는 아닌 터. 때문에 '집안 격조' 때문에 공적 일을 접은 경우는 드물다. 그러나 오늘날 대부분의 전업주부들의 현실은 한국의 빠른 근대화와 그에 맞춘 사회체제의 개편이 양산한 불균형과 어그러짐이 만들어낸 비극적 산물이다. 1954년 의무교육이 시작된 이래 여학생의 취학률이 남학생에게 뒤져본 적 없는 나라가 대한민국이요, 그 모든 전문직 · 자격증 시험에서 높은 합격률을 자랑하는 여학생들을 양산한 나라가 대한민국이다. 하여 대한민국 여성들은 공적 영역에서 개인 대 개인으로 대면했을 때 전혀 뒤쳐질 이유가 없는 '탈성적 전문가 개인' 들이다.[07] 오죽하면 초등학교 6학년 아들아이가 한 번은 절레절레 고개를 흔들며 그런 말을 한 적이 있다. "걔는 절대 못 이겨요! 여자애거든요."

이렇게 승부근성과 능력 면에서 남성을 압도하는 대한민국 현대 여성들이 일단 결혼만 하면 이야기가 달라지는 거다. 이후 그녀들이 살아가는 공간은 이전까지의 현대적 시간성이 지배하는 세계가 아니다. 아직까지도 상당 부분이 '전근대적' 인 가치가 지배한다. 가뜩이나 공 · 사 이분적 삶의 공간 덕분에 일과 가정이 병행하기 힘든 일상 중에서 가정에서

07 이 용어는 저자가 졸고, 『엄마되기, 아프거나 미치거나』(서울: 대한기독교서회, 2005)에서 처음 소개한 말인데, 공적 영역에서는 원칙적으로 젠더 차가 무시되거나 가려져야 하는 '전문기능인' 으로서의 개인을 일컫는다.

의 성역할 분배가 전근대적일 때, 그 피해를 받게 되는 쪽은 당연 여성이다. '나'로 살아본 경험이 있는, 아니 그 세월이 더 긴 현대 여성들에게 어느 날 갑자기 '보조자', '공적 기록을 가지지 않는 자'로 살아가라 하니 그 상실감이 얼마나 크겠는가? '돌아가고 싶은' 그녀들의 내적 욕구는 짐작 가능하다. 겨우 7년이었는데도 '미치겠던' 나의 경험을 돌아볼 때 그녀들이 온전한 정신을 유지하고 수십 년을 살고 있는 것이 기적일 따름이다.

때문에 위로하기 위함일까? 아니, 대리만족의 기능에 더 가까우리라. 최근 방영된 한국 드라마 대부분은 전업주부들이 공적 세계로 화려하게 귀환하는 모습을 그려준다. 우선 그녀들의 멋진 귀환을 위해 극적 장치가 필요하다. 시어머니, 시누이, 남편은 비정상적으로 극악하거나 무능해야 한다. 가정은 불합리한 희생을 강요하고 합리성이나 공정성이 부재하는 무법천지의 공간으로 극대화되어 묘사된다. '법대로' 하고 살자는 현대 사회의 공적 동의가 이루어지지 않는 유일한 공간 '가정'에서, 엄마요, 아내요, 무임금 가사노동자인 전업주부가 자기를 상실해가는 과정이 드라마 전반부에 그려진다. 드라마의 여주인공들은 남편이나 아이들을 자기라고 착각한다. 해서 남편의 출세가, 아이의 성공이 나의 성취와 동일시되기에 이른다. 〈웃어요 엄마〉(2010/2011)는 이를 선명하게 보여주는 드라마다. 여주인공 '강신영'은 국회의원 보좌관의 아내다. 똑똑한 아내라 비서 역할 다하고 보고서까지 대신 써주는 '내조의 여왕'이다. 머리만 좋은가. 음식도 잘하고, 국회의원(남편 상관) 사모님께 입에 혀처럼 구는 완벽한 내조를 보여준다. "언제나 집에 도움이 필요하시면 연락하세요." 방실 웃으며 국회의원의 미국 가 있는 자녀들 밑반찬까지 챙기는 여자다. 그러나 그리 헌신적으로 내조한 남편은 같은 직종의 동료 '황보미' 와 바람이 났다. 그도 모자라 자신을 부도덕한 여자로 몰아세워 강제 이혼까지 종용했다. 원래 자기 자리였던 '신머루' 의 아내, '유라' 의 엄마 자리를 그녀가 꿰찼다. 그렇게 신영은 모든 것을 잃었다.

결국 드라마 전반에서 펼쳐지는 비참한 가정생활 혹은 행복한 가정의 강제적 박탈은 아내의 복수를 위한 배경이 된다. 강제적으로 모든 것을 잃게 된 여주인공들은 '쫓겨나듯 집을 나오게' 되지만 결국은 직업 영역과 애정 영역에서 모두 승리한다. 대부분 현모양처로 전통적 역할을 성실하게, 훌륭하게 해내다가 남편의 배신으로 복수극을 펼치는 구조다. 그 원인의 대부분은 남편의 외도로 시작된다. '못난 놈이 바람까지 피는' 어이없는 상황이 전개된다. 상대는 대부분 '전문직 여성' 이다. 전업주부들이 가지지 못한, 혹은 박탈당한 영역을 장악한 여자들 말이다. 〈조강지처클럽〉의 생선장수 아내 한복수는 비린내 나는 생선을 만지며 고생해서 남편을 의대 졸업시키고 의사를 만든 그야말로 '조강지처' 의 전형이다. 그런데 '이기적' 이기 그지없는 남편은 동료 여의사랑 바람이 난다. 머리채 잡으러 미행한 길에 보니 서점에서 책 고르고 햇살 가득한 카페에서 이야기를 나누는 남편과 내연녀가 너무나 잘 어울리는 거다. 해서 나서지 못하고 울며 돌아온 '복수' 였다. 물론 '지인들에게 짜리몽땅이라 불리고 가방끈도 짧은 복수라 그래' 하며 예외적 상황으로 돌리고 싶겠지만, 전업으로 남편을 뒷바라지한 여자들의 현실은 배운 여자 신영이나 못 배운 여자 복수나 그다지 차이가 없어 보인다. '내조' 가 존재 이유요 절대적 소명이다.

〈웃어요 엄마〉의 신영은 명문대를 나온 재원이다. 자신의 지적 능력으로 남편을 내조한 여자다. 그러나 남편의 불륜과 이혼으로 그녀의 성실한 삶, 모든 '이력'(현모양처)을 졸지에 박탈당한다. 이후 신영의 이야기는 영웅의 일대기를 그린 대서사의 극적 모티브의 전형에 제법 들어맞는다. 본래 누렸던 혹은 태생적으로 보장되던 고귀한 삶이 있었다. 그러나 악한 세력에 의해 그 삶이 박탈되고 주인공은 나락으로 떨어진다. 바닥에서 와신상담하며 정신을 차린 주인공은 곧 재기와 복수에 성공하여 본래의 지위보다 더 나은 성취를 맛보게 된다는 플롯 말이다. 현모양처에서 일순간 이혼당하고 아이도 빼앗기고 집에서 쫓겨난 신영은 복수에 이를 간다. "당신의 성공을 위해 지난 7년을 살았다면 앞으로 7년은 당신 망가뜨리는 데 쓰겠어요!" "당신 국회의원 절대 못 한다. 내가 기필코 벌레로 살게 해줄 테니." 그리 결심한 신영은 기자로도, 시의원 후보로도 멋지게 승승장구하더니만, 연애마저 성공해버린다.

역시 복수극 하면 제일은 〈아내의 유혹〉(2008/2009)이었다. 점 하나 찍고 인생역전에 성공한 여주인공 '구은재' 이야기 말이다. 가정밖에 모르던 선량한 전업주부였다는 점에서 전형적인 주인공의 원형이다. 남편과 '전문직 여성' 친구 신애리의 배신으로 죽음의 고비마저 겪는다. 은재 역시 애리에게 남편과 가정을 빼앗기고 난 뒤 정신 차리고 새 삶을 시작한 경우다. 물론 은재는 직업 세계에서 멋지게 승리한다. 사랑도 찾아왔다. 은재에게 흑기사 사랑을 보이는 '민건우'는 돈 많고 유능한 건축설계사다. 하필 남편 회사에서 같이 일하는 고로 남편을 '묵사발 만들 수 있는' 관계 구조에 있다. 이보다 더 완벽한 복수는 없다. 나에게서 남편과 가정을 빼앗아간 연적에게 전문인으로서 복수에 성공했고, 나를 우습게보던 남편은 변한 내 모습에 뒤늦게 후회하며 반성하지만 이미 물 건

너간 상황이다. 남편과는 비교도 안 되는 능력 있는 연하남이 여주인공에게 목을 매고 있으니 말이다.

여주인공을 사랑하는 연하남이 대부분 실력에 미모, 재력에 인품까지 갖춘 흠잡을 데 없는 사람으로 그려지는 것은, 남편들에게는 더더욱 가슴 칠 일이요 아내들은 '오호 쾌재라' 박수칠 극적 장치이다. 〈즐거운 나의 집〉(2010)의 여주인공 '진서'는 37세의 잘 나가는 정신과 의사다. 아내에 비해 영 시원찮은 남편은 "미안하다, 이러자고 결혼한 게 아닌데……" 하며 그나마 양심은 있는 것 같더니만 정작 진서의 친구와 바람이 났다. 그 와중에 관련된 일로 만나는 스물아홉 살 먹은 강력계 형사 '신우'는 왜 그리 솜사탕같이 다정한지. 매번 만날 때마다 비타민 사탕을 손에 쥐어주며 묻는다. "정신과 의사가 마음이 아플 땐 어떻게 합니까?" 남편이 무심하게 넘어가는 부분을 어루만져주는 '로맨틱 가이'이기까지 하다.

재미있는 것은 일의 영역에 있어서 간만에 직업전선에 뛰어든, 혹은 전혀 새로운 직장 일을 시작한 주인공들이건만, 연적인 전문직 여성을 번번이 '물 먹인다'는 사실이다. 그리고 패배하는 연적들은 하나같이 싱글이거나 모성을 결여했거나 인성을 결여한 성격으로 그려진다. 나는 지금까지 대한민국 드라마에서 자기 관리가 철저하고 능력 있는 전문직 싱글 여성이 착하고 따듯하게 그려지는 모습을 본 기억이 없다. 그녀는 전업주부 출신 여주인공에게 처절히 깨져야 하는 운명이기에 더욱 비열하고 잔인하게 묘사된다. 〈나는 전설이다〉만 보더라도, 이혼 전문 변호사요 남편의 애인인 '승혜'는 승소율 100%, 일에 있어서는 비열하리만치 승부근성이 있는 여자다. 변호사 사무실 사무관 출신인 여주인공 '설희'

의 스펙과는 비교가 되지 않는다. 그런데 전문 변호사 승혜에게 유일한 패소를 안겨준 게 바로 '달랑 상고 출신'인 설희였다. 〈아내의 유혹〉의 '애리'는 하필 '은재'가 꿈꾸던 메이크업아티스트로서 프랑스 파리 유학까지 다녀온 재원이다. 〈역전의 여왕〉 '여진'도 여주인공보다 날씬하고 예쁘고 어린 전문직 여성이다! 그래도 그녀들은 마음먹고 덤벼드는 여주인공들에게 모두 어김없이 패한다.

문제는 이 두 테마가 묘하게 물려서, 구원의 남자들이 전업주부 출신 여주인공의 전문적 승리에 결정적 역할을 한다는 점이다. 〈웃어요 엄마〉의 연하남 총각인 '배연우' 기자는 신영이 인턴으로 있는 신문사의 실력 있는 베테랑 기자다. 〈이웃집 웬수〉(2010)의 이혼녀 윤지영은 요리 전문가 '장건'의 사랑과 전문적 조력을 받는다.(장건도 대대로 의사 집안의, 심지어 의대를 나온 엄친아인데 요리에 꽂혔단다. 집안의 협박과 반대에도 불구하고 하필 애 딸린 이혼녀가 좋단다.) 〈조강지처클럽〉의 '구세주'는 나화신이 다니는 의류회사의 사장 아드님이고 본부장이어서 화신이 디자이너로 성공하는 데 일등공신이 된다. 〈역전의 여왕〉 황태희의 경우도 회사 오너의 아들이며 본부장인 '구용식'의 지원이 보통 이상이다. 〈나는 전설이다〉의 '장태현'은 전설희의 꿈을 이해해주는 남자이며 내 꿈의 영역에서 최고의 실력을 가진 사람이다. 결국 대한민국 드라마에서 여자들은 '늙어도' 키다리아저씨가 필요한, 혼자서는 자신의 영역을 건강하고 튼튼하게 건설하지 못하는 영원한 소녀로 그려지고 기대되고 열망된다.

3. 현대 자본주의적 교환 양식, 감정 노동과 금전적 보상

'나이 들고 전업주부이나 마음만은 이팔청춘 소녀'인 대한민국 아줌마들이라는 공통의 토대는 이 멋진 남자들의 공통점으로 '엄마의 부재'를 부각시키게 만든다. 현대판 '모성 구원' 신화다. 21세기 대한민국에서 엄마는 다시 절대적 이름이 되었다. 예전 신석기 시대에나 가졌던 그 절대성을 동시대 엄마들이 가지게 되었다.[08] 갓 태어난 생명 중에 가장 독립적 생존 능력이 낮다는 인간 아기는 원시적 조건 아래서 오직 엄마의 결정에 의해 그 생명이 좌우되었다. 엄마의 보살핌, 음식 공급이 생존의 절대조건이었던 당시에 '모성'은 그야말로 "삶과 죽음에 권력을 가진" 이름이었다.[09] 하여 '엄마의 부재'는 생사에 직접적인 영향을 미치는 절대적 사항이었던 시절이었다. 물론 그러한 원시적 시절에도 아기가

08 얼마 전 인터넷을 뜨겁게 달군 초등학교 2학년 학생의 동시가 있었다. 제목은 "아빠는 왜?"이다. "엄마가 있어서 좋다. 나를 예뻐해 주어서/ 냉장고가 있어 좋다. 나에게 먹을 것을 주어서/ 강아지가 있어서 좋다. 나랑 놀아주어서/ 아빠는 … 왜 있는지 모르겠다." 유연성의 이름으로 정리해고가 구조화되고 실적 위주의 일 년 단위 고용계약이나 불완전한 고용 상태가 일상이 되어버린 신자유주의적 노동 현실에서 '아빠'는 더 이상 퇴근이 불가능한 이름이 되었다. 동시의 주인공에게 엄마와 냉장고, 강아지를 있게 한 '돈'을 벌어오는 아빠이건만, 사적 영역인 가정에서 아빠는 철저히 가려진 이름이 되어버린 것이다. 하여 가정이라는 공간에 대한 사명을 오롯이 떠안은 대한민국의 주부들은 어느덧 가정의 절대 권력으로 군림하게 되었다.

09 "원시적 조건 아래서 유아에 대한 어머니의 실제적 힘은 가공할 만한 것이었음에 틀림없다. 오직 어머니의 팔과 보살핌만이 유아에게 추위로부터 피난처가 되었고, 어머니의 모유만이 생존을 위한 영양을 공급할 수 있었다. 어머니의 무관심이나 유기는 바로 죽음을 의미했다. 생명을 주는 어머니는 정말로 삶과 죽음에 대한 권력을 가지고 있었다. 이러한 놀랍고도 신비로운 여성의 힘을 관찰한 여성들과 남성들이 어머니-여신을 숭배하게 된 것은 전혀 이상한 일이 아니다." 거다 러너, 『가부장제의 창조』, 강세영 옮김 (서울: 당대, 2004), 75.

성장하여 개체로서 자생력을 갖게 되면 엄마의 위치나 영향이 축소되었을 것이다. 그러나 근대적 조건은 대체 음식이나 사회제도적 보호 장치들이 존재하는 상황이며 '엄마' 가 아니어도 아기들이 자라날 수 있는 가능성이 월등하게 높아졌다. 그럼에도 후기근대사회의 말기에 해당되는 현재 특히 대한민국에서 '엄마' 의 위치는 다시 '절대적' 이게 되었다. 이제는 그것이 생존의 문제에 달린 것이 아니라 감정의 문제에 맞닿아 있다. '먹고 살기 위함' 보다는 '보살피고 위로하는' 모성적 기능에 목말라 있는 세대이기에(그러나 현실에서는 그런 엄마들이 자꾸 줄어들고 있는 세대이기에), '그런' 엄마는 잃어버린, 하여 다시 절대적으로 그리운 존재가 되었다.

공적 영역에서의 합리화와 경쟁이 치열해지면 치열해질수록, 따듯한 가정과 보살피는 모성에 대한 그리움이 커져만 가는 사회가 되었기 때문이다. 합리성의 논리가, 근대적 시간성이, 신자유주의적 경쟁의 긴장이 모두 멈춘 공간! 그 공간에 대한 그리움이 더욱더 커져가는 이 시대는 그 어느 때보다도 '가정의 천사' 엄마를 그리게 되어버렸다. 하지만 현실은 이와 다르다. 대한민국에 전 세계에서 가장 많은 고학력 전업주부가 있다는 현실은 그 '엄마' 들이 가정의 천사로 자기만족하기에 너무나 큰 상실감을 갖게 만들었다. 대학 졸업까지 나와 비슷하였던, 혹은 나보다 뒤쳐졌던 동기 중 직업 선택을 한 친구들. 그녀들이 사회에서 인정을 받고 승승장구 직업 경력을 높여가는 동안 내가 그 친구들과 비교하여 남다르게 쌓아놓은 경력이 있다면 그것은 오직 하나 '모성 실천' 이었을 뿐이다. 드라마 피디와 작가들이 분석한 뒤에 내린 결론이었든, 아니면 그들의 동물적 감각이 이를 냄새 맡은 결과이든 대한민국 드라마들은 모두 그녀들이 전문직 여성들과 겨루어 유일하게 가진 우월한 능력, 즉 모성에 반하고 감동받는 왕자님들(본부장님들)을 양산하게 된 것이다.

아름다운 드라마를 어찌 이리 냉정하게 분석하느냐 싶겠으나 결국 여주인공의 감정 노동은 돈 많은 왕자님의 금전적 보상으로 결론지어진다. 따듯한 밥 한 끼 지어줬을 뿐인데, 얼굴에 난 상처에 연고 좀 발라주고 아이에게 붙이던 캐릭터 반창고 하나 달랑 붙여줬을 뿐인데, 혹은 지쳐서 잠든 모습이 안쓰러워 따듯한 이불 챙겨 덮어주었을 뿐인데 '본부장님' 들은 오버로 감동을 한다. 그리고 '절대로 이런 것을 기대한 것이 아니라' 고 외치는 여주인공들의 사양에도 아랑곳 않고 금전적 혹은 사업적 보상으로 그 고마움을 갚는다. 물론 결혼으로 골인한다면야 그 금전적 보상은 제도적 안정성까지 뒷받침되는 셈이다.

그러나 드라마는 드라마다. 여주인공의 모성에 반하고 결혼까지 골인한 왕자님들의 이야기들은 보통 최종회에 전개되기 마련이다. 현실에서 그런 일들이 일어났다고 가정하더라도 결혼 후 이런 '감정 노동' 과 '금전적 보상' 의 관계가 지속되는 것은 오직 그 왕자님이 여주인공을 낭만적으로 사랑해줄 때까지만이다. 즉 상대가 나의 감정 노동에 감동하는 때까지만 나의 감정 노동은 금전적 가치를 갖는다는 말이다. 그러는 동안은 드라마 여주인공이 들고 나온 핸드백이나 옷을 구입하며 마치 '그녀가 나인 양' 꿈을 꾸어도, 드라마에 개입된 자본주의적 전략은 모른 채 '신상품으로 치장한' 아내로 살아도, 크게 낭패날 것이 없다. 하지만 기억해야 하는 것은, 사적 가정 내에서 아내의 감정 노동은 법적 효력도 없고 도덕적 구속력도 없다는 점이다. 때문에 감정 노동이 효력을 발생하지 못하는 상황, 그러니까 드라마 여주인공들이 극 초반에 겪었던 이혼이나 사별과 같은 상황이 현실로 닥쳐올 땐 그야말로 속수무책이다. 그녀가 결혼 전 아무리 스펙 좋은 전문가였다 할지라도 전업주부로 있던 시간은 공적 기준으로는 계산되지 않기 때문이다. 하니 집 나와서 '일'과 '사랑'에서 모두 승리하는 전직 전업주부의 '성공신화'는 오직 드라마 안에서만 가능하다.

드라마 작가들이나 제작자가 현 체제를 '보수'하고자 하는 이들과 모종의 협력체제를 갖추며 드라마 콘텐츠를 생산하고 있다고는 보지 않는다. 그들은 분석하고 계산하기보다는 '냄새 맡고', '팔릴 내용'의 문화상품을 생산하고 있을 터이다. "동등한 제도교육과 양성평등적 법률을 통해 여성이 전문인일 수 있는 가능성을 연 현대 사회, 그러나 다수의 여성이 전문인이면, 그래서 가정이 약화되거나 와해되면 유지 곤란한 체제가 바로 우리가 사는 21세기 후기 자본주의 사회"이기 때문에[10] 가정의 낭만화, 절대화는 계속 재교육되고 강조되어야 하지 않겠나! 하지만 대한민국 여성들의 현실적 · 현재적 구원은 내 남자 만든 사람(남편)에 대해 완전한 통제권을 행사하는 것으로 성취될 수 없다. 결혼은 완전한 사회보장제도가 아니기 때문이다. 드라마는 그녀들을 위로하고 있지만 현실을 가린다. 드라마에서 그녀들을 불행하게 만든 주범으로 그려지는 남편, 시어머니 역시 실은 근본적인 주범은 아니다. 알고 보면 "이 나라가 문제다."[11]

10 백소영 "19세기를 사는 21세기적 그녀들, 개신교 도시 미혼여성의 신앙, 젠더의식과 문화 혼종성," 「한국기독교신학논총」 vol. 68 (2010), 193.

11 따옴표 안의 인용구는 2010년 4~5월 분당의 한 보수적 장로교회에서 전업주부들을 상대로 한 세미나 분과토의 시간에 나왔던 구호다. 대부분 대학교 이상의 학력을 가진 중산층

남성과 여성의 (결혼 이전과 동안과 이후의) 모든 종류의 동거 형태에서 금세기의 갈등들이 생겨난다. 여기서 이 갈등들은 그 사적이고 개인적인 면모를 언제나 보여준다. 그러나 가족은 사건의 무대일 뿐이며 그 원인이 아니다. 무대를 바꿀 수도 있다. 그러나 상연되는 연극은 똑같다. 타자 속에서 그리고 타자에 맞서서 노동, 부모됨, 직업, 정치, 발전, 자기실현의 계층화에 성을 연관시키던 관행이 흔들리기 시작했다.[12]

임금노동이 무임금 가사육아노동을 전제로 하는 현대 자본주의 체제의 이원화 방식과, 이를 성역할 고정관념 속에서 배치시키는 관행이 지속되는 한, 대한민국 고학력 여성들의 선택은 '골드미스'가 되거나 아니면 드라마 왕국에서 '일과 사랑'을 쟁취하는 여주인공들에게 '닥빙' 하여 위로하면서 현실을 견뎌내는 선택일 뿐이다.[13]

4. '기대되는 여성'과 '스스로 규정하는 나' 사이에서, "여성-되기"[14]

이상의 논의를 통해 나는 최근의 한국 드라마 콘텐츠가 타인에 의해

이상 전업주부들이었던 여신도들의 여러 가지 불만들이 하나의 집약구호를 만들어낸 셈이다.

12 울리히 벡, 앞의 책, 179.

13 혹은 이 글의 논지상 생략했지만 자신의 아이들을 상위 10%의 엄친아로 만드는 '전문엄마'가 되는 선택이 있다. 하여 '헬리콥터맘' '알파맘' 등의 유행어를 낳게 되었다.

14 들뢰즈(Gilles Deleuze)의 '유목주의' 개념을 지지하는 여성주의 학자들은 '여성'이라는 소수자의 입장에서 이 '되기'의 과정을 강조하고 있다.

기대되고 규정된 여성성, 아내, 엄마 상을 재현 · 재교육시키고, 또한 구조적 문제로 공적 영역에서 배제당한 현대 전업주부들의 상실감을 위로하는 매체로 기능하고 있음을 지적하였다. 이제 이를 여성신학적 시각과 연결시키는 과제가 남은 셈이다. 물론 지금까지의 드라마 콘텐츠 비판에 있어서도 여성주의적 시각에서 바라본 것은 사실이나, 이 마지막 장에서는 현재의 문화적 기대가 부과해온 여성성이 대한민국의 여성들에게 자기 분열적 혹은 자기 망상적 상황을 가져오고 있는 이 현실을 향해 여성신학은 어떤 대안과 비전을 제시할 수 있는지, 혹은 제시해야 하는지를 고민하고자 한다.

여성해방운동이 다른 여타의 주변화된 그룹들의 운동과 더불어 가지는 공통점은 타인, 즉 지배 그룹에 의해 규정되고 설명되고 정의 내려진 대로의 정체성에 반기를 들기 시작했다는 것, 그리고 스스로에 의한 자기 규정을 말하기 시작했다는 점이다. 소수의 선각자들이 이 땅에서 '주체로서의 여성'을 소리 높여 외치던 80년대에 비한다면 사실 요즘 젊은 여성들은 제법 '해방적 선택' 혹은 '주체적 자기 규정'을 하고 있는 듯 보인다. 그래! 결혼, 하지 말자. 남편도 애인도 우리의 구원이 아니다. 경쟁력이 생존력인 이 사회에서 결국은 훌륭한 '스펙'으로 시장경쟁력을 갖는 전문가 개인이 되는 것만이 '구원'이다. 실제로 오늘날의 20대 여학생들(그리고 남학생들도) 상당수가 이런 생각들을 하고 있다.[15] 하지만 성차를 무화시키는 전문가 개인이 되는 것이 '주체적 자기 규정'일

15 특강을 나가 "결혼은 (　)이다" "엄마되기는 (　)이다"의 빈칸을 채워보라는 퀴즈를 내면 20대 청년들 다수가 "미친짓"이라는 공동의 답을 한다.

까? 실은 이 또한 '기대되는 나'에 대한 비주체적 내면화의 결과에 불과하다는 생각이 든다. 무한경쟁의 21세기 신자유주의적 자본주의 체제가 기대하는 나, 그 기대의 힘이 전통적 혹은 낭만적 여성성의 기대보다 힘을 가지고 있기에 내면화한 '수동적 자기 규정'일 뿐이다.[16]

시장 주체는 어떤 관계나 결혼이나 가족에 의해 '방해받지 않는', 궁극적으로 홀로 살아가는 개인이다. 따라서 궁극적으로 시장 사회는 무자녀의 사회다. 아이들이 이동하는 홀아버지나 홀어머니와 함께 성장하지 않는다면. 결혼이 여자에게는 직업 경력의 포기, 자녀에 대한 책임, 남편의 직업적 운명을 따라 '함께 이동하기'를 의미하는 것이 당연시되는 한, 관계의 요구와 노동시장의 요구 간의 이러한 모순은 단지 은폐될 수 있을 뿐이었다.[17]

이러한 현실 때문에 젊은 여성들은 비혼 혹은 무자녀의 '전문가 개인' 되기에 더 주력하려는 것이다. 이 현상을 보며 더 이상 전근대적 여성관, 가부장적 자본주의의 여성관으로부터 규제당하지 않는 '똑똑한' 이십대가 탄생했다고 마냥 기뻐할 일은 아니라고 본다. 이대로 가다가는 가정이 붕괴하고 인적 자원이 감소하고 결국은 '이 나라가 위태롭다'는 가부장적 보수주의자들의 걱정과는 다른 이유에서, 난 오늘날 이십대들의 '자유선언' 역시 '문제적'이라고 본다.[18] 남녀 불문하고 살면서 '돌봄'

16 물론 이 경쟁의 일상화 속에서 승산 없음을 일찌감치 깨달은 젊은 여성들의 경우 다른 식의 경쟁력, 즉 안정적 '취집'을 성취하기 위한 노력의 일환으로 가부장적 자본주의 문화가 기대하는 여성성을 더욱 발현시키는 흐름도 적지 않다.

17 울리히 벡, 앞의 책, 194.

18 물론 그들을 비난하고 싶은 마음은 전혀 없다. 우석훈의 『88만원 세대』부터 최근 엄기호의 『이것은 왜 청춘이 아니란 말인가』에 이르기까지 오늘날의 대한민국 20대를 분석한 많

'보살핌' '다른 생명의 자라남을 위해 나를 제한하거나 양보하기'의 경험을 단 한 번도 못 한 '탈성적 전문가 개인'으로만 구성된 사회가 두렵기 때문이다. 단 한 번도 '타자'가 되어보지 못한 개인, 즉 근대적 '주체' 되기만을 연습하고 '주체'의 시각에서 다른 모든 이들을 '타자화' 시키는 훈련만 받는 개인들의 총합이 어떤 사회를 양산할지 상상만 해도 끔찍하기 때문이다. 실은 바람직한 '되기'를 스스로 고민해보지 못한 주체는 그것이 '전통적 혹은 낭만적 여성성'이든 '탈성적 전문가 개인'이든 위태롭기 매한가지다. 그러나 내게는 '어느 한 성에게 영구적으로 돌봄과 희생을 부과시킨 힘'보다 '인격을 기능으로 대체시킨 힘'이 더 '악'해 보인다. 물론 어느 한 성에게만 그 '돌봄'과 '보살핌'과 '양보'를 전적으로 부여하는 구조와 체제에 대해서는 분명히 저항해야 할 일이다. 그러나 동시에 '여성신학적 시각'에서 여성의 주체성을 논한다는 것은 하나님이 창조와 더불어 부여하셨다고 믿는바 여성(남성도 포함하여)의 온전한 인간성에 대한 생산적 성찰을 포함한다. 이러한 이중적 과제를 상기하며 나는 한국 여성(특히 기독교 여성)의 '주체성 확립'을 위한 과제를 크게 두 가지로 정리해보려 한다. 둘이라 했지만 실은 맞물려 있는 문제이기도 하다.

우선 무엇보다 첫째로, 21세기 후기근대성의 시간과 공간적 전제를 무시하고 여전히 성역할 고정관념을 신적 질서인 양 가르치는 한국 교회 강단의 메시지를 '실제적으로 그치게' 하는 일이다. 한국 드라마에의 영

은 서적들이 나오고 있듯이 현재 20대의 삶은 이제까지의 그 어떤 젊은 세대보다도 더 처절한 상황이기 때문이다. 비고용과 불완전고용(소위 알바)이 일상이 되어버린 그들의 생활조건은 결혼이나 낭만적 사랑이라는 영역조차 사치라고 여기게 만들었으니 말이다.

향력은 뒤로하고라도 남자에 의해 규정된 여성성을 '신적 권위' 로 재생산, 재교육하는 교회 현장을 향해서는 한국 여성신학자들이 일차적 책임을 가져야 한다는 이야기다. 얼마 전 강남의 한 대형 교회 강단에서 선포된 설교의 일부가 이렇다.

> "여성은 아내로서 책임이 있습니다. 여성은 성경 말씀을 비유로 들자면, 교회와 같은 것입니다. 그리스도를 향한 순종과 예배가 있는 곳이지요. 따라서 아내들도 교회로서 순결과 아름다움을 갖추고 있어야 하며 교회로서 예배가 양육의 사역이 요청되는 것처럼 집안에서 자녀들을 돌보고 위해서 중보하는 사역을 잘 감당해야 합니다. 그리고 남편을 '상응하는 돕는 자' 로서 남편을 있는 그대로 받아들이고 인정하고 존경하며, 남편에게 맞추어 나간다면, 그런 아내는 '완전한 남자' 를 만드는 '완전한 여자' 가 될 것입니다."[19]

여성을 "정액자루" "똥자루" 로 묘사하던 중세적 여성관에 비한다면야 일취월장한 여성관이긴 하다.[20] 그러나 여전히 여성에 '대한' 남성적 응시가 담긴 한국 교회 남성 목회자들의 여성관은 지금도 강단에서 울려 퍼지면서, 후기근대적 조건에서 어쩔 수 없이 사적 영역에 갇힌 여신도들의 처지를 정당화, 신성화하고 있다.

이를 '여성주의적 성서 읽기를 통해 방향 수정을 해야 한다' 는 인식은

19 강남의 상당히 큰 대형 교회 전 담임목회자의 설교 본문이다. 가정 회복 사역을 열심히 전개하고 있는 교회이기에, 이 회복된 가정 내 구성원들의 역할 배치의 문제가 그야말로 '문제적' 이라 본다. 백소영, 『엄마되기, 아프거나 미치거나』, 233.

20 기 베슈텔, 『신의 네 여자』, 전혜정 옮김 (서울: 여성신문사, 2004), 76.

여성신학자들 내부 서클에서는 이미 오래전부터 공유해온 바다. 성서를 보다 통전적으로 읽으며 그 모든 인간의 해방과 인간성의 온전한 회복을 원하시는 하나님의 뜻에 입각하여 새로운 여성관이 생성되어야 한다는 인식 말이다. "하나님의 형상"은 남자에게만 부여된 것이 아니라 여자에게도 부여되었다는 것, "그리스도의 십자가 아래"는 남녀의 구별이 사라진다고 고백하는 신앙 전통을 공유하는 교회가 '그리스도와 교회의 관계'를 '전통적인 남편과 아내의 모델'로 그려내는 것은 모순이라는 사실, 그러한 모델이 정작 남편과 아내의 위계적 관계를 신적 질서로 고착화한다는 사실, 알고 보면 우리는 다 "하나님의 자녀"이며 "그리스도의 형제자매"라는 선포, 때문에 기독교 신앙고백 안에 남성과 여성의 성적 위계나 구별은 무화되어야 한다는 주장! 이러한 메시지는 우리의 선배 여성신학자들이 지속적으로 생산해온 '여성신학적 지식 생산'이었다. 그러나 이러한 메시지들은 현대 자본주의적 가부장 문화와 친화력을 가지는 보수적 한국 교회 주류에서는 '주변화'되어온 것이 사실이다. 때문에 오늘의 여성신학자들에게 시급한 과제는 무언가 번쩍 뜨이는 새로운 학설을 만들어내는 일보다(물론 병행하면 좋을 일이나), 오히려 선배들의 여성신학적 해석을 이어받으며 더욱 광범위하게, 대중적으로 몰두하는 일이라는 판단이다. 문화적 전제는 '대부분'의 사람들에게 '당연'이 될 때 바뀌는 것이기 때문이다.[21] 때문에 "여성-되기"의 주체적 과제 수행 가운데 성서를 지배 언어 '바깥'에서 읽어내는 우리 한국 여성신학자들

21 교회 특강을 나가보면 여성 강사를 처음 본다면서 너무 신기해하는 여신도들이 많다. 어이없는 상황이다. 현재 대한민국 어느 집단도 한국 교회만큼 지식 생산과 전달을 압도적으로 남자들이 장악한 집단은 없는 듯하다.

의 수행적 과제가 한국 교회 여성 현장과 만나게 하는 일을 고민하고 실천해야 한다고 본다.[22]

최근 젠더 이분법을 넘어 여성 주체성을 사유하려는 여성주의 이론가들은 "남성 중심적 구조에 의해 규정되고 규범화된 여성성을 거부하되 그 부정성을 긍정성으로 바꾸기 위해 다수자의 위치를 점유하고자 할 게 아니라 아직 생성되지 않은 긍정적인 여성성으로 나아가야 여성도 비로소 여성이 된다"고 주장한다. 따라서 "여성만이 아니라 남성도 '여성-되기'의 과정을 거쳐야 한다"는 것이다.[23] 물론 이러한 주장이 "여성-되기"를 은유화시킴으로써 실제 여성들의 정치적 문제를 가릴 수 있다는 비판은 여전히 유효하지만,[24] 현재 지배적 체제 '바깥'의 시각을 가지고 체제 안의 텍스트인 '성서'를 읽어내고 '전통'을 재해석하는 "여성-되기"의 인식론적 접근은 기독교적 인간 이해를 풍부하게 하는 긍정적 기능할 수 있다고 생각한다. 남자나 여자나 비인격적, 비인간적 전문기계

22 이를 위해서는 메시지 내용 자체도 중요하지만 메시지의 전달 방식도 고민할 부분이라는 생각이다. 전략적 포장의 경우인데, '여성신학자들은 과격하고 위험하다'는 선입견을 그대로 입증해주는 방식의 언어나 표현 방식은 피해갔으면 하는 생각이다. 드라마 같은 효과적 매체를 사용하면야 더할 나위 없이 좋겠으나, 대한민국 방송국이 여성신학적 시각에서 쓴 시나리오를 채택할 가능성은 거의 제로에 가까운 터. 우선은 교회 현장에 친근하게 다가가는 전략들이 시급하다고 본다.

23 태혜숙, 『한국의 탈식민 페미니즘과 지식생산』(서울: 문학과학사, 2004), 347.

24 예를 들어 "성차는 여러 차이들 중 하나의 차이"가 아니라 오히려 "근본적이자 구조적인 토대적 차이"라고 보는 브라이도티(Rosi Braidotti)는 성차의 중화가 가지는 정치적 위험성을 지적하면서 '정치적 주체'로서의 여성의 정체성을 강조한다. 로지 브라이도티, 『유목적 주체』, 박미선 옮김 (서울: 도서출판 여이연, 2004), 192. 구성적 성정체성을 말하던 주디스 버틀러도 최근에는 본질주의적 차이는 거부하지만 정치적 수행 주체로서의 여성적 정체성은 인정하는 방향으로 입장을 수정하였다.

로 변해가는 오늘의 현실에서 "여성-되기"의 인식론적 실천은 여성뿐만 아니라 남성까지 함께 새로운, 보다 풍부한, 긍정적인 인간성을 생산하는 데 중요한 기여를 할 것이다.

둘째는 그동안 여성들의 전유물로 여겨져 왔던 '돌봄' '희생' '양육'의 도덕적, 윤리적 가치 (재)평가 속에서 "여성-되기"를 다시 생각해보는 문제다. 앞서 언급한 "여성-되기"가 인식론적 시각의 문제라면 이 "여성-되기"는 가치론적 실천의 문제라고 볼 수 있다. 이러한 가치들에 대해서는 본질주의적 접근을 하는 학자들과 구성주의적 접근을 하는 학자들 간의 의견 대립이 있는 것을 안다. 여성주의적 윤리 실천 안에서도 '여성적 가치'에 대한 찬반 의견이 팽팽하다. 로즈마리 통Rosemarie Tong의 성찰에 기대어 여성주의적 윤리를 두 입장으로 구분한 이인경에 따르면, "여성을 억압하는 데 기여하는 제도, 구조, 규범을 제거하거나 수정하는 일을 우선적인 과제로 설정하는" 이른바 "힘에 초점을 둔 페미니스트 윤리"가 첫째고, "연민, 감정이입, 동정, 양육, 친절과 같은 문화적으로 여성적인 가치의 명예회복을 통하여 정의로운 사회를 형성하고자 하는" 윤리적 접근, 즉 "돌봄에 초점을 둔 페미니스트 윤리"가 둘째다.[25] 사실 후자적 입장에서 말하는 여성적 가치들은 전자의 입장에서 본다면 여성 억압적 제도와 구조가 양산한 산물일 뿐이며 그 제도와 구조를 지속시키는 데 기여하는 역기능을 담당할 뿐이다. 이러한 비판은 정당하며 이를 고려할 때 '돌봄'이나 '희생' '양육' 이라는 여성적 가치를 본질적으로 이해하는 것이나, 무비판적으로 실천하는 것은 위험하다고 본다.

25 이인경, 『에큐메니칼 페미니스트 윤리』(서울: 한들출판사, 2005), 135-136, 146.

그러나 한편으로, 점점 거대해지는 '전 지구적 신자유주의 자본주의'의 삶의 구조가 양산하는 가치들의 '비인간적 악함'을 목도하는 현실에서 '돌봄' '희생' '양육'이라는 가치가 인류의 도덕적 가치 목록에서 영영 사라질 것만 같은 두려움이 엄습한다. 소위 '여성적'이라는 이 가치들을 영구히 '여성'이라는 젠더에 돌릴 일은 아니나, 현재 문화적 내면화의 결과 이 가치들을 가장 크게 내면해오는 과정 중에 이런 가치들이 능력이 되어버린 오늘의 여성들(특히 모성 실천을 경험한 대한민국 아줌마 집단)은 이 가치를 문화 전반에 심는 제도적 실천의 길을 모색하는 능력을 가진 유일하게 남은 집단이 아닐까 하는 생각을 해본다.

물론 이때의 "여성-되기"는 사적인 의미에서의 여성되기는 아니어야 한다. 가정 안에서 한 남자에 의한 금전적 보상으로만 생존 가치를 갖는 감정노동으로서의 '돌봄' '희생' '양육'이 아니라, 공적 돌봄의 가치가 제도적 힘을 가질 수 있도록 해야 한다는 말이다. 우리가 습득한 능력을 한 젠더나 한 여자의 개인기로 무기화하는 대신 이를 인류의 가치로 제도화해야 한다는 주장이다. 우리 한국 여성들이 삼중겹(전통 유교적 가치, 가부장적 기독교적 가치, 현대 근대사회의 여성적 가치)의 '응시적 자아되기'를 통해 전 세계 그 어느 여성들보다도 더 탄탄하게 체화한 이 가치들을 여성의 억압이 아니라 인류의 구원을 위해 써볼 방법은 없을까? 이런 고민을 하다 보니, 탈식민이론가 호미 바바Homi Bhabha가 말한 '양가성의 전복적 힘'에 대한 성찰이 떠올랐다. 식민지배자가 강제로 부여한 구조와 응시 속에서 받아들인 피식민자들의 '응시적 자아되기' 과정 중에서 길러낸 능력으로 오히려 제국을 무너뜨리는 '전복적 힘' 말이다.[26] 아직은 구체적으로 그 어떤 가능성의 그림도 떠오르지 않는다는 것이 나의 솔직한 고백이다. 그러나 하나의 방향성으로 이 가치론적 "여성-되기"는 포기될 수 없다는 고백이며, 때문에 현재의 여성신학자들에게 이 문제에 대해 함께 고민해보기를 초청한다.

오늘날 한국 드라마는 혼종적hybrid 공간이다. 억압과 해방의 가능성이 혼재되어 공존하는 공간 말이다. 규정된 여성성이 지배적인 공간이나 동시에 현재 불가능한 자아실현, 자아 표현의 욕구와 열망이 표출되는 공간이기도 하기 때문이다. 이것이 드라마 안에서의 대리만족으로 끝나버린 채 현실의 지속성을 유지시키는 방향으로 갈지, 아니면 브라운관 밖을 차고나와 세상을 바꾸게 될지...... 방향을 트는 일, 물꼬를 내는 일, 이것이 대한민국 4분의 1의 인구를 포함한, 그중에서 절반이 훨씬 넘게 여성으로 구성된 기독교 공동체를 향한 일차적 책임을 지고 있는 한국 여성신학이 감당할 일이라 생각한다.

26 호미 바바, 『문화의 위치, 탈식민주의 문화이론』, 나병철 옮김 (서울: 소명출판사, 2005)의 주된 테마다. 특히 2장과 4장에서 (탈)식민적 상황에서 형성된 혼종성의 양가적 힘에 대해 논의하고 있다. 지배체제가 부여한 "원인 바깥의 행위자"로서의 소수자(이주자, 피식민자, 여성, 흑인 등)의 역할에 대해서는 마지막 9장을 참조하라.

매체로서의 신화와 신학, 그 기억에 관한 여성신학적 반성
– 창세기의 창조신화를 중심으로

최우혁(서강대학교)

1. 시작하는 말

성서를 미디어로 볼 수 있는가? 첫 질문은 여기에서 시작한다. 말씀이 사람이 되셨다는 신앙을 고백하면서 성서를 경전으로 받들어 읽고 일상생활 안에서 그 말씀을 따라 사는 신앙인이라면, 기독교 신앙의 근간을 이루고 있는 것은 바로 이 말씀이며, 말씀에 한 점의 오류가 없다고 받아들이는 것이 대다수 한국 기독교인들의 모습이다. 그런데 이 말씀이 특정 지역의 역사와 문화를 배경으로 하여 특정 언어로 쓰였고, 역사 안에서 각기 다른 언어로 번역되어 오늘날 한국 교회에 이르렀다는 것 역시 신앙인들이 이해하고 동의하는 시대에 이르렀다.

구약성서가 그리스도 예수의 탄생과 생애의 역사적 배경이 되는 이스라엘의 문화, 그들의 메시아 대망 신앙을 담고 있다면, 신약성서는 오시기로 한 그 메시아에 관한 약속이 인간의 역사 안에서 구체적으로 실현되었음을 증언한다. 아울러 예수사건을 중심으로 구약성서를 재해석하기에 이른다. 즉, 신약성서는 역사적인 인물인 예수를 그리스도로 이해하고 따르는 것에 초점을 맞추고 있으며, 특정한 종족을 넘어서 인간 구원의 보편성을 지향하는 새로운 종교인 그리스도교 신앙의 본질, 그 시작과 초기 역사를 담고 있다. 유대교를 형성한 고대 근동의 히브리인들의 인간 이해 논리와 그 전통이 예수라는 역사적 인물을 통해서 결정적으로 완성된 것으로 인식하고, 나아가 그 예수를 기다리던 메시아 혹은 기름부음을 받은 그리스도로 고백하는 신앙 안에서 씌어진 증언인 것이다. 따라서 그리스도교의 관점을 새로운 약속, 신약으로 전제하고 유다교의 경전을 오래된 약속, 구약으로 이해하는 것이 새로운 종교의 논리이며, 그렇게 구성된 것이 신구약 성서인 것이다.

그러므로 종교사적 관점에서 구약성서를 고대 근동에서 시작되어 현존하는 유다교의 경전으로 이해한다면, 유다교 고유의 종교 전통을 그들의 입장에서 이해하고, 나아가 그리스도교의 상대적 독자성과 고유함을 이해하는 것이 좀 더 쉬울 수 있겠다.[01] 그런데 구약을 고대 히브리 종교의 경전으로서가 아닌, 신약의 전 역사로 이해하고 재해석하는 그리스도교의 입장을 정당하게 본다면, 신약성서와 그 성서를 바탕으로 하는 신앙 고백의 언어 역시 각 시대와 지역에서 그리스도 사건을 자기 '인식의 망'에서 이해하도록 새롭게 해석할 수 있고, 또 그래야 함을 수용해야

01 서공석, 『신앙언어』(서울: 서강대학교 출판부, 2011), 125. 전통과 생성, 족보로서의 신앙언어.

할 것이다.[02] 즉, 경전으로서의 성서가 문자 그 자체에 신성함을 담고 있는 것이 아니라, 그 문자 혹은 말씀의 껍질을 벗기는 작업을 통해서 비로소 복음을 만날 수 있고, 종교적 신성함에 다가갈 수 있다는 것이다. 오랜 시간 동안 번역을 금지했던 무슬림의 꾸란 역시 현대의 여러 언어로 새롭게 번역되는 것을 보면, 경전의 신성함이 문자에 있는 것이 아니라 문자 안에 담긴 내용에 있으며, 그 문자는 각 시대의 인식론적 척도에 의지해서 재해석되어야 비로소 살아 있는 말씀이 될 수 있다는 인식이 보편화되는 것을 알 수 있겠다.[03]

2. 우리의 모습으로 사람을 만들자
: 인간, 신비한 존재의 지평

예수 그리스도에게서 드러난 인간 신비의 완성은 그 시원을 창세기의 창조사건에 두고 있다. 창세기 1장과 2장의 인간 창조 신화는 고대 히브리 종교의 세계 이해와 인간 이해를 보여주고 있으며 그 창조질서에 근거해서 각 시대에 현존하는 사회질서에 대한 신학적 평가의 잣대를 형성하였다. 창세기의 신화는 유대교뿐만 아니라, 그리스도교의 인간관을 형성하는 근거가 되었다. 복음서의 이야기들 중에 세금 논쟁(막 12:13-17)으로 알려진 대목에서 예수는 인간의 얼굴에서 하나님의 모습을 찾는다.

02 서공석, 『신앙언어』, 34.
03 서공석, 『신앙언어』, 34, 127.

어디에 하느님의 얼굴이 새겨져 있는가? 구약으로 되돌아가면 창조설화에 이르러 비로소 그 해답을 찾아낼 수 있다(창 1:24). 인간은 세상의 만물과 함께, 그것도 마지막에 창조된 존재로 드러난다. 그것에 더해 인간은 하나님의 모습으로 지어진 그 고유한 특성의 존재이기에 개별 인간의 한계를 넘어서 보편적 인간 존재의 특성을 실현함으로써 인간 구원의 지평을 넓혀간다.

성장 소멸하는 생명운동의 여부를 기준으로 생물과 무생물을 나눌 수 있다면, 생물은 그 살아가는 역동적인 힘과 함께 존재하기 시작하는데, 모든 생명체의 생성과 운동이 인간에게도 예외 없이 적용될 뿐만 아니라, 생물학적 인간의 고유한 특성은 성적인 자기실현을 통해서 진행된다. 나아가 성과 사랑은 인간뿐 아니라 남극 펭귄의 예에서도 볼 수 있듯이 생명을 이어가는 본능적인 애착을 표현하는 방식인 동시에, 자기 존재를 실현하는 최고의 방법이기도 하다. 사랑을 나누는 한 쌍은 성관계를 통해서 둘 사이의 벽을 허물고 서로를 받아들이며 그 은밀한 신뢰를 통하여 다음 세대가 탄생하고 성장할 수 있는 바탕을 마련한다. 또한 생물의 역동적 에너지가 성행위와 연관되어 실현될 때, 각 개체는 그의 자유의지로 이를 실천한다.

그런데 인간은 다른 동물과 달리 성관계와 성행위를 분리하여 평가하고, 관계와 행위를 위한 학습을 필요로 한다. 현대에 이르러 인간의 성행위는 다른 행위들과 마찬가지로 판단의 대상이 되지 않지만, 그 행위가 이루어지는 관계의 성격에 따라 그 행위는 특정한 의미 연관 안에서 생산적이거나 소비적이라는 판단의 대상이 될 수 있다고 본다. 또한 인간은 성적 가능성을 실현하는 상황의 의미 연관을 이해하기 위해서 학습을 필요로 한다. 성을 인간 생활의 한 부분으로 인정하고 드러내어 인식하는 것이 필요한 것이다. 즉, 성은 달콤한 향락인 일탈과 소비의 주제인 동시에 역동적 삶을 이어가고 삶에 활력을 주는 일상과 생산의 주제라고 하겠다. 우리의 일상이 성과 함께 이루어지고, 성행위나 성관계는 일상의 한 부분을 이루고 있다는 말이다.[04]

고대 종교들은 신들의 갈등과 창조적 성행위를 통하여 우주와 인간의 기원을 설명한다. 창조신화는 생명의 원초적 역동성을 이야기하고 인간의 성관계와 성행위를 신적인 신비를 실현하는 방법으로 생각하였다. 왕들은 거룩한 여신의 힘을 얻기 위해 신전의 여성 제관들과 종교적 의례로서의 성행위를 하기도 했다. 또한 고대 신화들에서 인간의 기원을 설명하는 원형archetype들은 현대에 이르기까지 인간을 이해하는 유효한 모델로 작용하고, 그 원형적 사건은 현재의 사건들 안에서 반복, 확대, 재생산된다. 즉 고대의 신화들은 인간 의식의 저변을 형성했을 뿐 아니라, 오늘날에도 인간과 사회를 설명하는 종교적 패러다임으로 받아들여지고 현대인들의 삶 안에 여전히 살아 있는 것이다. 그러므로 고대 종교와 그 신화들을 연구하는 것은 현대인을 그 뿌리에서부터 이해하기 위한 첫 걸음이고, 그 인간 존재의 바탕이 되는 성이 수용되어온 방식을 이해하는 지름길이 될 것이다. 즉, 역사를 초월해서 인간을 설명하는 신화는 인간이 자신의 원형을 이해하도록 인도하는 매체로서 현대에까지 그 존재의 이유를 가지고 있는 것이다. 이렇듯 종교는 한 사회의 토대를 반영하

04 Malcom Potts, Roger Short, 『아담과 이브 그 후 - 진화로 본 휴먼 섹슈얼리티』, 최윤재 옮김 (서울: 들녘, 2004), 165-171.

는 문화적 상부구조로서 그 종교를 수용하는 인간의 의식과 그 사회의 구성을 지배하고, 이와 함께 인간의 성적 구성과 다름의 이유를 해명하는 방식을 제공한다.[05]

한 예로, 그리스 신화에서 올림포스 산 위의 신들은 인간처럼 남녀로 나뉘어 갈등관계 속에서 성관계를 맺으며 질투하거나 전쟁을 일으키기도 하고, 그 결과로 인간 세상에 변화를 가져오는 존재들이다. 신들 앞에서 인간은 자신의 존엄성을 드러내지 못하는 열등한 존재로서, 이러한 이원론적인 주종관계를 근거로 여성은 남성에게 못 미치는 미완적 존재로 평가되었다. 플라톤이나 아리스토텔레스로 대별되는 철학적 세계관에서 여성은 남성에 비해 질적으로 열등하여 영적 · 정신적 능력이 열등하고 질료적 특성을 토대로 육체적 욕망을 가진 존재라고 폄하되었다.

고대 동양에서는 우주의 활동을 음양의 순환원리인 태극의 구도로 이해하였고, 양-음의 성적인 다름을 토대로 하는 역동성 안에서 남성/여성으로 인간을 이해하였다. 여성과 남성은 태극의 순환과 공존의 원리에 의하여 서로 보완되는 존재로서, 우주적 완성을 향한 역동성을 실현하는 과정에서 양성의 합일을 이루게 된다. 따라서 갈등보다는 조화를 강조하는 세계관과 인간관을 형성하였다. 그러나 유교적 가부장제가 실현되는 사회로 변형되면서 남성이 여성과 세상을 지배하는 위계질서가 정착하였다.

고대 히브리 종교는 유일신의 창조에 의한 세상과 인간의 기원을 설

05 Jeremy Tayler, 『살아 있는 미로 - 신화, 꿈, 상징의 원형을 통한 삶의 탐색』, 이정규 옮김, 고혜경 감수 (서울: 동연, 2009), 123-131, 231-247.

명한다. 동양이나 그리스의 종교와 달리 히브리의 신인 야훼 하나님은 성관계를 맺지 않는 남성 인격신으로 6일 동안 세상을 만들었고, 우주 만물과 인간은 신적인 말씀에서 창조되었다. 창세기의 창조신화는 두 가지 다른 전승으로 형성되어 인간을 이해하는 두 가지 신학적 관점을 형성하였다. 신화의 첫 번째 전승에서는 인간의 성관계를 다산과 풍요를 가져오는 신성한 축복을 실현하는 생식 행위로 여겼다. 즉, 성관계와 출산은 신적 에너지를 실현하는 일상의 축복인 것이다.

> 26하느님께서 말씀하셨다. "우리와 비슷하게 우리 모습으로 사람을 만들자. 그래서 그가 바다의 물고기와 하늘의 새와 집짐승과 온갖 들짐승과 땅을 기어 다니는 온갖 것을 다스리게 하자." 27하느님께서는 이렇게 당신의 모습으로 사람을 창조하셨다. 하느님의 모습으로 사람을 창조하시되 남자와 여자로 그들을 창조하셨다. 28하느님께서 그들에게 복을 내리며 말씀하셨다. "자식을 많이 낳고 번성하여 땅을 가득 채우고 지배하여라. 그리고 바다의 물고기와 하늘의 새와 땅을 기어 다니는 온갖 생물을 다스려라."(창 1:26-28)

위 본문은 창세기 인간 창조 신화의 첫 번째 전승의 일부다. 유일신 야훼를 섬긴 히브리 종교에서 신을 다수로 표현하는 대목은 이후, 그리스도교에서 유일신인 하나님을 세 위격을 가진 분으로 이해하는 근거가 되었다.[06] 또 인간은 원초적으로 남/여 성별의 다름 안에서 하느님이 모습

06 삼각형은 배경, 즉 콘텍스트(context)가 될 수 있는 최소 면으로 모든 관계의 기반이 된다. 그리스도교의 삼위일체설이 꼭짓점을 중심으로 하는 가부장제적 창조질서를 설명한

을 가진 존재로서 신의 역동적 관계 안에서 그의 모습을 따라 창조된 것으로 이해된다.[07] 즉, 인간은 신적 신비를 자신의 본질로 가지고 있으며, 성적 정체성을 가진 각각의 개별자로서 완성된 존재인 것이다.[08] 이렇게 신적 축복을 받은 남자와 여자는 창조된 세상을 다스리는 역할을 부여받았다. 그런데 온 세상을 돌보는 것이 그들의 임무임에도 불구하고, 히브리 종교의 전통을 받아들인 인간은 그의 지위와 역할을 혼동하였다. 인간 중심적 지배의 결과로 드러난 생태계 파괴의 실상은 인간의 생존을 위협하는 자연 재앙의 위협으로 오늘날에 이르러 그 상처 난 모습을 드러내고 있다.

나아가 그리스도교는 고대 히브리 경전을 인용해서 가부장적 위계질서의 사회를 형성하고, 남성보다 열등하고 남성의 지배를 받는 여성의 모습을 신앙의 이름으로 정당화하였다. 창세기 신화를 근거로 성에 대한 터부와 여성을 비하하는 것은 여성이 죄를 지은 대가로 치러야 하는 당연한 결과인 것이다. 즉, 신화가 신학화되고 그 변형된 형태를 학습한 것이다. 이것은 예수의 가르침에 내재하는 논리인가? 유다교를 재해석하

다면, 최초의 면에 초점을 맞춘 창조질서는 또 다른 신화의 발굴을 요청하게 될 것이다.

07 신적인 역동성을 닮아 창조된 인간을 이마고 데이(*Imago Dei*)로 표현하고 그리스도교 인간학의 기초가 된다.

08 Giorgio Agamben, 『호모 사케르 – 주권 권력과 벌거벗은 생명』, 박진우 옮김 (서울: 새물결, 2008), 178–180: 신성함이란 벌거벗은 생명이 법-정치 질서에 포함되는 근원적인 형태일 것이며, 호모 사케르(Homo sacer)는 주권적 속박 때문에 희생되었으며, 역설적으로 그 희생 때문에 성스러운 존재로서 정치적 힘을 갖게 된 근원적인 정치 관계의 주체로서 주권적 결정을 하는 인간을 말한다. 즉, 대상으로서 포함하거나 배제하는 관계 속에서 대상이 아닌, 벌거벗은 생명 그 자체로 정치적 주체임을 지칭하는 것이다. 나아가 그가 경계를 부정하는 것은 새로운 패러다임의 건설을 지향하는 정치적 행위로 해석된다.

여 수용한 서구 교회의 입장에 의지하여 진행된 재해석의 결과인가?[09] 그런데 성서의 언어를 해석하지 않고 글자 그대로 받아들이는 것은 역설적이게도 물신적 태도, 혹은 유물론적 태도라고 할 수 있다. 이렇게 매체로서의 언어에 실존의 무게를 더하고, 윤리적 규범의 근거로 받아들여서 신학화하는 것이 바로 그리스도교의 창세기 신화 읽기 방식인 것이다.

루스 이리가라이는 "언어는 자유로운 여성을 표현하는 근본적인 생산도구"라고 주장한다.[10] 두 번째 질문은 여기에서 시작된다. 창세기 신화를 쓰는 데 사용된 언어는 신학적 관점에서 여성을 자유로운 존재로 표현하는가? 만약 그렇다면 성서가 여성 억압의 근거로 사용되는 것은 신학적 해석의 책임이라고 할 수 있는가? 반대로 창세기 신화의 언어가 본질적으로 여성을 억압하는 성격을 가지고 있다면, 여성의 존엄과 자유를 억압한 신화는 폐기되어야 하는가? 혹은 새로운 신학적 해석을 통해서 신화의 원형을 재구성해야 하는가?

09 Rodi Braidotti, 『유목적 주체』, 박미선 옮김 (서울: 여이연, 2004), 305-310: 체현과 차이 - 서구 문화는 성차별된 신체의 생산을 기반으로 구성되었으며, 섹슈얼리티는 지배의 담론, 권력과 제도로서 인간의 인식을 조작하는 기호학적 코드로 작용하고, 그 성격에 따라 사회적 협정의 성격이 정해질 수 있다고 본다. 따라서 주체인 여성의 젠더화 과정을 통해서 여성의 주체성을 재정의하려는 경향은 권력과 그 효과들을 겨냥하는 여성의 연대를 요청한다.

10 Luce Irigaray, 『나, 너, 우리』, 박정호 옮김 (서울: 동문선, 1996), 75.

3. 둘 다 알몸이면서도 부끄러워하지 않았다
: 창조된 인간의 첫 기억

창세기의 두 번째 인간 창조의 신화에서 남성은 유일신에 의해 흙으로 빚어져서 그 이름이 아담이 되었다. 그는 생산을 위해 축복받지도 않았고, 종처럼 하느님을 위해 일하는 사람으로 지어졌다. 또한 여자는 남자의 갈빗대를 재료로 만들어져서 남자를 위해 존재하게 되었다.

> 7그때에 주 하느님께서 흙의 먼지로 사람을 빚으시고, 그 코에 생명의 숨을
> 불어넣으시니, 사람이 생명체가 되었다. 8주 하느님께서는 동쪽에 있는 에덴에
> 동산 하나를 꾸미시어, 당신께서 빚으신 사람을 거기에 두셨다. 9주 하느님께서
> 는 보기에 탐스럽고 먹기에 좋은 온갖 나무를 흙에서 자라게 하시고, 동산 한가
> 운데에는 생명나무와, 선과 악을 알게 하는 나무를 자라게 하셨다.(창 2:7-9)

> 15주 하느님께서는 사람을 데려다 에덴 동산에 두시어, 그곳을 일구고 돌보게
> 하셨다. 16그리고 주 하느님께서는 사람에게 이렇게 명령하셨다. "너는 동산에
> 있는 모든 나무에서 열매를 따 먹어도 된다. 17그러나 선과 악을 알게 하는 나무
> 에서는 따 먹으면 안 된다. 그 열매를 따 먹는 날, 너는 반드시 죽을 것이다."
> 18주 하느님께서 말씀하셨다. "사람이 혼자 있는 것이 좋지 않으니, 그에게 알맞
> 은 협력자를 만들어 주겠다." 19그래서 주 하느님께서는 흙으로 들의 온갖 짐승
> 과 하늘의 온갖 새를 빚으신 다음, 사람에게 데려가시어 그가 그것들을 무엇이
> 라 부르는지 보셨다. 사람이 생물 하나하나를 부르는 그대로 그 이름이 되었다.
> 20이렇게 사람은 모든 집짐승과 하늘의 새와 모든 들짐승에게 이름을 붙여 주었

다. 그러나 그는 사람인 자기에게 알맞은 협력자를 찾지 못하였다. [21]그래서 주 하느님께서는 사람 위로 깊은 잠이 쏟아지게 하시어 그를 잠들게 하신 다음, 그의 갈빗대 하나를 빼내시고 그 자리를 살로 메우셨다. [22]주 하느님께서 사람에게서 빼내신 갈빗대로 여자를 지으시고, 그를 사람에게 데려오시자, [23]사람이 이렇게 부르짖었다. "이야말로 내 뼈에서 나온 뼈요 내 살에서 나온 살이로구나! 남자에게서 나왔으니 여자라 불리리라." [24]그러므로 남자는 아버지와 어머니를 떠나 아내와 결합하여, 둘이 한 몸이 된다. [25]사람과 그 아내는 둘 다 알몸이면서도 부끄러워하지 않았다.(창 2:15-25)

아담Adam이라는 단어는 땅(Adamah)의 흙으로 만들어졌다는 뜻으로 남녀 모두에게 적용되는 '인간'이라는 보편적인 의미이며 아담은 하와가 창조되어 남녀가 구별되기 전까지는 성적인 자기 정체성을 갖지 않았다. 또한 아담이 이브보다 먼저 창조되었기 때문에 우월하다고 할 수 없다. 창세기 1장에서는 동물들이 인간보다, 2장에서는 동물들이 하와보다 먼저 창조되었다. 따라서 먼저 창조된 것이 존재의 우월성을 나타내지 않는다. 오히려 나중에 나타나는 생물이 앞선 종보다 우월하다는 생물학적 이론을 적용한다면, 인간은 동물보다, 여성은 남성보다 진화한 존재라는 논리적 이해가 가능하겠다. 그러나 갈빗대가 상징하는 것이 남성과 여성의 본질적인 동일성을 확인하는 것으로 이해할 수 있듯이, 인간의 창조 순서에 따라 서열을 매기는 것보다는 그 관계의 동등함에 주목하는 것이 각기 다르면서 공통점을 가진 인간을 이해하는 데 도움이 될 것이다.[11]

아담은 하와를 처음 보았을 때 그 일치의 기쁨으로 "내 뼈에서 나온 뼈, 내 살에서 나온 살"이라고 탄성을 지른다. 한 여성과 한 남성이 만날 때 비로소 자신의 존재를 실감할 수 있고, 그때 비로소 두 남녀가 온전한 인간으로서 완성되는 것이다. 지아비(ish)와 지어미(ishah)란 단어는 남녀의 유사성과 더불어 상호 관계성을 보여준다. 원문 'ezer Kenegdo' 에서 'ezer' 는 위기에 처한 이스라엘을 구원하시는 하느님의 도움을 의미할 때 가장 많이 쓰이는 표현으로서 적극적이고도 필수적인 강력한 도움을 뜻한다. 또한 'Kenegdo' 는 짝을 맞출 때 '꼭 맞는다' 는 뜻으로 양쪽의 대등성과 상호성의 의미를 강하게 지니며 배필이나 반려자, 동료를 뜻한다. 창조신화에서 아담과 이브는 적극적이고 필수적인 도움을 주는 동반자의 관계다.[12] 인간은 남성과 여성으로 한데 어울려 "혼자 있는 것이 좋지 않은"(창 2:18) 외로운 상태를 벗어나서 공동체를 이루는 것이다.[13]

인간 실존에 관하여 시간이 개입하지 않은 신화적 해석에서 인간은 신적인 존재인 동시에 신성에서 분리된 개별자로 자기를 이해한다. 성적 정체성은 성적 분리보다는 성적 협력을 위한 근거로 제시된다. 성적 정체성을 근거로 지배/억압의 체제로 유지되어온 가부장제의 성립 이전을

11 Braidotti, 『유목적 주체』, 311-313. "나"는 젠더화된 통일체로 주체를 재정의해야 한다. 젠더화된 집단 주체성은 남성적인 것으로 환원될 수 없다.

12 새 세상을 여는 천주교여성공동체 엮음, 『왜 그 여자와 이야기하십니까? - 여성의 눈으로 다시 보는 성서읽기』(서울: 성서와 함께, 1995), 21.

13 혼인서약은, 이로써 한 남자와 한 여자가 서로 그 본연의 성질상 부부의 선익과…; *Matrimoniale foedus, quo vir et mulier inter se totius vitae consortium constituent* …(가톨릭교회법 제7장, 1055조, 혼인). 결혼은 남녀의 성적 결합과 그에 근거한 공동체성의 표현이다.

볼 수 있는 것이다.[14] 그런데 두 번째 창조신화는 죄, 혹은 타락신화와 함께 인간 이해의 새로운 지평을 연다. 즉, 신화에 시간이 개입하여 역사 안에 신화의 자리를 만드는 것이다. 고대 히브리 종족의 역사는 신화와 역사의 엮임인 구원사의 관점을 갖는데, 그리스도교 역시 히브리인의 역사관을 받아들여 역사의 완성을 종말론적 관점에서 재구성하고 구원사의 완성으로 전망하였다. 창조-타락의 신화와 종말에 오시는 그리스도의 재림을 역사-신학적 지평에서 전개하는 것이다. 즉, 신화와 신학의 긴장, 혹은 신화시대와 역사시대의 긴장이 일어나는 것이다.[15]

4. 내 살에서 나온 살이로구나?
: 창세기 신화에 숨겨진 가부장제의 기원

히브리 종교의 창세기는 고대 근동 신화들의 전승이 히브리 종교의 정착 과정을 배경으로 재편집된 전승문학으로, 그 안에 담겨 있는 창조신화 역시 전승의 역사, 편집 당시의 상황, 편집자의 의도는 물론 기록된 시대의 배경, 기록상의 특징과 문체 등에 유의하여 포괄적으로 이해해야 한다. 창세기가 편집된 고대 이스라엘 사회는 이미 왕정이 수립되고 가부장제적 사회구조와 문화가 정착되었으며, 정치와 종교의 연합을 통한

14 Elisabeth Badinter, 『남과 여』, 최석 옮김 (서울: 문학동네, 2002), 35-45: 성적 분리와 상호보완성, 가부장제 이전의 모계사회에서 모권, 혹은 여성의 지배의 형태는 나타나지 않는다.

15 Paul Ricoeur, 『악의 상징』, 양명수 옮김 (서울: 문학과지성사, 1994), 165-167.

통치구조의 안정을 지향하는 입장에서 신화들을 채집하고 재해석하여 기록하였다.

창조신화는 보편화된 원형적 인간 경험을 담고 있으며, 시작 → 종결을 향한 긴장구조를 가지고, 원래의 상태 → 소외 → 복귀를 향한 내부구조는 상징들 사이의 갈등으로 표현된다. 자유롭지만 유배된 영혼은 신화의 구조 안에서 존재의 혼돈과 실존의 갈등을 겪고, 내면의 비극을 거쳐서 창조와 타락의 긴장 속에서 비극적 구원을 향해 한 걸음씩 나아간다. "유배된 영혼의 신화"라는 상황신화의 구조를 갖는 것이다.[16] 그런데 상징 해석의 순환이 이루어지면서 타락신화가 이에 덧붙여지고, 신화의 상징은 신학의 사변으로 변형되었다: 동등성을 상징하는 갈비뼈로 지어진 여성은 뱀의 유혹에 넘어가서 죄를 짓고, 또 다른 유혹자가 되었으며, 벗은 몸을 인식하는 능력은 원죄의 대가로 간주되었으며, 하느님의 대리자인 남자가 유혹자인 여자를 지배하는 것을 정당화하는 것이다. 성과 타락은 상호보완적 죄의 관계로 엮이게 되었다.

이제 신화는 태초의 인류인 아담과 하와가 하느님의 명령을 어김으로써 죽음과 고통의 왜곡된 인간관계 안에 살게 되었음을 보여준다. 나아가 남성이 여성을 지배하는 것이 정당하다는 가부장제적 창조신학을 구성하였다. 즉, 여성은 탄생에서부터 남성에 종속되는 열등한 존재라는 것이다.[17] 즉, 창세기 2-3장의 신화는 인간 창조 신화에 원죄 신학이 더

16 Ricoeur, 『악의 상징』, 168-170. "유배된 영혼"의 신화 유형은 오르페우스의 신화와 플라톤의 '육체는 영혼의 유배지'에서 볼 수 있으며 신과 인간의 발생을 동시에 설명하여 영, 육의 이원론이 시작하는 출발점이 되었다.

17 새 세상을 여는 천주교여성공동체 엮음, 『왜 그 여자와 이야기하십니까? - 여성의 눈으로

해져서 구원사의 지평 안에서 자리 잡게 되고, 그리스도교는 가부장제 사회 안에 교회의 자리를 매김하게 되는 것이다. 그러나 고대 히브리 창조신화의 내적 구성을 이해하기 위해서는 그 이전 시대의 신화들을 재구성한 신화가 그 저변에 자리하고 있는 것을 이해하고, 고대 신화들이 가부장제 이전에 형성된 것들임을 밝혀야 한다.[18] 그 이후에 고대 신화가 새로운 종교인 그리스도교 신학의 지평을 획득하여 신학적 자율성을 가지고 그리스도교의 구원 역사 안에서 활동하게 되었음을 밝힐 수 있다.

그리스-로마 사회를 배경으로 형성된 초기 교회에서 고대 히브리 신화는 역사 안으로 미끄러져 들어와 원죄와 구원 신학의 토대가 되었고, 남성의 지배와 여성의 종속 관계가 그 축이 되었다.[19] 나아가 여성의 성을 신학적 평가의 대상으로 삼아 선-악을 구분하고, 인간의 성관계와 창조력에 '축복'이 아닌, '성적 타락'의 결과라는 저주의 굴레를 씌우고, 성적 금기를 설정하여 '죄짓지 말라'는 일상의 계명으로 가르쳤으며, 순결을 생물학적으로 규정하여 성관계를 종교적 범죄로 간주하기에 이르렀다. 결국 두 번째 창조신화에서 기쁨으로 내지른 아담의 환호성은 자신의 살이고 뼈인 동반자를 역사적 타락의 원인 제공자로 몰아내고, 함께하는 공동체의 나눔 대신에 지배/종속의 관계를 형성함으로써 일그러진 창조질서의 실상을 보여준다. 그런데 더 심각한 것은 그 일그러진 관계를 정상 관계로 받아들여 여성의 종속을 정당화했을 뿐 아니라, 신화

다시 보는 성서읽기』(서울: 성서와 함께, 1995), 20.

18 Riane Eisler, 『성배와 칼』, 김경식 옮김 (서울: 비채, 2006), 107-117.

19 Ekkehard, Wolfgang Stegemann, 『초기 그리스도교의 사회사 - 고대 지중해 세계의 유대교와 그리스도교』, 손성현 · 김판임 옮김 (서울: 동연, 2008), 572-582, 611-618.

를 역사적 사실로 받아들이는 유물론적 신학을 수립하여 이를 그리스도교의 구원신학으로 매김하고, 이를 현대에까지 이어온 것이다. 신화의 지평이 역사의 지평과 융합되고 신화의 신학화가 진행됨으로써 원형적 이미지는 말씀으로 변형된 것이다.

5. 여자가 열매를 주어 내가 먹었습니다
: 신화와 신학의 갈등

창조의 처음을 전해주는 신화들 중에서 가장 오래된 원형은 바빌론의 길가메쉬 신화다. 그 시작은 원초적 혼돈을 배경으로 인간이 아닌, 신의 탄생에서 시작되고 우주의 탄생에 이어 인간은 창조시대의 끝에 탄생한다. 창조 과정에서 원초적 폭력이 발생하지만, 그것이 타락이나 악을 의미하지는 않는다. 왜냐하면 창조는 혼돈에 대한 승리, 생명력의 소생을 의미하기 때문이고, 거룩한 혼인의 제의를 통하여 재현된다. 전체적으로 히브리의 창조신화와 비슷한 재료들로 전개되는데, 신화의 시기를 따지면, 창세기의 홍수 이야기는 이미 바빌론의 길가메쉬 신화에 등장한 것을 알 수 있다: 바빌론 신화의 우트나 피쉬팀, 수메르 신화의 진수드라는 히브리 신화의 노아에 해당한다.[20] 그런데 바빌론과 수메르 신화들에는 윤리적인 이유들이 거론되지 않는다. 단지 신들은 영원하고 분노하며, 인간은 약하고 유한할 뿐이다.

20 Ricoeur, 『악의 상징』, 171-174, 179-183.

4그러자 뱀이 여자에게 말하였다. "너희는 결코 죽지 않는다. 5너희가 그것을
먹는 날, 너희 눈이 열려 하느님처럼 되어서 선과 악을 알게 될 줄을 하느님께서
아시고 그렇게 말씀하신 것이다." 6여자가 쳐다보니 그 나무 열매는 먹음직하고
소담스러워 보였다. 그뿐만 아니라 그것은 슬기롭게 해 줄 것처럼 탐스러웠다.
그래서 여자가 열매 하나를 따서 먹고 자기와 함께 있는 남편에게도 주자, 그도
그것을 먹었다. 7그러자 그 둘은 눈이 열려 자기들이 알몸인 것을 알고, 무화과
나무 잎을 엮어서 두렁이를 만들어 입었다. 8그들은 주 하느님께서 저녁 산들바
람 속에 동산을 거니시는 소리를 들었다. 사람과 그 아내는 주 하느님 앞을 피하
여 동산 나무 사이에 숨었다. 9주 하느님께서 사람을 부르시며, "너 어디 있느
냐?" 하고 물으셨다. 10그가 대답하였다. "동산에서 당신의 소리를 듣고 제가 알
몸이기 때문에 두려워 숨었습니다." 11그분께서 "네가 알몸이라고 누가 일러 주
더냐? 내가 너에게 따 먹지 말라고 명령한 그 나무 열매를 네가 따 먹었느냐?"
하고 물으시자, 12사람이 대답하였다. "당신께서 저와 함께 살라고 주신 여자가
그 나무 열매를 저에게 주기에 제가 먹었습니다." … 16그리고 여자에게는 이렇
게 말씀하셨다. "나는 네가 임신하여 커다란 고통을 겪게 하리라. 너는 괴로움
속에서 자식들을 낳으리라. 너는 네 남편을 갈망하고 그는 너의 주인이 되리라."
17그리고 사람에게는 이렇게 말씀하셨다. "네가 아내의 말을 듣고, 내가 너에게
따 먹지 말라고 명령한 나무에서 열매를 따 먹었으니, 땅은 너 때문에 저주를 받
으리라. 너는 사는 동안 줄곧 고통 속에서 땅을 부쳐 먹으리라. 18땅은 네 앞에
가시덤불과 엉겅퀴를 돋게 하고 너는 들의 풀을 먹으리라. 19너는 흙에서 나왔으
니 흙으로 돌아갈 때까지 얼굴에 땀을 흘려야 양식을 먹을 수 있으리라. 너는 먼
지이니 먼지로 돌아가리라." … 24이렇게 사람을 내쫓으신 다음, 에덴 동산 동쪽
에 커룹들과 번쩍이는 불 칼을 세워, 생명나무에 이르는 길을 지키게 하셨다.(창

3:4-24)

여성의 출산은 창조사업에 동참하는 여성의 고유한 역할로서, 하와는 '하야hajja' 라는 히브리어에서 유래한 것으로 생명을 뜻한다. 그는 출산으로 모든 생명체의 어머니, 곧 인류의 어머니가 되었다. 이렇게 새로운 생명을 얻는 탄생의 기쁨을 죄의 대가로 겪는 고통과 비교하기에는 무리가 있다. 그러나 히브리 종교는 창조질서에 어긋나는 종속적인 인간관계를 주장한다. 가부장제의 종속관계는 타락 이후의 관계로서 야훼의 창조 의도가 분명하지 않았음을 보여준다. 남성에 의한 여성의 지배는 죄의 대가로서, 또 타락한 인간 사회의 제도로서 당연하게 받아들여지고, 노동은 죄에 대한 징벌로 간주되었다. 다음과 같은 바오로의 신학은 창조 신화에 기초하는 것을 보여주며, 복음서에서 예수가 언급하지 않았던 원죄를 거론한다.

아담이 먼저, 그 다음에 하와가 빚어졌습니다. 그리고 아담이 속은 것이 아니라 여자가 속아 넘어가서 죄를 범하게 되었다.(딤전 2:13-14)

남자는 머리를 가리워서는 안 됩니다. 그는 하느님의 모상이요 영광이기 때문입니다. 그러나 여자는 남자의 영광입니다. 실상 남자가 여자에게서 생겨난 것이 아니라 여자가 남자에게서 생겨났습니다.(고전 11:7-9)

신화들에서 나타나는 무질서와 폭력은 악의 문제와 함께 연관되지 않았다. 그런데 창세기에는 창조에는 없었던 악이 들어오면서 역사가 시작되었고, 신의 분노를 막기 위한 단절과 우주적 간격을 필요로 했다. 역사가 지속되는 동안 악에서 시작된 인간의 비극은 지속될 것이고, 그리스도의 구원을 통해서만 악으로부터의 해방이 완성될 것이다. 여기에서 다른 양상의 구원을 전망해볼 수 있다: 역사의 비극으로부터의 종말론적 구원인가? 비극 안에서의 역사적 구원인가? 비극적인 인간관으로부터의 구원인가?[21] 죄의 상태에 있는 모든 인간은 회개, 용서, 치유의 과정을 거쳐서 구원에 이르도록 노력해야 한다. 성령을 통한 생명의 신비한 임재로 인간들과 함께 실존하는 그리스도를 인정하고 받아들임으로써 인간은 종말론적 완성을 희망할 수 있게 되는 것이다. 그런데 그리스도교와 함께 이루어진 사회는 다양한 생산관계의 변화에도 불구하고 가부장제 사회의 연속으로 이어져왔다. 그렇다면 종말론적 구원은 가부장제 사회의 완성을 의미하는가? 혹은 가부장제의 소멸을 향하는가? 이렇듯 성적 지배와 억압을 근간으로 하여 지속되어온 가부장제 사회에 주목하는 이유는 성적 억압의 소멸이 가부장제의 소멸과 일치할 수 있으리라는 희망과 그 가능성에 관한 전망 때문이다.

신화는 한편의 드라마가 되어 전해진다. 신화의 사건은 말(기표, 기호)과 말에 의해 전해지는 뜻(기의, 의미)이 함께 재현되며 상징을 생산하고, 생산된 상징은 제의적 반복을 통해 현실적 영향력을 행사한다. 이렇게 창조신화의 "사건 → 이야기, 전승 → 기록, Text" 의 과정을 통해서 생산된 상징과 그 해석은 유다교와 그리스도교의 신학으로 정착하였다. 혼돈을 이긴 원형적 승리는 제의와 예배를 통해서 반복되고, 자연의 소생

21 Ricoeur, 『악의 상징』, 192-198.

과 사회 변혁을 위한 신학화 과정을 겪는다.[22] 그렇다면, 창조 드라마 안에 역사의 형태로 끼어든 악의 소멸과 정화, 즉 탈신학화를 위해 해야 할 작업은 무엇인가? 창조신화와 타락신화의 매개가 되는 성性이 이중성을 가지고 해석의 긴장 안으로 미끄러져 들어가는 것에 주목해야 한다.[23]

> "그리스도교 역사에서 성서 상징이 외면화되고 거기에 화답해서 육을 감옥으로 보내는 오르페우스 상징이 내면화되는 것은 놀라운 일이 아니다. 성 바오로는 '타락' 영상에서 '육'의 영상으로 가고, 플라톤은 거꾸로 악한 육에서 불의한 영의 문제로 간다."[24]

인간은 '필연적'으로 악한가? 이브와 뱀은 연약한 존재로 페르시아 종교에 등장하는 사탄론의 영향을 받아서 아담의 유혹자가 되었다. 바오로는 첫 인간 아담을 속아서 원죄를 지은 인물로, 그 원죄에 종지부를 찍을 새로운 인간으로 오신 예수 그리스도를 복음으로 선포한다. 그래서 창조 때부터 존재해온 그리스도는 성령을 통해서 역사 안에 예수로 탄생하였고, 모든 유혹과 원죄로부터 자유로운 존재일 뿐 아니라, 실존하는 모든 악과 혼돈을 무력화하는 대사제가 되었다(히 10:1-10). 그는 하느님의 아들로서 역사화(=신학화)된 악을 배경으로 진행되는 '비극의 탄생과 구원'의 드라마가 재현되는 세상에서 신과 역사의 심판대에 선 인간

22 Ricoeur, 『악의 상징』, 186-189.
23 Ricoeur, 『악의 상징』, 230-237, 307-315.
24 Ricoeur, 『악의 상징』, 313.

이 역사의 마지막 순간에 열리는 구원의 문을 향하여 질주하도록 격려하는 존재가 되었다.

6. 이브의 딸들은 땅 위에서 춤춘다
: 가부장제 이후의 신학, 여성신학의 지평

예수는 상징의 계시 능력이 인간의 자기 이해에 미치는 효과를 이해하고, 자신의 가르침이 비유를 통해 순환되어야 하는 것을 분명히 했다. 들을 귀가 있는 사람은 자신이 믿고 있는 것을 합리적으로 분별하고, 그를 통해서 상징들 사이에서 이루어지는 순환운동을 이해하게 되는 것이다. 종교 안에서 신을 이해하는 방식에 따라 인간의 성 정체성은 수용될 수도, 거부될 수도 있다. 새로운 시각으로 창세기의 신화를 재해석하여 새로운 창조의 패러다임을 모색하고, 더불어 하와에 대한 재인식과 명예 회복은 물론 하느님이 주신 인간의 성적 존엄성과 자각을 일깨우는 것은 창조신화의 그리스도교적 재해석의 성격이며, 목표가 되어야 할 것이다.

성을 둘러싼 신화와 담론들의 성격을 살펴보자. 예수의 데레사는 성관계와 종교적 신비 경험의 공통점을 '일치'를 향한 공통된 방식이라고 한다. 인간은 신과의 소통에서 성적 경험에 비유되는 신비 체험을 하는데, 가부장제적 종교 안에서 남성신과 소통하는 인간은 영혼의 여성성 안에서 경험하는 신비를 '영적 결혼'으로 표현한다. 따라서 그리스도교 역사 안에서 신비 체험은 여성들의 몫으로 간주되었고, 그 이유를 여성들이 남성들보다 이성적으로 열등하여 신학보다는 신심 활동, 혹은 신앙생활 더 적합한 인간들이기 때문이라고 정당화해왔으며, 여성들 역시 종교적 경험을 신앙적 고백의 형태로 표현하는 것에 익숙해졌다.

종교적 상징은 일상 안에서 신화적 구조를 통과하여 고백으로 나아가도록 이끈다. 즉, 비유를 통한 가르침의 방식이다. 그런데 신화와 신학의 해석학적 갈등 안에서 "성"은 이중 잣대로 평가되었다. 고백이 이루어지기 전에 발생하는 재교리화는 상징을 사변으로 왜곡한 것이다. 따라서 이를 극복하기 위해서는 고대 근동의 신화들을 수용한 창세기 창조신화를 탈신학화하여, 그 상징의 의미를 신화적 맥락에서 되살리는 것이 필요하다. 해석학적 분별력이 요청되는 것이다. 그것은 성령의 역동성을 따라 가부장제적 종교가 누려온 해석의 지평을 전복하는 것을 의미하고, 성을 비신학화하는 것이다. 나아가 성의 중립성과 성적 존재로서 인간을 재인식하고, 여성과 남성이 각기 성적인 자기 주도권을 갖고 일상의 성을 누리는 것이다. 즉, 성은 일탈이 아닌, 일상적 삶의 근거이며 이 에너지를 통하여 비로소 건강하고 총체적인 창조의 축복이 실현되는 것을 인정하고 누리는 것이다.

이렇게 일상적 역동성 안에서 신비 체험과 성적 에너지의 지평을 융합하는 것은 실존의 위기와 사회적 · 심리적 죽음을 거쳐 내적 통합을 이룬 성숙한 인격을 바탕으로 할 때에 비로소 가능할 수 있다. 칼 융Carl Jung은 중년의 성과 통합기제로서의 종교가 만날 수 있는 지점을 이즈음으로 설명한다.[25] 청년기까지의 외향적 삶에서 내향적 삶으로 전환하는 중년의 지점에서 일상의 종교와 일상의 성이 만나는 것이다. 그래서 '신비한 사람'이 되고, '성性은 성聖스럽다'는 것을 실감하게 된다.

7. 나가는 말

성에 관한 담론은 공개적으로, 개인의 성생활은 건강한 은밀함으로!

어린 아이는 성적 존재로서 자기를 인식하고 그 정체성을 기반으로 자아를 형성한다. 즉, 개인은 성적 차이를 통하여 자신의 개별성을 인식하고, 그 역동적인 다름 안에서 사회적 관계를 맺고 성장한다. 또한 의미를 추구하는 존재인 인간은 신적 창조성 안에서 존재의 뿌리를 찾으려 한다. 성을 폭탄처럼 위험한 일탈의 에너지로 간주하고 금기의 영역으로 외면해왔다면, 이제 성의 일상성과 역동성을 이해하고 열린 담론의 주제로 이끌어냄으로써 창조적이고 성숙한 삶을 이루는 사고의 전환을 시작해야 할 것이다. 이제까지 성서가 성을 일탈로 보는 것에 일조했다면, 창조신화는 고대 히브리 신화의 자리로 돌려보내고, 그리스도교의 인간학은 그 신화의 차원을 재해석해서 구성해야 할 것이다. 즉, 신의 숨결을 받아서 창조된 인간, 신의 모습을 자기의 얼굴로 가지고 있는 온전한 인간이 바로 그리스도교의 인간인 것이다.

성性, Sex은 인간의 권리인가? 좀 더 심층으로 파고들면, "어떻게 인간의 성적 권리를 지킬 것인가?" 등의 질문이 이어질 것이다. 성은 유쾌하고 즐거운 것인가? 그렇다. 성은 기쁘게 나누는 인간의 권리이고, 나아가 우주의 법칙을 따라 만물의 생성을 이어가는 성스러운 일이라고 할

25 Carl Gustav Jung, 『심리학과 종교』, 이은봉 옮김 (서울: 창, 1995) ; 『상징과 리비도』, 한국 융 연구원 C. G. 융 저작 번역위원회 옮김 (서울: 솔, 2005) ; 『인간의 상과 신의 상』 (서울: 솔, 2008).

수 있겠다. "성性은 성聖스러운 것이다!" 섹슈얼리티와 종교의 관계를 전망하는 관점이다. 나아가 성서 안에 공존하는 갈등의 신화를 신학적 관점이 아닌, 신화로 받아들일 때, 현대의 관점에서 그 말씀을 재해석하고 매체로서 성서를 이해한다면, 가부장제를 기초로 서술되었던 신화의 신학적 해석의 역사를 넘어서 그 신학화된 말씀의 베일을 벗길 수 있을 것이다. 이와 함께 가부장제 이후의 그리스도교의 한 가지 성격을 가늠해볼 수 있을 것이다. 인간은 성적인 다름에도 불구하고, 신의 모습으로 지어진 개별자이며, 이 개별자들의 성숙한 성적 자기실현은 성숙한 그리스도교인이 되는 한 모양이라는 것이다.

참고문헌

웹 2.0시대 협업과 공감을 통한 여성주의 담론 모색 | 이영미

A. Zelenkauskaite & S. Herring, Television mediated conversation: Coherence in Italian iTV SMS chat. Proceedings of the Forty-First Hawai' i International Conference on System Sciences (HICSS-41), Los Alamitos, CA: IEEE Press (2008).

Herring, Susan C. "Gender and Democracy in Computer-Mediated Communication," *Electronic Journal of Communication* 3(2), 1993. ella.slis.indiana.edu/~herring/ejc.txt.

_______. "Gender and Power in Online Communication," in J. Holmes & M. Meyerhoff eds. *The Handbook of Language and Gender*. Oxford: Blackwell, 2003.

Morozov, Evgeny. *The Net Delusion: The Dark Side of Internet Freedom*. New York: PublicAffairs, 2011.

Oliveira, Sani Michele de. "Breaking Conversational Norms on a Portuguese Users' Network: Men as Adjudicators of Politeness?" in Brenda Danet and Susan C. Herring eds., *The Multilingual Internet: Language, Culture, and Communication Online*. New York: Oxford University Press, 2007, 256-77.

Panyametheekul, Siripornand Susan C. Herring, "Gender and Turn Allocation in a Thai Chat Room," in Brenda Danet and Susan C. Herring eds., *The Multilingual Internet: Language, Culture, and Communication Online* (New York: Oxford University Press, 2007, 233-55.

김영석. 『설득 커뮤니케이션』. 개정판, 서울: 나남, 2008.

김은미 외. 『SNS 혁명의 신화와 실제: '토크, 플레이, 러브' 의 진화』. 파주: 나남, 2011.

노부유키, 하야시. 『iPhone과 트위터는 왜 성공했을까?』. 신호철 · 배성준 옮김. 서울: 학고재, 2010.

리, 쉘린. 『오픈 리더십: 공유하고 소통하고 개방하라』. 정지훈 옮김. 서울: 한국경제신문사, 2011.

설진아. 『소셜미디어와 사회변동』. 서울: 커뮤니케이션북스, 2011.

송인혁, 이유진 외. 『모두가 광장에 모이다』. 서울: 아이앤유, 2010.

송인혁. 『화난 원숭이들은 모두 어디로 갔을까? - 숨어버린 내 안의 열정과 창의성을 찾아가는 혁신 이야기』. 서울: 아이앤유, 2011.

언니네 사람들. 『언니네 방 1: 내가 혼자가 아닌 곳』. 서울: 갤리온, 2006.

언니네 사람들. 『언니네 방 2: 사람들과의 관계가 어려울 때 내게 힘이 되어 줄 그곳』. 서울: 갤리온, 2007.

이택광. "김진숙과 김여진." 〈경향신문〉 제20514호(2011년 7월 2일 토요일) 23면 "이택광의 왜" 사설기사.

탭스코트, 돈 앤서니 윌리엄스. 『매크로 위키노믹스: 더 강력해진 집단지성, 비즈니스를 넘어 일상까지 바꾸다』. 김현정 옮김. 서울: 21세기북스, 2011.

최재웅, 이강석, 박사영, 오홍균. 『SNS 100배 즐기기』. 서울: 매일경제신문사, 2010.

최현민. 『TGIF 최강 인맥술』. 서울: 한스미디어, 2011.

Casey, Kevin. "10 Smart Enterprise Uses For Twiter" The Brain Yard: the Community for Social business (2011년 10월 13일) http://www.informationweek.com/the-brainyard/slideshows/view/231900631/10-smart-enterprise-uses-for-twitter.

Kaiser, Mary Ann. "On Having to Choose: Scholar or Activist," State of Formation, http://www.stateofformation.org/2011/11/on-having-to-choose-scholar-or-activist.

Kim, Nami. "Marking the 1,000th Wednesday Demonstration," posted on Jan 13, 2012. http://www.fsrinc.org/category/tags/justice.

손봉석. "직장인들 SNS 서비스 사용하는 이유는?" 〈경향신문〉 2011년 12월 9일 인터넷판 http://news.khan.co.kr/kh_news/khan_art_view.html?artid=201112091217071&code=940100 2011년 12월 9일 인용.

위키 백과, "소셜 미디어" http://ko.wikipedia.org/wiki.

이김명란(몽). "여성주의 네트워크와 온라인 공동체." 한신대학교 신학대학원 목요강좌 강의 동영상(2011년 4월 4일 게시)에서 발췌. http://dept.hs.ac.kr/gst.

이은경. "페미니스트 김신명숙, 사이버 테러 가한 네티즌 고소." 〈여성신문〉 1160호 [특집/기획] (2011. 11. 16) http://www.womennews.co.kr/news/51416.

http://onlineif.com.

http://revgalblogpals.blogspot.com.

http://www.waterwomensalliance.org.

http://www.unninet.net.

http://www.fsrinc.org.

사이보그 시대에서 여성신학-하기: 여성의 '주체' 문제와 '연대'를 중심으로 | 김수연

강남순. "한국 탈식민주의 페미니스트신학." 「신학사상」. 2006년, 봄호 (132집).

김애영. 『여성신학의 비판적 탐구』. 오산: 한신대학교 출판부, 2010.

이은선. 『한국 여성조직신학 탐구』. 서울: 대한기독교서회, 2004.

이현재. 『여성의 정체성』. 서울: 책세상, 2007.

와이즈먼, 주디. 『테크노페미니즘』. 이현숙 · 박진희 역. 서울: 궁리, 2009.

한국여성연구원 편. 『지구화 시대 여성주의 대안 가치』. 서울: 푸른사상, 2005.

해러웨이, 다나. 『겸손한_목격자@제2의_천년. 여성인간©_앙코마우스™를_만나다』. 민경숙 역. 서울: 갈무리, 2007.

Armour, Ellen T. *Deconstruction, Feminist Theology, and the Problem of Difference: Subverting the Race/Gender Divide*. Chicago: University Press, 1999.

_______. "Questioning 'Woman' in Feminist/Womanist Theology: Irigaray, Ruether, and Daly." Maggie Kim, and Susan M. Simonaitis, eds. *Fransfigurations: Theology and the French Feminists*. Minneapolis: Fortress Press, 1993.

Brock, Rita Nakashima. "Interstitial Integrity: Reflections Toward an Asian American Woman's Theology." Roger A. Badham, ed. *Introduction to Christian Theology: Contemporary North American Perspectives*. Louisville: Westminster John Knox Press, 1998.

Butler, Judith. *Gender Trouble: Feminism and the Subversion of Identity*. New York: Routledge, 1990.

Chopp, Rebecca S. and Sheila Greeve Davaney, eds. *Horizons in Feminist Theology: Identity, Tradition and Norms*. Minneapolis: Fortress Press, 1997.

Fulkerson, Mary McClintock. *Changing the Subject: Women's Discourses and Feminist Theology*. Minneapolis: Fortress Press, 1994.

Haraway, Donna J. Modest_Witness@Second_Millennium.FemaleMan©_*Meets_OncoMouse*™. New York: Routledge, 1997.

Irigaray, Luce. "Equal to Whom?." Naomi Schor and Elizabeth Weed, eds. *The Essential Difference*. Bloomington and Indianapolis: Indiana University Press, 1994.

Jones, Serene. *Feminist Theory and Christian Theology: Cartographies of Grace*. Minneapolis: Fortress Press, 2000.

Kang, Nam-soon, "Who/What Is Asian? A Postcolonial Theological Reading of Orientalism and Neo-Orientalism." *Postcolonial Theologies: Divinity and Empire*, Catherine Keller, eds., St. Louis: Chalice Press, 1993.

Keller, Catherine. "Seeking and Sucking: On relation and Essence in Feminist Theology." *Horizons in Feminist Theology*, Minneapolis: Fortress Press, 1997.

Kolmar, Wendy, eds. *Feminist Theory: A Reader*. London and Toronto: Mayfield Publishing Company, 2000.

전자미디어를 통한 여성신학의 유통과 여성 주체의 생성 가능성 | 이주아

강희천. "경험신학과 기독교 교육과정." 「신학논단」(1999), 233-268.

김혜숙. "자전적 글쓰기 교육과정을 통한 여성주의 기독교교육 연구." 서울: 이화여자대학교 대학원, 2007.

박경미. "21세기 여성신학의 전망." 「기독교사상」 제460호, 116-132.

비걸링, 클라우스. 『매체윤리』. 유봉근 옮김. 서울: 연세대학교출판부, 2004.

셍크, 데이비드. 『데이터스모그』. 정태석, 유홍림 옮김. 서울: 민음사, 2000.

이숙진. 『한국기독교와 여성 정체성』. 서울: 한들출판사, 2006.

장종철 교수 은퇴기념논문편집위원회. 『믿음의 길 각성의 길』. 서울: 대한기독교서회, 2003.

최만자. "1980년대 한국기독여성의 여성신학 수용과 전개 그리고 그 영향." 「한국기독교와 역사」 제18호(2003), 77-110

캅, 존과 그리핀, 데이빗. 『과정신학』. 류기종 옮김. 서울: 열림, 1993.

한국여성신학회. 『교회와 여성신학』. 서울: 대한기독교서회, 1997.

Oliver, Kimberly L. and Lalik, Rosary. (2001). The body as curriculum: learning with adolescent girls. In *Journal of Curriculum Studies*. Vol.33. Number 3. pp.303-333(31). Routledge: part of the Taylor & Francis Group.

홈페이지

기독여민회, http://www.kwm1986.or.kr

구글, http://www.google.co.kr, 2012. 1. 17.

네이버, www.naver.com, 2012. 1. 17.

다음, www.daum.net, 2012. 1. 17.

이화여성신학연구소, eiwts.ewha.ac.kr

새 세상을 여는 천주교여성공동체, www.kcwc21.org

한국가톨릭여성연구원, songsim.catholic.ac.kr/~cwrik

기타

네이버지식인, http://kin.naver.com, 2010. 4. 3.

네이버백과사전, http://100.naver.com/100.nhn?docid=779978, 2009. 8. 11.

〈한겨레신문〉, 1999. 6. 14.

〈파이낸셜뉴스〉, 2010. 4. 17.

김기봉. 『'역사란 무엇인가' 를 넘어서』. 서울: 푸른역사, 2000.
김면. "독일 인쇄술과 민중본." 『인문연구』 59 (2010), 253-280.
김진호. "한국 개신교, 자리찾기와 자리잡기." 『한국종교를 컨설팅하다』. 서울: 도서출판 모시는사람들, 2010.
류대영. "한말 미국의 대한 정책과 선교사업." 『한국기독교와 역사』 9 (1998. 9), 189-219.
맥루한, 마샬. 『구텐베르크 은하계』. 임상원 옮김. 서울: 커뮤니케이션북스, 2001.
박용규. 『평양대부흥운동』. 서울: 생명의말씀사, 2008.
박재환. "미셸 마페졸리의 부족주의란?" 한국사회학회 기획 국제세미나 (2006. 3), 20-22.
볼터, J. D. & 그루신, R. 『재매개 - 뉴미디어의 계보학』. 이재현 옮김. 서울: 커뮤니케이션북스, 2006.
송영규. "프랑스 중세서민문학 연구 - 구전으로 본 Fabliau」." 『프랑스어문교육』 18 (2004. 11), 501-522.
안종철. "종교와 국가의례 사이 - 1920~30년대 일본 신도를 둘러싼 조선 내 갈등과 서구인들의 인식." 『한국학연구』 22 (2010. 6), 25-47.
옹, 월터. 『구술문화와 문자문화』. 이기우 · 임명진 옮김. 서울: 문예출판사, 1995.
워드, J. O., "『장미의 이름』의 도서관 vs 알렉산드리아 도서관." 로이 매클라우드 외. 『에코의 서재 - 알렉산드리아 도서관』. 이종인 옮김. 서울: 시공사, 2004, 245-271.
원영희. "번역의 식민주의적 기능과 탈식민주의적 기능 - 영한번역에 나타나는 대명사 '그' 사용." 『번역학 연구』 3/1 (2002. 3), 99-123.
이동후. "제3구술성 - '뉴 뉴미디어' 시대 말의 현존 및 이용 양식." 『언론정보연구』 47/1 (2010), 43-76.
이재근. "매코믹 선교사와 한국 장로교회 - 기원과 영향." 『한국기독교역사연구소소식』 95 (2011. 7), 4-14.
이진락. "조나단 에드워즈의 성화론." 『한국개혁신학』 29 (2011), 74-104.
차경애. "러일전쟁 당시의 전쟁견문록을 통해서 본 전쟁지역 민중의 삶." 『중국근현대사연구』 제48집 (2010 겨울), 1-30.
콜린스, 패트릭. 『종교개혁』. 이종인 옮김. 서울: 을유문화사, 2005.
포스트만, 닐. 『죽도록 즐기기』. 홍윤선 옮김. 서울: 굿인포메이션, 2009.
황대현. "「16~17세기 유럽의 '교파화 과정' 에 대한 연구사적 고찰 - 사회적 규율화의 첫 단계로서의 교파화 과정 패러다임에 대한 독일 사학계의 논의를 중심으로." 『역사교육』 제100집 (2006 겨울), 293-321.
Levinson, Paul. "The Long Story about the Short Medium." 『언론정보연구』 48/1 (2011. 2), 7-28.

소셜 네트워크 서비스 진화의 신학적 함의 | 전철

Bateson Gregory. *Geist und Natur. Eine notwendige Einheit*. Frankfurt: Suhrkamp, 1982.

Chul, Chun. *Kreativität und Relativität der Welt beim frühen Whitehead. Alfred North Whiteheads frühe Naturphilosophie (1915-1922) - eine Rekonstruktion*. Neukirchen-Vluyn: Neukirchener Verlag, 2010.

Whitehead Alfred North. Process and Reality: An Essay in Cosmology. *The Gifford Lectures of the University of Edinburgh*. New York: The Free Press, 1978.

서바이벌 방식의 TV 공개오디션 프로그램에 대한 기독교 윤리적 성찰 | 이인경

강준만. 『대중매체 이론과 사상』. 서울: 개마고원, 2009.

강혜란. "서바이벌 오디션 프로그램." http://article.joinsmsn.com/news/article/article.asp?total_id=5167972

김용석. 『철학 정원』. 서울: 한겨레출판사, 2007.

김원태. "비정한 오디션 프로그램들." 〈한겨레신문〉(2011. 5. 14).

마르틴, 한스 피터 · 슈만, 하랄드. 『세계화의 덫: 민주주의와 삶의 질에 대한 공격』. 강수돌 옮김. 서울: 영림카디널, 1997.

맥루한, 마샬. 『미디어의 이해 – 인간의 확장』. 박정규 옮김. 서울: 커뮤니케이션북스, 1997.

번스타인, 윌리엄. 『부의 탄생』. 김현구 옮김. 서울: 시아, 2008.

서동진. "이 윤리적인 사회를 보라: 신자유주의적 윤리로서의 정의." 이택광 외 10명, 『무엇이 정의인가?: 한국사회, 〈정의란 무엇인가〉에 답하다』. 서울: 마티, 2011.

우석훈, 박권일. 『88만원 세대』. 서울: 레디앙, 2007.

이인경. 『에큐메니칼 페미니스트 윤리』. 서울: 한들출판사, 2005

______. "새로운 세상을 향한 비전." 기독교의 이해 교재편찬위원회 편. 『기독교의 이해』. 대구: 계명대학교출판부, 2009.

이혁배. "텔레비전에 대한 기독교 윤리적 성찰." 「한국기독교신학논총」 56집 (2008), 213-230.

이효성. "현대 사회와 대중 매체." 강상현 · 채백 엮음. 『대중 매체의 이해와 활용』. 서울: 한나래, 1993.

임영주. "다시보기 – TV 〈위대한 탄생〉 외." 「새가정」(2011. 6), 46-49.

장동진. 『현대자유주의 정치철학의 이해』. 서울: 동명사, 2001.

정여울. "오디션의 시대… '자기내면' 을 돌아보자." 〈한겨레신문〉(2011. 3. 19).

정준영. 『텔레비전 보기 – 시청에서 비평으로』. 서울: 책세상, 2005.

주형일. 『영상매체와 사회』. 서울: 한울아카데미, 2004.

최창민. "진부함을 넘어 살가운 상상력으로 돌파하라." http://www.igoodnews.net/news/articleView.html?idxno=30781(2011. 5. 20)
최현준. "국민 58% '평생 노력해도 제자리'…절망하는 대한민국." 〈한겨레신문〉(2011. 12. 16).

대중적 신앙서적과 성별화된 자기계발 담론 | 이숙진

김은실. 『여성의 몸 몸의 문화정치학』. 서울: 또하나의문화, 2001.
남인숙. 『여자의 모든 인생은 20대에 결정된다』. 서울: 랜덤하우스, 2004.
라쉬, 크리스토퍼. 『여성과 일상생활 - 사랑, 결혼 그리고 페미니즘』. 오정화 옮김. 서울: 문학과지성사, 2004.
마이어, 조이스. 『여자의 인생은 자신감으로 결정된다』. 오현미 옮김. 서울: 두란노, 2007.
맥기, 미키. 『자기계발의 덫』. 김상화 옮김. 서울: 모요사, 2011
브레이즐튼, 케이티. 『목적이 이끄는 삶: 여성들의 기도』. 김진선 옮김. 서울: 디모데, 2005.
서동진. 『자유의 의지 자기계발의 의지』. 파주: 돌베개, 2009.
세넷, 리처드. 『신자유주의와 인간성의 파괴』. 조용 옮김. 서울: 문예출판사, 2002.
오스틴, 조엘. 『긍정의 힘』. 정성묵 옮김. 서울: 두란노, 2005.
옥성호. 『심리학에 물든 부족한 기독교』. 서울: 부흥과 개혁사, 2007.
워렌, 릭. 『목적이 이끄는 삶』. 서울: 디모데, 2004.
윌슨, 필로미나 버니. 『백마 탄 신랑감 만나기』. 최영오 옮김. 서울: 나침반, 2006.
윌킨슨, 달린 마리. 『여성을 위한 야베스의 기도』. 마영례 옮김. 서울: 디모데, 2002.
이숙진. 『한국기독교와 여성정체성』. 서울: 한들출판사, 2006.
정용택. "자기계발담론을 넘어. 88만원 세대를 위한 구원론의 모색." 「심원청년신학포럼: 청년을 위한 신학은 없다」. 미간행자료집. 2009. 6
조지, 엘리자벳. 『매일 성공하는 여자』. 김은희 옮김. 서울: 인피니스, 2005.
존스, 로리 베스. 『최고 경영자 예수』. 김홍섭 옮김. 서울: 한언출판사, 2005
포슈, 발트라우트. 『몸 숭배와 광기』. 조원규 옮김. 서울: 여성신문사, 2001.
푸코, 미셸. 『미셸푸코의 권력이론』. 정일준 옮김. 서울: 새물결, 1994.
________. 『자기의 테크놀로지』. 이희원 옮김. 서울: 동문선, 1997.
________. 『주체의 해석학』. 이영목 옮김. 서울: 동문선, 2001.

여성신학적 시각에서 본 한국 드라마 | 백소영

기든스, 앤소니. 『현대사회의 성 · 사랑 · 에로티시즘』. 배은경 · 황정미 옮김. 서울: 새물결, 2003.

래쉬, 크리스토퍼. 『여성과 일상생활 – 사랑, 결혼 그리고 페미니즘』. 오정화 옮김. 서울: 문학과지성사, 2004.

러너, 거다. 『가부장제의 창조』. 강세영 옮김. 서울: 당대, 2004.

바바, 호미. 『문화의 위치, 탈식민주의 문화이론』. 나병철 옮김. 서울: 소명출판사, 2005.

백소영. 『엄마되기, 아프거나 미치거나』. 서울: 대한기독교서회, 2005.

______. "19세기를 사는 21세기적 그녀들, 개신교 도시 미혼여성의 신앙, 젠더의식과 문화혼종성." 「한국기독교신학논총」 vol. 68 (2010) : 191-222.

베슈텔, 기. 『신의 네 여자』. 전혜정 옮김. 서울: 여성신문사, 2004.

벡, 울리히. 『위험사회: 새로운 근대성을 향하여』. 홍성태 옮김. 서울: 새물결, 1997.

브라이도티, 로지. 『유목적 주체』. 박미선 옮김. 서울: 도서출판 여이연, 2004.

이인경. 『에큐메니칼 페미니스트 윤리』. 서울: 한들출판사, 2005.

크리스테바, 줄리아. 『사랑의 역사』. 김인환 옮김. 서울: 민음사, 2008.

태혜숙. 『한국의 탈식민 페미니즘과 지식생산』. 서울: 문화과학사, 2004.

매체로서의 신화와 신학, 그 기억에 관한 여성신학적 반성 | 최우혁

서공석. 『신앙언어』. 서울: 서강대학교 출판부, 2011.

새 세상을 여는 천주교 여성공동체 엮음. 『왜 그 여자와 이야기하십니까? – 여성의 눈으로 다시 보는 성서읽기』. 서울: 성서와 함께, 1995.

Badinter, Elisabeth. 『남과 여』. 최석 옮김. 서울: 문학동네, 2002.

Braidotti, Rosi. 『유목적 주체』. 박미선 옮김. 서울: 여이연, 2004.

Irigaray, Luce. 『나, 너, 우리』. 박정호 옮김. 서울: 동문선, 1996.

Jung, Carl Gustav. 『심리학과 종교』. 이은봉 옮김. 서울: 창, 1995.

______. 『상징과 리비도』. 한국 융 연구원 / C. G. 융 저작 번역위원회 옮김. 서울: 솔, 2005.

______. 『인간의 상과 신의 상』. 한국 융 연구원 / C. G. 융 저작 번역위원회 옮김. 서울: 솔, 2008.

Ricoeur, Paul, 『악의 상징』. 양명수 옮김. 서울: 문학과지성사, 1994.

Tayler, Jeremy. 『살아 있는 미로 – 신화, 꿈, 상징의 원형을 통한 삶의 탐색』. 이정규 옮김. 고혜경 감수. 서울: 동연, 2009.

저자 소개(가나다 순)

김수연

이화여대 철학과와 연세대 신학과, 이화여대 대학원에서 신학을 공부한 후, 미국 드류 대학에서 조직신학, 여성신학으로 박사 학위를 받았다. 논문으로는 "탈근대 - 여성신학 담론에서의 하나님 이해," "여성신학의 입장에서 본, 몸 그리고 성육신," "경계, 그 창조적 공간에 대한 여성신학적 고찰" 등이 있다. 현재 이화여자대학교 등에서 강의를 하고 있다.

김진호

한국신학연구소 연구원과 한백교회 담임목사, 계간 당대비평 편집주간을 역임했고, 현재 제3시대그리스도교연구소 연구실장으로 일하고 있다. 대표적인 글로는 『예수 역사학』(다산글방, 2000), 『반신학의 미소』(삼인, 2001), 『예수의 독설』(삼인, 2008), 『급진적 자유주의자들 - 요한복음』(동연, 2009), 『시민 K 교회를 나가다』(현암사, 2012) 등이 있다. 민중신학 연구자로, 한국 사회의 고통에 관한 신학적 현상학과 예수 역사학에 관해 연구와 저술 활동을 하고 있다.

백소영

이화여대 기독교학과에서 신학을 공부한 후 미국 보스턴 대학에서 기독교사회 윤리학으로 박사학위를 받았으며, 현재 이화여자대학교 〈이화인문과학원〉 HK연구교수로 재직 중이다. 대표적인 글로는 『우리의 사랑이 의롭기 위하여』(대한기독교서회, 2005), 『엄마되기, 아프거나 미치거나』(대한기독교서회, 2009), 『드라마틱: 예수님과 함께 보는 드라마』(꿈꾸는터, 2010), 『잉여의 시선에서 본 공공성의 인문학』(공저, 이파르, 2011), 『기독교 영성, 더 깊고 더 넓게』(공저, 침례신학대학출판부, 2011), 『인터뷰ON예수』(대한기독교서회, 2011) 등이 있다.

이숙진

이화여대 기독교학과에서 여성신학과 기독교윤리를 전공하고 감신대, 서울대, 성공회대, 이화여대 등에서 강의하였다. 현재 성공회대학교 초빙교수이다. 대표적인 글로는 『한국기독교와 여성정체성』(한들, 2006), "방언과 간증: 성령운동의 젠더정치학," "민주화이후 인권담론 연구," "초기기독교의 혼인담론" 등이 있다.

이영미

연세대학교 신학과와 한신대학교 신학대학원에서 신학을 공부한 후, 미국 뉴욕 유니온 신학대학원에서 구약학 박사학위를 받았다. 현재 한신대학교 신학과 구약학 교수로 재직 중이며 여성신학적, 민중신학적 관점에서 성서를 해석하면서 생명 살림과 평화로운 세상을 위한 예언자적 영성 회복을 위해 연구하고 있다. 대표적 저서로는 『이사야의 구원신학』(맑은울림, 2004)과 『하나님 앞에 솔직히, 민중과 함께』(한국신학연구소, 2011) 등이 있다.

이인경

연세대학교 신학과에서 신학을 공부하고 동 대학원에서 기독교윤리학으로 박사학위를 받았다. 현재 계명대학교 교양교육대학 교수로 재직 중이다. 대표 저서로는 『에큐메니칼 페미니스트 윤리』(한들출판사, 2005), 『기독교의 이해』(공저, 계명대학교출판부, 2009) 등이 있다.

이주아

이화여자대학교 기독교학과에서 신학을 공부하고 동 대학원에서 기독교교육 박사학위를 받았다. 이화여자대학교 등에서 강의를 하고 있다. 대표적인 글로는, "미디어 생태학적 관점에서 제안하는 창조적 대화 기독교교육: 전자미디어를 활용한 상호연결적 교육방안 모색" 등이 있으며 전자미디어 시대에 기독교교육과 신학의 방향 모색을 위해 연구하고 있다.

전철

한신대학교 신학과와 한신대 대학원에서 신학을 공부한 후, 독일 하이델베르크 대학교에서 조직신학 박사학위(Dr. theol.)를 받았다. 대표적인 글로는 *Kreativität und Relativität der Welt beim frühen Whitehead* (Neukirchen-Vluyn: Neukirchener Verlag, 2010)와 30여 편의 논문이 있다. 현재 한신대학교와 한신대 신학대학원에서 조직신학을 강의하고 있다(www.theology.kr).

최우혁

서강대학교에서 종교학과 성서신학을 전공하고, 로마 교황청대학교에서 영성과 여성신학으로 박사학위를 받았다. 여성철학자이며 신비가인 에디트 슈타인(1891-1942)의 사상에 나타난 마리아론를 연구하였다. 현재 서강대학교 종교연구소의 선임연구원으로 연구와 강의를 맡고 있다.